한문

법화경

한문

법화경

후진 구자국 삼장법사 구마라집 봉조역
後秦龜茲國 三藏法師鳩摩羅什 奉詔譯

운주사

"제가 이 법화경을 거듭 읽고 외운 공덕으로
모든 중생들이 평화롭고 안락하기를 바랍니다."

"To bring peace and safety to living beings – that is the reason I read and recite this Lotus Sutra over again."

법화경 독송의 서원을 세우되
일생 동안 삼천 번 읽기 어려우면,
적어도 천 번은 독송하리라 서원을 세우십시오!
만일 생활이 바빠서 천 번을 다 읽기 어려우시다면 최소한
108번이라도 경전을 독송하시면 좋겠습니다.
또한 이 경전을 아는 분들께 법보시로 선물하시어
가정마다 무량복덕 받으시길 빕니다.

묘법연화경妙法蓮華經

정구업진언
淨口業眞言

수리수리 마하수리 수수리 사바하 (3번)

오방내외안위제신진언
五方內外安慰諸神眞言

나무 사만다 못다남 옴 도로도로 지미
사바하 (3번)

개경게
開經偈

무상심심미묘법 백천만겁난조우
無上甚深微妙法 百千萬劫難遭隅

아금문견득수지 원해여래진실의
我今聞見得修持 願解如來眞實義

개법장진언
開法藏眞言

옴 아라남 아라다 (3번)

묘법연화경 권제일
妙法蓮華經 卷第一

서품 제일
序品 第一

여시아문 일시불 주왕사성 기사굴산
如是我聞 一時佛 住王舍城 耆闍崛山

중 여대비구중 만이천인구 개시아라
中 與大比丘衆 萬二千人俱 皆是阿羅

한 제루이진 무부번뇌 체득기리 진제
漢 諸漏已盡 無復煩惱 逮得己利 盡諸

유결 심득자재 기명왈 아야교진여 마
有結 心得自在 其名曰 阿若憍陳如 摩

하가섭 우루빈나가섭 가야가섭 나제
訶迦葉 優樓頻螺迦葉 伽耶迦葉 那提

가섭 사리불 대목건련 마하가전연 아
迦葉 舍利弗 大目犍連 摩訶迦旃延 阿

누루타 겁빈나 교범바제 이바다 필릉
耨樓馱 劫賓那 憍梵波提 離婆多 畢陵

가바차 박구라 마하구치라 난타 손타
伽婆蹉 薄拘羅 摩訶拘絺羅 難陀 孫陀

라난타 부루나미다라니자 수보리 아
羅難陀 富樓那彌多羅尼子 須菩提 阿

난 라후라 여시중소지식 대아라한등
難 羅睺羅 如是衆所知識 大阿羅漢等

부유학무학 이천인 마하파사파제비구
復有學無學 二千人 摩訶波闍波提比丘

니 여권속 육천인구 라후라모 야수다
尼 與眷屬 六千人俱 羅睺羅母 耶輸陀

라비구니 역여권속구 보살마하살 팔
羅比丘尼 亦與眷屬俱 菩薩摩訶薩 八

만인 개어아뇩다라삼먁삼보리 불퇴전
萬人 皆於阿耨多羅三藐三菩提 不退轉

개득다라니 요설변재 전불퇴전법륜
皆得陀羅尼 樂說辯才 轉不退轉法輪

공양무량 백천제불 어제불소 식중덕
供養無量 百千諸佛 於諸佛所 植衆德

본 상위제불지소칭탄 이자수신 선입
本 常爲諸佛之所稱歎 以慈修身 善入

불혜 통달대지 도어피안 명칭보문 무
佛慧 通達大智 到於彼岸 名稱普聞 無

량세계 능도무수 백천중생 기명왈 문
量世界 能度無數 百千衆生 其名曰 文

수사리보살 관세음보살 득대세보살
殊師利菩薩 觀世音菩薩 得大勢菩薩

상정진보살 불휴식보살 보장보살 약
常精進菩薩 不休息菩薩 寶掌菩薩 藥

왕보살 용시보살 보월보살 월광보살
王菩薩 勇施菩薩 寶月菩薩 月光菩薩

만월보살 대력보살 무량력보살 월삼
滿月菩薩 大力菩薩 無量力菩薩 越三

계보살 발타바라보살 미륵보살 보적
界菩薩 跋陀婆羅菩薩 彌勒菩薩 寶積

보살 도사보살 여시등 보살마하살 팔
菩薩 導師菩薩 如是等 菩薩摩訶薩 八

만인구 이시 석제환인 여기권속 이만
萬人俱 爾時 釋提桓因 與其眷屬 二萬

천자구 부유명 월천자 보향천자 보광
天子俱 復有名 月天子 普香天子 寶光

천자 사대천왕 여기권속 만천자구 자
天子 四大天王 與其眷屬 萬天子俱 自

재천자 대자재천자 여기권속 삼만천
在天子 大自在天子 與其眷屬 三萬天

자구 사바세계주 범천왕 시기대범 광
子俱 娑婆世界主 梵天王 尸棄大梵 光

명대범등 여기권속 만이천천자구 유
明大梵等 與其眷屬 萬二千天子俱 有

팔용왕 난타용왕 발난타용왕 사가라
八龍王 難陀龍王 跋難陀龍王 娑伽羅

용왕 화수길용왕 덕차가용왕 아나바
龍王 和脩吉龍王 德叉迦龍王 阿那婆

달다용왕 마나사용왕 우발라용왕등
達多龍王 摩那斯龍王 優鉢羅龍王等

각여약간 백천권속구 유사긴나라왕
各與若干 百千眷屬俱 有四緊那羅王

법긴나라왕 묘법긴나라왕 대법긴나라
法緊那羅王 妙法緊那羅王 大法緊那羅

왕 지법긴나라왕 각여약간 백천권속
王 持法緊那羅王 各與若干 百千眷屬

구 유사건달바왕 악건달바왕 악음건
俱 有四乾闥婆王 樂乾闥婆王 樂音乾

달바왕 미건달바왕 미음건달바왕 각
闥婆王 美乾闥婆王 美音乾闥婆王 各

여약간 백천권속구 유사아수라왕 바
與若干 百千眷屬俱 有四阿修羅王 婆

치아수라왕 거라건타아수라왕 비마질
稚阿修羅王 佉羅騫馱阿修羅王 毘摩質

다라아수라왕 라후아수라왕 각여약간
多羅阿修羅王 羅睺阿修羅王 各與若干

백천권속구 유사가루라왕 대위덕가루
百千眷屬俱 有四迦樓羅王 大威德迦樓

라왕 대신가루라왕 대만가루라왕 여
羅王 大身迦樓羅王 大滿迦樓羅王 如

의가루라왕 각여약간 백천권속구 위
意迦樓羅王 各與若干 百千眷屬俱 韋

제희자아사세왕 여약간 백천권속구
提希子阿闍世王 與若干 百千眷屬俱

각례불족 퇴좌일면 이시 세존 사중위
各禮佛足 退坐一面 爾時 世尊 四衆圍

요 공양공경 존중찬탄 위제보살 설대
遶 供養恭敬 尊重讚歎 爲諸菩薩 說大

승경 명무량의 교보살법 불소호념 불
乘經 名無量義 敎菩薩法 佛所護念 佛

설차경이 결가부좌 입어무량의처삼매
說此經已 結跏趺坐 入於無量義處三昧

신심부동 시시 천우만다라화 마하만
身心不動 是時 天雨曼陀羅華 摩訶曼

다라화 만수사화 마하만수사화 이산
陀羅華 曼殊沙華 摩訶曼殊沙華 而散

불상 급제대중 보불세계 육종진동 이
佛上 及諸大衆 普佛世界 六種震動 爾

시 회중 비구비구니 우바새우바이 천
時 會中 比丘比丘尼 優婆塞優婆夷 天

룡야차 건달바아수라 가루라긴나라
龍夜叉 乾闥婆阿修羅 迦樓羅緊那羅

마후라가 인비인 급제소왕 전륜성왕
摩睺羅伽 人非人 及諸小王 轉輪聖王

시제대중 득미증유 환희합장 일심관
是諸大衆 得未曾有 歡喜合掌 一心觀

불 이시 불방미간 백호상광 조동방
佛 爾時 佛放眉間 白毫相光 照東方

만팔천세계 미부주변 하지아비지옥
萬八千世界 靡不周遍 下至阿鼻地獄

상지아가니타천 어차세계 진견피토
上至阿迦尼吒天 於此世界 盡見彼土

육취중생 우견피토 현재제불 급문제
六趣衆生 又見彼土 現在諸佛 及聞諸

불 소설경법 병견피제비구비구니 우
佛 所說經法 幷見彼諸比丘比丘尼 優

바새우바이 제수행득도자 부견제보살
婆塞優婆夷 諸修行得道者 復見諸菩薩

마하살 종종인연 종종신해 종종상모
摩訶薩 種種因緣 種種信解 種種相貌

행보살도 부견제불 반열반자 부견제
行菩薩道 復見諸佛 般涅槃者 復見諸

불 반열반후 이불사리 기칠보탑 이시
佛 般涅槃後 以佛舍利 起七寶塔 爾時

미륵보살 작시념 금자세존 현신변상
彌勒菩薩 作是念 今者世尊 現神變相

이하인연 이유차서 금불세존 입우삼
以何因緣 而有此瑞 今佛世尊 入于三

매 시불가사의 현희유사 당이문수 수
昧 是不可思議 現希有事 當以問誰 誰

능답자 부작차념 시문수사리법왕지자
能答者 復作此念 是文殊師利法王之子

이증친근공양 과거무량제불 필응견차
已曾親近供養 過去無量諸佛 必應見此

희유지상 아금당문 이시 비구비구니
希有之相 我今當問 爾時 比丘比丘尼

우바새우바이 급제천룡귀신등 함작차
優婆塞優婆夷 及諸天龍鬼神等 咸作此

념 시불광명 신통지상 금당문수 이시
念 是佛光明 神通之相 今當問誰 爾時

미륵보살 욕자결의 우관사중 비구비
彌勒菩薩 欲自決疑 又觀四衆 比丘比

구니 우바새우바이 급제천룡귀신등
丘尼 優婆塞優婆夷 及諸天龍鬼神等

중회지심 이문문수사리언 이하인연
衆會之心 而問文殊師利言 以何因緣

이유차서 신통지상 방대광명 조우동
而有此瑞 神通之相 放大光明 照于東

방 만팔천토 실견피불 국계장엄 어시
方 萬八千土 悉見彼佛 國界莊嚴 於是

미륵보살 욕중선차의 이게문왈
彌勒菩薩 欲重宣此義 以偈問曰

문수사리 도사하고
文殊師利 導師何故

미간백호 대광보조
眉間白毫 大光普照

우만다라 만수사화
雨曼陀羅 曼殊沙華

전단향풍 열가중심
栴檀香風 悅可衆心

이시인연 지개엄정
以是因緣 地皆嚴淨

이차세계 육종진동
而此世界 六種震動

시사부중 함개환희
時四部衆 咸皆歡喜

신의쾌연 득미증유
身意快然 得未曾有

미간광명 조우동방
眉間光明 照于東方

만팔천토 개여금색
萬八千土 皆如金色

종아비옥 상지유정
從阿鼻獄 上至有頂

제세계중 육도중생
諸世界中 六道衆生

생사소취 선악업연
生死所趣 善惡業緣

수보호추 어차실견
受報好醜 於此悉見

우도제불 성주사자
又覩諸佛 聖主師子

연설경전 미묘제일
演說經典 微妙第一

기성청정 출유연음
其聲淸淨 出柔軟音

교제보살 무수억만
教諸菩薩 無數億萬

범음심묘 영인락문
梵音深妙 令人樂聞

각어세계 강설정법
各於世界 講說正法

종종인연 이무량유
種種因緣 以無量喩

조명불법 개오중생
照明佛法 開悟衆生

약인조고 염노병사
若人遭苦 厭老病死

위설열반 진제고제
爲說涅槃 盡諸苦際

약인유복 증공양불
若人有福 曾供養佛

지구승법 위설연각
志求勝法 爲說緣覺

약유불자 수종종행
若有佛子 修種種行

구무상혜 위설정도
求無上慧 爲說淨道

문수사리 아주어차
文殊師利 我住於此

견문약사 급천억사
見聞若斯 及千億事

여시중다 금당약설
如是衆多 今當略說

아견피토 항사보살
我見彼土 恒沙菩薩

종종인연 이구불도
種種因緣 而求佛道

혹유행시 금은산호
或有行施 金銀珊瑚

진주마니 자거마노
眞珠摩尼 硨磲瑪瑙

금강제진 노비거승
金剛諸珍 奴婢車乘

보식연여 환희보시
寶飾輦輿 歡喜布施

회향불도 원득시승
廻向佛道 願得是乘

삼계제일 제불소탄
三界第一 諸佛所歎

혹유보살 사마보거
或有菩薩 駟馬寶車

난순화개 헌식보시
欄楯華蓋 軒飾布施

부견보살 신육수족
復見菩薩 身肉手足

급처자시 구무상도
及妻子施 求無上道

우견보살 두목신체
又見菩薩 頭目身體

흔락시여 구불지혜
欣樂施與 求佛智慧

문수사리 아견제왕
文殊師利 我見諸王

왕예불소 문무상도
往詣佛所 問無上道

변사락토 궁전신첩
便捨樂土 宮殿臣妾

체제수발 이피법복
剃除鬚髮 而被法服

혹견보살 이작비구
或見菩薩 而作比丘

독처한정 낙송경전
獨處閑靜 樂誦經典

우견보살 용맹정진
又見菩薩 勇猛精進

입어심산 사유불도
入於深山 思惟佛道

우견이욕 상처공한
又見離欲 常處空閑

심수선정 득오신통
深修禪定 得五神通

우견보살 안선합장
又見菩薩 安禪合掌

이천만게 찬제법왕
以千萬偈 讚諸法王

부견보살 지심지고
復見菩薩 智深志固

능문제불 문실수지
能問諸佛 聞悉受持

우견불자 정혜구족
又見佛子 定慧具足

이무량유 위중강법
以無量喩 爲衆講法

흔락설법 화제보살
欣樂說法 化諸菩薩

파마병중 이격법고
破魔兵衆 而擊法鼓

우견보살 적연연묵
又見菩薩 寂然宴默

천룡공경 불이위희
天龍恭敬 不以爲喜

우견보살 처림방광
又見菩薩 處林放光

제지옥고 영입불도
濟地獄苦 令入佛道

우견불자 미상수면
又見佛子 未嘗睡眠

경행림중 근구불도
經行林中 勤求佛道

우견구계 위의무결
又見具戒 威儀無缺

정여보주 이구불도
淨如寶珠 以求佛道

우견불자 주인욕력
又見佛子 住忍辱力

증상만인 악매추타
增上慢人 惡罵捶打

개실능인 이구불도
皆悉能忍 以求佛道

우견보살 이제희소
又見菩薩 離諸戲笑

급치권속 친근지자
及癡眷屬 親近智者

일심제란 섭념산림
一心除亂 攝念山林

억천만세 이구불도
億千萬歲 以求佛道

혹견보살 효선음식
或見菩薩 餚饍飮食

백종탕약 시불급승
百種湯藥 施佛及僧

명의상복 가치천만
名衣上服 價直千萬

혹무가의 시불급승
或無價衣 施佛及僧

천만억종 전단보사
千萬億種 栴檀寶舍

중묘와구 시불급승
衆妙臥具 施佛及僧

청정원림 화과무성
淸淨園林 華果茂盛

유천욕지 시불급승
流泉浴池 施佛及僧

여시등시 종종미묘
如是等施 種種微妙

환희무염 구무상도
歡喜無厭 求無上道

혹유보살 설적멸법
或有菩薩 說寂滅法

종종교조 무수중생
種種教詔 無數衆生

혹견보살 관제법성
或見菩薩 觀諸法性

무유이상 유여허공
無有二相 猶如虛空

우견불자 심무소착
又見佛子 心無所著

이차묘혜 구무상도
以此妙慧 求無上道

문수사리 우유보살
文殊師利 又有菩薩

불멸도후 공양사리
佛滅度後 供養舍利

우견불자 조제탑묘
又見佛子 造諸塔廟

무수항사 엄식국계
無數恒沙 嚴飾國界

보탑고묘 오천유순
寶塔高妙 五千由旬

종광정등 이천유순
縱廣正等 二千由旬

일일탑묘 각천당번
一一塔廟 各千幢幡

주교로만 보령화명
珠交露幔 寶鈴和鳴

제천룡신 인급비인
諸天龍神 人及非人

향화기악 상이공양
香華伎樂 常以供養

문수사리 제불자등
文殊師利 諸佛子等

위공사리 엄식탑묘
爲供舍利 嚴飾塔廟

국계자연 수특묘호
國界自然 殊特妙好

여천수왕 기화개부
如天樹王 其華開敷

불방일광 아급중회
佛放一光 我及衆會

견차국계 종종수묘
見此國界 種種殊妙

제불신력 지혜희유
諸佛神力 智慧希有

방일정광 조무량국
放一淨光 照無量國

아등견차 득미증유
我等見此 得未曾有

불자문수 원결중의
佛子文殊 願決衆疑

사중흔앙 첨인급아
四衆欣仰 瞻仁及我

세존하고 방사광명
世尊何故 放斯光明

불자시답 결의영희
佛子時答 決疑令喜

하소요익 연사광명
何 所 饒 益　演 斯 光 明

불좌도량 소득묘법
佛 坐 道 場　所 得 妙 法

위욕설차 위당수기
爲 欲 說 此　爲 當 授 記

시제불토 중보엄정
示 諸 佛 土　衆 寶 嚴 淨

급견제불 차비소연
及 見 諸 佛　此 非 小 緣

문수당지 사중용신
文 殊 當 知　四 衆 龍 神

첨찰인자 위설하등
瞻 察 仁 者　爲 說 何 等

이시 문수사리 어미륵보살마하살 급
爾 時　文 殊 師 利　語 彌 勒 菩 薩 摩 訶 薩　及

제대사 선남자등 여아유촌 금불세존
諸 大 士　善 男 子 等　如 我 惟 忖　今 佛 世 尊

욕설대법 우대법우 취대법라 격대법
欲 說 大 法　雨 大 法 雨　吹 大 法 螺　擊 大 法

고 연대법의 제선남자 아어과거제불
鼓 演大法義 諸善男子 我於過去諸佛

증견차서 방사광이 즉설대법 시고당
曾見此瑞 放斯光已 卽說大法 是故當

지 금불현광 역부여시 욕령중생 함득
知 今佛現光 亦復如是 欲令衆生 咸得

문지 일체세간 난신지법 고현사서 제
聞知 一切世間 難信之法 故現斯瑞 諸

선남자 여과거무량무변 불가사의 아
善男子 如過去無量無邊 不可思議 阿

승기겁 이시 유불 호일월등명여래 응
僧祇劫 爾時 有佛 號日月燈明如來 應

공 정변지 명행족 선서 세간해 무상
供 正遍知 明行足 善逝 世間解 無上

사 조어장부 천인사 불세존 연설정법
士 調御丈夫 天人師 佛世尊 演說正法

초선중선후선 기의심원 기어교묘 순
初善中善後善 其義深遠 其語巧妙 純

일무잡 구족청백 범행지상 위구성문
一無雜 具足淸白 梵行之相 爲求聲聞

자 설응사제법 도생로병사 구경열반
者 說應四諦法 度生老病死 究竟涅槃

위구벽지불자 설응십이인연법 위제보
爲求辟支佛者 說應十二因緣法 爲諸菩

살 설응육바라밀 영득아뇩다라삼먁삼
薩 說應六波羅蜜 令得阿耨多羅三藐三

보리 성일체종지 차부유불 역명일월
菩提 成一切種智 次復有佛 亦名日月

등명 차부유불 역명일월등명 여시이
燈明 次復有佛 亦名日月燈明 如是二

만불 개동일자 호일월등명 우동일성
萬佛 皆同一字 號日月燈明 又同一姓

성파라타 미륵당지 초불후불 개동일
姓頗羅墮 彌勒當知 初佛後佛 皆同一

자 명일월등명 십호구족 소가설법 초
字 名日月燈明 十號具足 所可說法 初

중후선 기최후불 미출가시 유팔왕자
中後善 其最後佛 未出家時 有八王子

일명유의 이명선의 삼명무량의 사명
一名有意 二名善意 三名無量意 四名

보의 오명증의 육명제의의 칠명향의
寶意 五名增意 六名除疑意 七名響意

팔명법의 시팔왕자 위덕자재 각령사
八名法意 是八王子 威德自在 各領四

천하 시제왕자 문부출가 득아뇩다라
天下 是諸王子 聞父出家 得阿耨多羅

삼먁삼보리 실사왕위 역수출가 발대
三藐三菩提 悉捨王位 亦隨出家 發大

승의 상수범행 개위법사 이어천만불
乘意 常修梵行 皆爲法師 已於千萬佛

소 식제선본 시시 일월등명불 설대승
所 植諸善本 是時 日月燈明佛 說大乘

경 명무량의 교보살법 불소호념 설시
經 名無量義 敎菩薩法 佛所護念 說是

경이 즉어대중중 결가부좌 입어무량
經已 卽於大衆中 結跏趺坐 入於無量

의처삼매 신심부동 시시 천우만다라
義處三昧 身心不動 是時 天雨曼陀羅

화 마하만다라화 만수사화 마하만수
華 摩訶曼陀羅華 曼殊沙華 摩訶曼殊

사화 이산불상 급제대중 보불세계 육
沙華 而散佛上 及諸大衆 普佛世界 六

종진동 이시회중 비구비구니 우바새
種震動 爾時會中 比丘比丘尼 優婆塞

우바이 천룡야차 건달바아수라 가루
優婆夷 天龍夜叉 乾闥婆阿修羅 迦樓

라긴나라 마후라가 인비인 급제소왕
羅緊那羅 摩睺羅伽 人非人 及諸小王

전륜성왕등 시제대중 득미증유 환희
轉輪聖王等 是諸大衆 得未曾有 歡喜

합장 일심관불 이시 여래 방미간 백
合掌 一心觀佛 爾時 如來 放眉間 白

호상광 조동방 만팔천불토 미부주변
毫相光 照東方 萬八千佛土 靡不周遍

여금소견 시제불토 미륵당지 이시회
如今所見 是諸佛土 彌勒當知 爾時會

중 유이십억보살 낙욕청법 시제보살
中 有二十億菩薩 樂欲聽法 是諸菩薩

견차광명 보조불토 득미증유 욕지차
見此光明 普照佛土 得未曾有 欲知此

광 소위인연 시유보살 명왈묘광 유팔
光 所爲因緣 時有菩薩 名曰妙光 有八

백제자 시시 일월등명불 종삼매기 인
百弟子 是時 日月燈明佛 從三昧起 因

묘광보살 설대승경 명묘법연화 교보
妙光菩薩 說大乘經 名妙法蓮華 教菩

살법 불소호념 육십소겁 불기우좌 시
薩法 佛所護念 六十小劫 不起于座 時

회청자 역좌일처 육십소겁 신심부동
會聽者 亦坐一處 六十小劫 身心不動

청불소설 위여식경 시시중중 무유일
聽佛所說 謂如食頃 是時衆中 無有一

인 약신약심 이생해권 일월등명불 어
人 若身若心 而生懈惓 日月燈明佛 於

육십소겁 설시경이 즉어범마 사문바
六十小劫 說是經已 卽於梵魔 沙門婆

라문 급천인 아수라중중 이선차언 여
羅門 及天人 阿修羅衆中 而宣此言 如

래어금일중야 당입무여열반 시유보살
來於今日中夜 當入無餘涅槃 時有菩薩

명왈덕장 일월등명불 즉수기기 고제

名曰德藏 日月燈明佛 卽授其記 告諸

비구 시덕장보살 차당작불 호왈정신

比丘 是德藏菩薩 次當作佛 號曰淨身

다타아가도 아라하 삼먁삼불타 불수

多陀阿伽度 阿羅訶 三藐三佛陀 佛授

기이 변어중야 입무여열반 불멸도후

記已 便於中夜 入無餘涅槃 佛滅度後

묘광보살 지묘법연화경 만팔십소겁

妙光菩薩 持妙法蓮華經 滿八十小劫

위인연설 일월등명불팔자 개사묘광

爲人演說 日月燈明佛八子 皆師妙光

묘광교화 영기견고 아뇩다라삼먁삼보

妙光敎化 令其堅固 阿耨多羅三藐三菩

리 시제왕자 공양무량 백천만억불이

提 是諸王子 供養無量 百千萬億佛已

개성불도 기최후성불자 명왈연등 팔

皆成佛道 其最後成佛者 名曰燃燈 八

백제자중 유일인 호왈구명 탐착이양

百弟子中 有一人 號曰求名 貪著利養

수부독송중경 이불통리 다소망실 고
雖復讀誦衆經 而不通利 多所忘失 故

호구명 시인 역이종제선근 인연고 득
號求名 是人 亦以種諸善根 因緣故 得

치무량 백천만억제불 공양공경 존중
値無量 百千萬億諸佛 供養恭敬 尊重

찬탄 미륵당지 이시 묘광보살 기이인
讚歎 彌勒當知 爾時 妙光菩薩 豈異人

호 아신시야 구명보살 여신시야 금견
乎 我身是也 求名菩薩 汝身是也 今見

차서 여본무이 시고유촌 금일여래 당
此瑞 與本無異 是故惟忖 今日如來 當

설대승경 명묘법연화 교보살법 불소
說大乘經 名妙法蓮華 敎菩薩法 佛所

호념 이시 문수사리 어대중중 욕중선
護念 爾時 文殊師利 於大衆中 欲重宣

차의 이설게언
此義 而說偈言

아념과거세 무량무수겁
我念過去世 無量無數劫

유불인중존 호일월등명
有 佛 人 中 尊 號 日 月 燈 明

세존연설법 도무량중생
世 尊 演 說 法 度 無 量 衆 生

무수억보살 영입불지혜
無 數 億 菩 薩 令 入 佛 智 慧

불미출가시 소생팔왕자
佛 未 出 家 時 所 生 八 王 子

견대성출가 역수수범행
見 大 聖 出 家 亦 隨 修 梵 行

시불설대승 경명무량의
時 佛 說 大 乘 經 名 無 量 義

어제대중중 이위광분별
於 諸 大 衆 中 而 爲 廣 分 別

불설차경이 즉어법좌상
佛 說 此 經 已 卽 於 法 座 上

가부좌삼매 명무량의처
跏 趺 坐 三 昧 名 無 量 義 處

천우만다화 천고자연명
天 雨 曼 陀 華 天 鼓 自 然 鳴

제천룡귀신 공양인중존
諸天龍鬼神 供養人中尊

일체제불토 즉시대진동
一切諸佛土 卽時大震動

불방미간광 현제희유사
佛放眉間光 現諸希有事

차광조동방 만팔천불토
此光照東方 萬八千佛土

시일체중생 생사업보처
示一切衆生 生死業報處

유견제불토 이중보장엄
有見諸佛土 以衆寶莊嚴

유리파려색 사유불광조
琉璃玻瓈色 斯由佛光照

급견제천인 용신야차중
及見諸天人 龍神夜叉衆

건달긴나라 각공양기불
乾闥緊那羅 各供養其佛

우견제여래 자연성불도
又見諸如來 自然成佛道

신색여금산 단엄심미묘
身色如金山 端嚴甚微妙

여정유리중 내현진금상
如淨琉璃中 內現眞金像

세존재대중 부연심법의
世尊在大衆 敷演深法義

일일제불토 성문중무수
一一諸佛土 聲聞衆無數

인불광소조 실견피대중
因佛光所照 悉見彼大衆

혹유제비구 재어산림중
或有諸比丘 在於山林中

정진지정계 유여호명주
精進持淨戒 猶如護明珠

우견제보살 행시인욕등
又見諸菩薩 行施忍辱等

기수여항사 사유불광조
其數如恒沙 斯由佛光照

우견제보살 심입제선정
又見諸菩薩 深入諸禪定

신심적부동 이구무상도
身心寂不動 以求無上道

우견제보살 지법적멸상
又見諸菩薩 知法寂滅相

각어기국토 설법구불도
各於其國土 說法求佛道

이시사부중 견일월등불
爾時四部衆 見日月燈佛

현대신통력 기심개환희
現大神通力 其心皆歡喜

각각자상문 시사하인연
各各自相問 是事何因緣

천인소봉존 적종삼매기
天人所奉尊 適從三昧起

찬묘광보살 여위세간안
讚妙光菩薩 汝爲世間眼

일체소귀신 능봉지법장
一切所歸信 能奉持法藏

여아소설법 유여능증지
如我所說法 唯汝能證知

세존기찬탄 영묘광환희
世尊旣讚歎 令妙光歡喜

설시법화경 만육십소겁
說是法華經 滿六十小劫

불기어차좌 소설상묘법
不起於此座 所說上妙法

시묘광법사 실개능수지
是妙光法師 悉皆能受持

불설시법화 영중환희이
佛說是法華 令衆歡喜已

심즉어시일 고어천인중
尋卽於是日 告於天人衆

제법실상의 이위여등설
諸法實相義 已爲汝等說

아금어중야 당입어열반
我今於中夜 當入於涅槃

여일심정진 당리어방일
汝一心精進 當離於放逸

제불심난치 억겁시일우
諸佛甚難値 億劫時一遇

세존제자등 문불입열반
世尊諸子等 聞佛入涅槃

각각회비뇌 불멸일하속
各各懷悲惱 佛滅一何速

성주법지왕 안위무량중
聖主法之王 安慰無量衆

아약멸도시 여등물우포
我若滅度時 汝等勿憂怖

시덕장보살 어무루실상
是德藏菩薩 於無漏實相

심이득통달 기차당작불
心已得通達 其次當作佛

호왈위정신 역도무량중
號曰爲淨身 亦度無量衆

불차야멸도 여신진화멸
佛此夜滅度 如薪盡火滅

분포제사리 이기무량탑
分布諸舍利 而起無量塔

비구비구니 기수여항사
比丘比丘尼 其數如恒沙

배부가정진 이구무상도
倍復加精進 以求無上道

시묘광법사 봉지불법장
是妙光法師 奉持佛法藏

팔십소겁중 광선법화경
八十小劫中 廣宣法華經

시제팔왕자 묘광소개화
是諸八王子 妙光所開化

견고무상도 당견무수불
堅固無上道 當見無數佛

공양제불이 수순행대도
供養諸佛已 隨順行大道

상계득성불 전차이수기
相繼得成佛 轉次而授記

최후천중천 호왈연등불
最後天中天 號曰燃燈佛

제선지도사 도탈무량중
諸仙之導師 度脫無量衆

시묘광법사 시유일제자
是妙光法師 時有一弟子

심상회해태 탐착어명리
心常懷懈怠 貪著於名利

구명리무염 다유족성가
求名利無厭 多遊族姓家

기사소습송 폐망불통리
棄捨所習誦 廢忘不通利

이시인연고 호지위구명
以是因緣故 號之爲求名

역행중선업 득견무수불
亦行衆善業 得見無數佛

공양어제불 수순행대도
供養於諸佛 隨順行大道

구육바라밀 금견석사자
具六波羅蜜 今見釋師子

기후당작불 호명왈미륵
其後當作佛 號名曰彌勒

광도제중생 기수무유량
廣度諸衆生 其數無有量

피불멸도후 해태자여시
彼佛滅度後 懈怠者汝是

묘광법사자 금즉아신시
妙光法師者 今則我身是

아견등명불 본광서여차
我見燈明佛 本光瑞如此

이시지금불 욕설법화경
以是知今佛 欲說法華經

금상여본서 시제불방편
今相如本瑞 是諸佛方便

금불방광명 조발실상의
今佛放光明 助發實相義

제인금당지 합장일심대
諸人今當知 合掌一心待

불당우법우 충족구도자
佛當雨法雨 充足求道者

제구삼승인 약유의회자
諸求三乘人 若有疑悔者

불당위제단 영진무유여
佛當爲除斷 令盡無有餘

방편품 제이
方便品 第二

이시 세존 종삼매 안상이기 고사리불
爾時 世尊 從三昧 安詳而起 告舍利弗

제불지혜 심심무량 기지혜문 난해난
諸佛智慧 甚深無量 其智慧門 難解難

입 일체성문 벽지불 소불능지 소이자
入 一切聲聞 辟支佛 所不能知 所以者

하 불증친근 백천만억 무수제불 진행
何 佛曾親近 百千萬億 無數諸佛 盡行

제불 무량도법 용맹정진 명칭보문 성
諸佛 無量道法 勇猛精進 名稱普聞 成

취심심 미증유법 수의소설 의취난해
就甚深 未曾有法 隨宜所說 意趣難解

사리불 오종성불이래 종종인연 종종
舍利弗 吾從成佛已來 種種因緣 種種

비유 광연언교 무수방편 인도중생 영
譬喩 廣演言教 無數方便 引導衆生 令

리제착 소이자하 여래 방편지견바라
離諸著 所以者何 如來 方便知見波羅

밀 개이구족 사리불 여래지견 광대심
蜜 皆已具足 舍利弗 如來知見 廣大深

원 무량무애 역무소외 선정해탈삼매
遠 無量無礙 力無所畏 禪定解脫三昧

심입무제 성취일체 미증유법 사리불
深入無際 成就一切 未曾有法 舍利弗

여래 능종종분별 교설제법 언사유연
如來 能種種分別 巧說諸法 言辭柔軟

열가중심 사리불 취요언지 무량무변
悅可衆心 舍利弗 取要言之 無量無邊

미증유법 불실성취 지사리불 불수부
未曾有法 佛悉成就 止舍利弗 不須復

설 소이자하 불소성취 제일희유 난해
說 所以者何 佛所成就 第一希有 難解

지법 유불여불 내능구진 제법실상 소
之法 唯佛與佛 乃能究盡 諸法實相 所

위제법 여시상 여시성 여시체 여시력
謂諸法 如是相 如是性 如是體 如是力

여시작 여시인 여시연 여시과 여시보
如是作 如是因 如是緣 如是果 如是報

여시본말구경등 이시 세존 욕중선차
如是本末究竟等 爾時 世尊 欲重宣此

의 이설게언
義 而說偈言

세웅불가량 제천급세인
世雄不可量 諸天及世人

일체중생류 무능지불자
一切衆生類 無能知佛者

불력무소외 해탈제삼매
佛力無所畏 解脫諸三昧

급불제여법 무능측량자
及佛諸餘法 無能測量者

본종무수불 구족행제도
本從無數佛 具足行諸道

심심미묘법 난견난가료
甚深微妙法 難見難可了

어무량억겁 행차제도이
於無量億劫 行此諸道已

도량득성과 아이실지견
道 場 得 成 果　我 已 悉 知 見

여시대과보 종종성상의
如 是 大 果 報　種 種 性 相 義

아급시방불 내능지시사
我 及 十 方 佛　乃 能 知 是 事

시법불가시 언사상적멸
是 法 不 可 示　言 辭 相 寂 滅

제여중생류 무유능득해
諸 餘 衆 生 類　無 有 能 得 解

제제보살중 신력견고자
除 諸 菩 薩 衆　信 力 堅 固 者

제불제자중 증공양제불
諸 佛 弟 子 衆　曾 供 養 諸 佛

일체루이진 주시최후신
一 切 漏 已 盡　住 是 最 後 身

여시제인등 기력소불감
如 是 諸 人 等　其 力 所 不 堪

가사만세간 개여사리불
假 使 滿 世 間　皆 如 舍 利 弗

진사공탁량 불능측불지
盡思共度量 不能測佛智

정사만시방 개여사리불
正使滿十方 皆如舍利弗

급여제제자 역만시방찰
及餘諸弟子 亦滿十方刹

진사공탁량 역부불능지
盡思共度量 亦復不能知

벽지불이지 무루최후신
辟支佛利智 無漏最後身

역만시방계 기수여죽림
亦滿十方界 其數如竹林

사등공일심 어억무량겁
斯等共一心 於億無量劫

욕사불실지 막능지소분
欲思佛實智 莫能知少分

신발의보살 공양무수불
新發意菩薩 供養無數佛

요달제의취 우능선설법
了達諸義趣 又能善說法

여도마죽위 충만시방찰
如稻麻竹葦 充滿十方刹

일심이묘지 어항하사겁
一心以妙智 於恒河沙劫

함개공사량 불능지불지
咸皆共思量 不能知佛智

불퇴제보살 기수여항사
不退諸菩薩 其數如恒沙

일심공사구 역부불능지
一心共思求 亦復不能知

우고사리불 무루부사의
又告舍利弗 無漏不思議

심심미묘법 아금이구득
甚深微妙法 我今已具得

유아지시상 시방불역연
唯我知是相 十方佛亦然

사리불당지 제불어무이
舍利弗當知 諸佛語無異

어불소설법 당생대신력
於佛所說法 當生大信力

세존법구후 요당설진실
世尊法久後 要當說眞實

고제성문중 급구연각승
告諸聲聞衆 及求緣覺乘

아령탈고박 체득열반자
我令脫苦縛 逮得涅槃者

불이방편력 시이삼승교
佛以方便力 示以三乘教

중생처처착 인지령득출
衆生處處著 引之令得出

이시 대중중 유제성문 누진아라한 아
爾時 大衆中 有諸聲聞 漏盡阿羅漢 阿

야교진여등 천이백인 급발성문벽지불
若憍陳如等 千二百人 及發聲聞辟支佛

심 비구비구니 우바새우바이 각작시
心 比丘比丘尼 優婆塞優婆夷 各作是

념 금자세존 하고은근칭탄방편 이작
念 今者世尊 何故慇懃稱歎方便 而作

시언 불소득법 심심난해 유소언설 의
是言 佛所得法 甚深難解 有所言說 意

취난지 일체성문 벽지불 소불능급 불
趣難知 一切聲聞 辟支佛 所不能及 佛

설일해탈의 아등 역득차법 도어열반
說一解脫義 我等 亦得此法 到於涅槃

이금부지 시의소취 이시 사리불 지사
而今不知 是義所趣 爾時 舍利弗 知四

중심의 자역미료 이백불언 세존 하인
衆心疑 自亦未了 而白佛言 世尊 何因

하연 은근칭탄 제불제일방편 심심미
何緣 慇懃稱歎 諸佛第一方便 甚深微

묘 난해지법 아자석래 미증종불 문여
妙 難解之法 我自昔來 未曾從佛 聞如

시설 금자사중 함개유의 유원세존 부
是說 今者四衆 咸皆有疑 唯願世尊 敷

연사사 세존하고 은근칭탄 심심미묘
演斯事 世尊何故 慇懃稱歎 甚深微妙

난해지법 이시 사리불 욕중선차의 이
難解之法 爾時 舍利弗 欲重宣此義 而

설게언
說偈言

혜일대성존 구내설시법
慧日大聖尊 久乃說是法

자설득여시 역무외삼매
自說得如是 力無畏三昧

선정해탈등 불가사의법
禪定解脫等 不可思議法

도량소득법 무능발문자
道場所得法 無能發問者

아의난가측 역무능문자
我意難可測 亦無能問者

무문이자설 칭탄소행도
無問而自說 稱歎所行道

지혜심미묘 제불지소득
智慧甚微妙 諸佛之所得

무루제나한 급구열반자
無漏諸羅漢 及求涅槃者

금개타의망 불하고설시
今皆墮疑網 佛何故說是

기구연각자 비구비구니
其求緣覺者 比丘比丘尼

제천룡귀신 급건달바등
諸天龍鬼神 及乾闥婆等

상시회유예 첨앙양족존
相視懷猶豫 瞻仰兩足尊

시사위운하 원불위해설
是事爲云何 願佛爲解說

어제성문중 불설아제일
於諸聲聞衆 佛說我第一

아금자어지 의혹불능료
我今自於智 疑惑不能了

위시구경법 위시소행도
爲是究竟法 爲是所行道

불구소생자 합장첨앙대
佛口所生子 合掌瞻仰待

원출미묘음 시위여실설
願出微妙音 時爲如實說

제천룡신등 기수여항사
諸天龍神等 其數如恒沙

구불제보살 대수유팔만
求佛諸菩薩 大數有八萬

우제만억국 전륜성왕지
又諸萬億國 轉輪聖王至

합장이경심 욕문구족도
合掌以敬心 欲聞具足道

이시 불고사리불 지지 불수부설 약설
爾時 佛告舍利弗 止止 不須復說 若說

시사 일체세간 제천급인 개당경의 사
是事 一切世間 諸天及人 皆當驚疑 舍

리불 중백불언 세존 유원설지 유원설
利弗 重白佛言 世尊 唯願說之 唯願說

지 소이자하 시회무수 백천만억 아승
之 所以者何 是會無數 百千萬億 阿僧

기중생 증견제불 제근맹리 지혜명료
祇衆生 曾見諸佛 諸根猛利 智慧明了

문불소설 즉능경신 이시 사리불 욕중
聞佛所說 則能敬信 爾時 舍利弗 欲重

선차의 이설게언
宣此義 而說偈言

법왕무상존 유설원물려
法王無上尊 唯說願勿慮

시회무량중 유능경신자
是會無量衆 有能敬信者

불 부지 사리불 약설시사 일체세간
佛 復止 舍利弗 若說是事 一切世間

천인아수라 개당경의 증상만비구 장
天人阿修羅 皆當驚疑 增上慢比丘 將

추어대갱 이시 세존 중설게언
墜於大坑 爾時 世尊 重說偈言

지지불수설 아법묘난사
止止不須說 我法妙難思

제증상만자 문필불경신
諸增上慢者 聞必不敬信

이시 사리불 중백불언 세존 유원설지
爾時 舍利弗 重白佛言 世尊 唯願說之

유원설지 금차회중 여아등비 백천만
唯願說之 今此會中 如我等比 百千萬

억 세세이증 종불수화 여차인등 필능
億 世世已曾 從佛受化 如此人等 必能

경신 장야안은 다소요익 이시 사리불
敬信 長夜安隱 多所饒益 爾時 舍利弗

욕중선차의 이설게언
欲重宣此義 而說偈言

무상양족존 원설제일법
無上兩足尊 願說第一法

아위불장자 유수분별설
我爲佛長子 唯垂分別說

시회무량중 능경신차법
是會無量衆 能敬信此法

불이증세세 교화여시등
佛已曾世世 敎化如是等

개일심합장 욕청수불어
皆一心合掌 欲聽受佛語

아등천이백 급여구불자
我等千二百 及餘求佛者

원위차중고 유수분별설
願爲此衆故 唯垂分別說

시등문차법 즉생대환희
是等聞此法 則生大歡喜

이시 세존 고사리불 여이은근삼청 기
爾時 世尊 告舍利弗 汝已慇懃三請 豈

득불설 여금제청 선사념지 오당위여
得不說 汝今諦聽 善思念之 吾當爲汝

분별해설 설차어시 회중유 비구비구
分別解說 說此語時 會中有 比丘比丘

니 우바새우바이 오천인등 즉종좌기
尼 優婆塞優婆夷 五千人等 卽從座起

예불이퇴 소이자하 차배 죄근심중급
禮佛而退 所以者何 此輩 罪根深重及

증상만 미득위득 미증위증 유여차실
增上慢 未得謂得 未證謂證 有如此失

시이부주 세존묵연 이부제지 이시 불
是以不住 世尊默然 而不制止 爾時 佛

고사리불 아금차중 무부지엽 순유정
告舍利弗 我今此衆 無復枝葉 純有貞

실 사리불 여시증상만인 퇴역가의 여
實 舍利弗 如是增上慢人 退亦佳矣 汝

금선청 당위여설 사리불언 유연세존
今善聽 當爲汝說 舍利弗言 唯然世尊

원요욕문 불고사리불 여시묘법 제불
願樂欲聞 佛告舍利弗 如是妙法 諸佛

여래 시내설지 여우담발화 시일현이
如來 時乃說之 如優曇鉢華 時一現耳

사리불 여등 당신불지소설 언불허망
舍利弗 汝等 當信佛之所說 言不虛妄

사리불 제불수의설법 의취난해 소이
舍利弗 諸佛隨宜說法 意趣難解 所以

자하 아이무수방편 종종인연 비유언
者何 我以無數方便 種種因緣 譬喩言

사 연설제법 시법 비사량분별 지소능
辭 演說諸法 是法 非思量分別 之所能

해 유유제불 내능지지 소이자하 제불
解 唯有諸佛 乃能知之 所以者何 諸佛

세존 유이일대사인연고 출현어세 사
世尊 唯以一大事因緣故 出現於世 舍

리불 운하명 제불세존 유이일대사인
利弗 云何名 諸佛世尊 唯以一大事因

연고 출현어세 제불세존 욕령중생 개
緣故 出現於世 諸佛世尊 欲令衆生 開

불지견 사득청정고 출현어세 욕시중
佛知見 使得淸淨故 出現於世 欲示衆

생 불지지견고 출현어세 욕령중생 오
生 佛之知見故 出現於世 欲令衆生 悟

불지견고 출현어세 욕령중생 입불지
佛知見故 出現於世 欲令衆生 入佛知

견도고 출현어세 사리불 시위제불 이
見道故 出現於世 舍利弗 是爲諸佛 以

일대사인연고 출현어세 불고사리불
一大事因緣故 出現於世 佛告舍利弗

제불여래 단교화보살 제유소작 상위
諸佛如來 但敎化菩薩 諸有所作 常爲

일사 유이불지지견 시오중생 사리불
一事 唯以佛之知見 示悟衆生 舍利弗

여래단이일불승고 위중생설법 무유여
如來但以一佛乘故 爲衆生說法 無有餘

승 약이약삼 사리불 일체시방제불 법
乘 若二若三 舍利弗 一切十方諸佛 法

역여시 사리불 과거제불 이무량무수
亦如是 舍利弗 過去諸佛 以無量無數

방편 종종인연 비유언사 이위중생 연
方便 種種因緣 譬喩言辭 而爲衆生 演

설제법 시법 개위일불승고 시제중생
說諸法 是法 皆爲一佛乘故 是諸衆生

종제불문법 구경개득 일체종지 사리
從諸佛聞法 究竟皆得 一切種智 舍利

불 미래제불 당출어세 역이무량무수
弗 未來諸佛 當出於世 亦以無量無數

방편 종종인연 비유언사 이위중생 연
方便 種種因緣 譬喩言辭 而爲衆生 演

설제법 시법 개위일불승고 시제중생
說諸法 是法 皆爲一佛乘故 是諸衆生

종불문법 구경개득 일체종지 사리불
從佛聞法 究竟皆得 一切種智 舍利弗

현재시방 무량백천만억 불토중 제불
現在十方 無量百千萬億 佛土中 諸佛

세존 다소요익 안락중생 시제불 역이
世尊 多所饒益 安樂衆生 是諸佛 亦以

무량무수방편 종종인연 비유언사 이
無量無數方便 種種因緣 譬喩言辭 而

위중생 연설제법 시법 개위일불승고
爲衆生 演說諸法 是法 皆爲一佛乘故

시제중생 종불문법 구경개득 일체종
是諸衆生 從佛聞法 究竟皆得 一切種

지 사리불 시제불 단교화보살 욕이불
智 舍利弗 是諸佛 但教化菩薩 欲以佛

지지견 시중생고 욕이불지지견 오중
之知見 示衆生故 欲以佛之知見 悟衆

생고 욕령중생 입불지지견고 사리불
生故 欲令衆生 入佛之知見故 舍利弗

아금 역부여시 지제중생 유종종욕 심
我今 亦復如是 知諸衆生 有種種欲 深

심소착 수기본성 이종종인연 비유언
心所著 隨其本性 以種種因緣 譬喩言

사 방편력 이위설법 사리불 여차 개
辭 方便力 而爲說法 舍利弗 如此 皆

위득일불승 일체종지고 사리불 시방
爲得一佛乘 一切種智故 舍利弗 十方

세계중 상무이승 하황유삼 사리불 제
世界中 尙無二乘 何況有三 舍利弗 諸

불 출어오탁악세 소위겁탁 번뇌탁 중
佛 出於五濁惡世 所謂劫濁 煩惱濁 衆

생탁 견탁 명탁 여시 사리불 겁탁난
生濁 見濁 命濁 如是 舍利弗 劫濁亂

시 중생구중 간탐질투 성취제불선근
時 衆生垢重 慳貪嫉妬 成就諸不善根

고 제불 이방편력 어일불승 분별설삼
故 諸佛 以方便力 於一佛乘 分別說三

사리불 약아제자 자위아라한 벽지불
舍利弗 若我弟子 自謂阿羅漢 辟支佛

자 불문부지 제불여래 단교화보살사
者 不聞不知 諸佛如來 但敎化菩薩事

차비불제자 비아라한 비벽지불 우사
此非佛弟子 非阿羅漢 非辟支佛 又舍

리불 시제비구비구니 자위이득아라한
利弗 是諸比丘比丘尼 自謂已得阿羅漢

시최후신 구경열반 변불부지 구아뇩
是最後身 究竟涅槃 便不復志 求阿耨

다라삼먁삼보리 당지차배 개시증상만
多羅三藐三菩提 當知此輩 皆是增上慢

인 소이자하 약유비구 실득아라한 약
人 所以者何 若有比丘 實得阿羅漢 若

불신차법 무유시처 제불멸도후 현전
不信此法 無有是處 除佛滅度後 現前

무불 소이자하 불멸도후 여시등경 수
無佛 所以者何 佛滅度後 如是等經 受

지독송 해의자 시인난득 약우여불 어
持讀誦 解義者 是人難得 若遇餘佛 於

차법중 변득결료 사리불 여등 당일심
此法中 便得決了 舍利弗 汝等 當一心

신해 수지불어 제불여래 언무허망 무
信解 受持佛語 諸佛如來 言無虛妄 無

유여승 유일불승 이시 세존 욕중선차
有餘乘 唯一佛乘 爾時 世尊 欲重宣此

의 이설게언
義 而說偈言

비구비구니 유회증상만
比丘比丘尼 有懷增上慢

우바새아만 우바이불신
優婆塞我慢 優婆夷不信

여시사중등 기수유오천
如是四衆等 其數有五千

부자견기과 어계유결루
不自見其過 於戒有缺漏

호석기하자 시소지이출
護惜其瑕疵 是小智已出

중중지조강 불위덕고거
衆中之糟糠 佛威德故去

사인선복덕 불감수시법
斯人尠福德 不堪受是法

차중무지엽 유유제정실
此衆無枝葉 唯有諸貞實

사리불선청 제불소득법
舍利弗善聽 諸佛所得法

무량방편력 이위중생설
無量方便力 而爲衆生說

중생심소념 종종소행도
衆生心所念 種種所行道

약간제욕성 선세선악업
若干諸欲性 先世善惡業

불실지시이 이제연비유
佛悉知是已 以諸緣譬喩

언사방편력 영일체환희
言辭方便力 令一切歡喜

혹설수다라 가타급본사
或說修多羅 伽陀及本事

본생미증유 역설어인연
本生未曾有 亦說於因緣

비유병기야 우바제사경
譬喩并祇夜 優波提舍經

둔근락소법 탐착어생사
鈍根樂小法 貪著於生死

어제무량불 불행심묘도
於諸無量佛 不行深妙道

중고소뇌란 위시설열반
衆苦所惱亂 爲是說涅槃

아설시방편 영득입불혜
我設是方便 令得入佛慧

미증설여등 당득성불도
未曾說汝等 當得成佛道

소이미증설 설시미지고
所以未曾說 說時未至故

금정시기시 결정설대승
今正是其時 決定說大乘

아차구부법 수순중생설
我此九部法 隨順衆生說

입대승위본 이고설시경
入大乘爲本 以故說是經

유불자심정 유연역이근
有佛子心淨 柔軟亦利根

무량제불소 이행심묘도
無量諸佛所 而行深妙道

위차제불자 설시대승경
爲此諸佛子 說是大乘經

아기여시인 내세성불도
我記如是人 來世成佛道

이심심염불 수지정계고
以深心念佛 修持淨戒故

차등문득불 대희충변신
此等聞得佛 大喜充遍身

불지피심행 고위설대승
佛知彼心行 故爲說大乘

성문약보살 문아소설법
聲聞若菩薩 聞我所說法

내지어일게 개성불무의
乃至於一偈 皆成佛無疑

시방불토중 유유일승법
十方佛土中 唯有一乘法

무이역무삼 제불방편설
無二亦無三 除佛方便說

단이가명자 인도어중생
但以假名字 引導於衆生

설불지혜고 제불출어세
說佛智慧故 諸佛出於世

유차일사실 여이즉비진
唯此一事實 餘二則非眞

종불이소승 제도어중생
終不以小乘 濟度於衆生

불자주대승 여기소득법
佛自住大乘 如其所得法

정혜력장엄 이차도중생
定慧力莊嚴 以此度衆生

자증무상도 대승평등법
自證無上道 大乘平等法

약이소승화 내지어일인
若以小乘化 乃至於一人

아즉타간탐 차사위불가
我則墮慳貪 此事爲不可

약인신귀불 여래불기광
若人信歸佛 如來不欺誑

역무탐질의 단제법중악
亦無貪嫉意 斷諸法中惡

고불어시방 이독무소외
故佛於十方 而獨無所畏

아이상엄신 광명조세간
我以相嚴身 光明照世間

무량중소존 위설실상인
無量衆所尊 爲說實相印

사리불당지 아본입서원
舍利弗當知 我本立誓願

욕령일체중 여아등무이
欲令一切衆 如我等無異

여아석소원 금자이만족
如我昔所願 今者已滿足

화일체중생 개령입불도
化一切衆生 皆令入佛道

약아우중생 진교이불도
若我遇衆生 盡教以佛道

무지자착란 미혹불수교
無智者錯亂 迷惑不受教

아지차중생 미증수선본
我知此衆生 未曾修善本

견착어오욕 치애고생뇌
堅著於五欲 癡愛故生惱

이제욕인연 추타삼악도
以諸欲因緣 墜墮三惡道

윤회육취중 비수제고독
輪廻六趣中 備受諸苦毒

수태지미형 세세상증장
受胎之微形 世世常增長

박덕소복인 중고소핍박
薄德少福人 衆苦所逼迫

입사견조림 약유약무등
入邪見稠林 若有若無等

의지차제견 구족육십이
依止此諸見 具足六十二

심착허망법 견수불가사
深著虛妄法 堅受不可捨

아만자긍고 첨곡심부실
我慢自矜高 諂曲心不實

어천만억겁 불문불명자
於千萬億劫 不聞佛名字

역불문정법 여시인난도
亦不聞正法 如是人難度

시고사리불 아위설방편
是故舍利弗 我爲設方便

설제진고도 시지이열반
說諸盡苦道 示之以涅槃

아수설열반 시역비진멸
我雖說涅槃 是亦非眞滅

제법종본래 상자적멸상
諸法從本來 常自寂滅相

불자행도이 내세득작불
佛 子 行 道 已 來 世 得 作 佛

아유방편력 개시삼승법
我 有 方 便 力 開 示 三 乘 法

일체제세존 개설일승도
一 切 諸 世 尊 皆 說 一 乘 道

금차제대중 개응제의혹
今 此 諸 大 衆 皆 應 除 疑 惑

제불어무이 유일무이승
諸 佛 語 無 異 唯 一 無 二 乘

과거무수겁 무량멸도불
過 去 無 數 劫 無 量 滅 度 佛

백천만억종 기수불가량
百 千 萬 億 種 其 數 不 可 量

여시제세존 종종연비유
如 是 諸 世 尊 種 種 緣 譬 喩

무수방편력 연설제법상
無 數 方 便 力 演 說 諸 法 相

시제세존등 개설일승법
是 諸 世 尊 等 皆 說 一 乘 法

화무량중생 영입어불도
化無量衆生 令入於佛道

우제대성주 지일체세간
又諸大聖主 知一切世間

천인군생류 심심지소욕
天人群生類 深心之所欲

갱이이방편 조현제일의
更以異方便 助顯第一義

약유중생류 치제과거불
若有衆生類 値諸過去佛

약문법보시 혹지계인욕
若聞法布施 或持戒忍辱

정진선지등 종종수복혜
精進禪智等 種種修福慧

여시제인등 개이성불도
如是諸人等 皆已成佛道

제불멸도이 약인선연심
諸佛滅度已 若人善軟心

여시제중생 개이성불도
如是諸衆生 皆已成佛道

제불멸도이 공양사리자
諸佛滅度已 供養舍利者

기만억종탑 금은급파려
起萬億種塔 金銀及玻瓈

자거여마노 매괴유리주
硨磲與瑪瑙 玫瑰琉璃珠

청정광엄식 장교어제탑
淸淨廣嚴飾 莊校於諸塔

혹유기석묘 전단급침수
或有起石廟 栴檀及沈水

목밀병여재 전와니토등
木樒幷餘材 塼瓦泥土等

약어광야중 적토성불묘
若於曠野中 積土成佛廟

내지동자희 취사위불탑
乃至童子戲 聚沙爲佛塔

여시제인등 개이성불도
如是諸人等 皆已成佛道

약인위불고 건립제형상
若人爲佛故 建立諸形像

각조성중상 개이성불도
刻彫成衆相 皆已成佛道

혹이칠보성 유석적백동
或以七寶成 鍮鉐赤白銅

백랍급연석 철목급여니
白鑞及鉛錫 鐵木及與泥

혹이교칠포 엄식작불상
或以膠漆布 嚴飾作佛像

여시제인등 개이성불도
如是諸人等 皆已成佛道

채화작불상 백복장엄상
彩畫作佛像 百福莊嚴相

자작약사인 개이성불도
自作若使人 皆已成佛道

내지동자희 약초목급필
乃至童子戲 若草木及筆

혹이지조갑 이화작불상
或以指爪甲 而畫作佛像

여시제인등 점점적공덕
如是諸人等 漸漸積功德

구족대비심 개이성불도
具足大悲心 皆已成佛道

단화제보살 도탈무량중
但化諸菩薩 度脫無量衆

약인어탑묘 보상급화상
若人於塔廟 寶像及畫像

이화향번개 경심이공양
以華香幡蓋 敬心而供養

약사인작악 격고취각패
若使人作樂 擊鼓吹角貝

소적금공후 비파요동발
簫笛琴箜篌 琵琶鐃銅鈸

여시중묘음 진지이공양
如是衆妙音 盡持以供養

혹이환희심 가패송불덕
或以歡喜心 歌唄頌佛德

내지일소음 개이성불도
乃至一小音 皆已成佛道

약인산란심 내지이일화
若人散亂心 乃至以一華

공양어화상 점견무수불
供養於畫像 漸見無數佛

혹유인예배 혹부단합장
或有人禮拜 或復但合掌

내지거일수 혹부소저두
乃至擧一手 或復小低頭

이차공양상 점견무량불
以此供養像 漸見無量佛

자성무상도 광도무수중
自成無上道 廣度無數衆

입무여열반 여신진화멸
入無餘涅槃 如薪盡火滅

약인산란심 입어탑묘중
若人散亂心 入於塔廟中

일칭나무불 개이성불도
一稱南無佛 皆已成佛道

어제과거불 재세혹멸후
於諸過去佛 在世或滅後

약유문시법 개이성불도
若有聞是法 皆已成佛道

미래제세존 기수무유량
未來諸世尊 其數無有量

시제여래등 역방편설법
是諸如來等 亦方便說法

일체제여래 이무량방편
一切諸如來 以無量方便

도탈제중생 입불무루지
度脫諸衆生 入佛無漏智

약유문법자 무일불성불
若有聞法者 無一不成佛

제불본서원 아소행불도
諸佛本誓願 我所行佛道

보욕령중생 역동득차도
普欲令衆生 亦同得此道

미래세제불 수설백천억
未來世諸佛 雖說百千億

무수제법문 기실위일승
無數諸法門 其實爲一乘

제불양족존 지법상무성
諸佛兩足尊 知法常無性

불종종연기 시고설일승
佛種從緣起 是故說一乘

시법주법위 세간상상주
是法住法位 世間相常住

어도량지이 도사방편설
於道場知已 導師方便說

천인소공양 현재시방불
天人所供養 現在十方佛

기수여항사 출현어세간
其數如恒沙 出現於世間

안은중생고 역설여시법
安隱衆生故 亦說如是法

지제일적멸 이방편력고
知第一寂滅 以方便力故

수시종종도 기실위불승
雖示種種道 其實爲佛乘

지중생제행 심심지소념
知衆生諸行 深心之所念

과거소습업 욕성정진력
過去所習業 欲性精進力

급제근이둔 이종종인연
及 諸 根 利 鈍 以 種 種 因 緣

비유역언사 수응방편설
譬 喩 亦 言 辭 隨 應 方 便 說

금아역여시 안은중생고
今 我 亦 如 是 安 隱 衆 生 故

이종종법문 선시어불도
以 種 種 法 門 宣 示 於 佛 道

아이지혜력 지중생성욕
我 以 智 慧 力 知 衆 生 性 欲

방편설제법 개령득환희
方 便 說 諸 法 皆 令 得 歡 喜

사리불당지 아이불안관
舍 利 弗 當 知 我 以 佛 眼 觀

견육도중생 빈궁무복혜
見 六 道 衆 生 貧 窮 無 福 慧

입생사험도 상속고부단
入 生 死 嶮 道 相 續 苦 不 斷

심착어오욕 여리우애미
深 著 於 五 欲 如 犛 牛 愛 尾

이탐애자폐 맹명무소견
以貪愛自蔽 盲瞑無所見

불구대세불 급여단고법
不求大勢佛 及與斷苦法

심입제사견 이고욕사고
深入諸邪見 以苦欲捨苦

위시중생고 이기대비심
爲是衆生故 而起大悲心

아시좌도량 관수역경행
我始坐道場 觀樹亦經行

어삼칠일중 사유여시사
於三七日中 思惟如是事

아소득지혜 미묘최제일
我所得智慧 微妙最第一

중생제근둔 착락치소맹
衆生諸根鈍 著樂癡所盲

여사지등류 운하이가도
如斯之等類 云何而可度

이시제범왕 급제천제석
爾時諸梵王 及諸天帝釋

호세사천왕 급대자재천
護世四天王 及大自在天

병여제천중 권속백천만
幷餘諸天衆 眷屬百千萬

공경합장례 청아전법륜
恭敬合掌禮 請我轉法輪

아즉자사유 약단찬불승
我卽自思惟 若但讚佛乘

중생몰재고 불능신시법
衆生沒在苦 不能信是法

파법불신고 추어삼악도
破法不信故 墜於三惡道

아녕불설법 질입어열반
我寧不說法 疾入於涅槃

심념과거불 소행방편력
尋念過去佛 所行方便力

아금소득도 역응설삼승
我今所得道 亦應說三乘

작시사유시 시방불개현
作是思惟時 十方佛皆現

범음위유아 선재석가문
梵音慰喩我 善哉釋迦文

제일지도사 득시무상법
第一之導師 得是無上法

수제일체불 이용방편력
隨諸一切佛 而用方便力

아등역개득 최묘제일법
我等亦皆得 最妙第一法

위제중생류 분별설삼승
爲諸衆生類 分別說三乘

소지락소법 부자신작불
少智樂小法 不自信作佛

시고이방편 분별설제과
是故以方便 分別說諸果

수부설삼승 단위교보살
雖復說三乘 但爲教菩薩

사리불당지 아문성사자
舍利弗當知 我聞聖師子

심정미묘음 희칭나무불
深淨微妙音 喜稱南無佛

부작여시념 아출탁악세
復作如是念 我出濁惡世

여제불소설 아역수순행
如諸佛所說 我亦隨順行

사유시사이 즉취바라나
思惟是事已 卽趣波羅奈

제법적멸상 불가이언선
諸法寂滅相 不可以言宣

이방편력고 위오비구설
以方便力故 爲五比丘說

시명전법륜 변유열반음
是名轉法輪 便有涅槃音

급이아라한 법승차별명
及以阿羅漢 法僧差別名

종구원겁래 찬시열반법
從久遠劫來 讚示涅槃法

생사고영진 아상여시설
生死苦永盡 我常如是說

사리불당지 아견불자등
舍利弗當知 我見佛子等

지구불도자 무량천만억
志求佛道者 無量千萬億

함이공경심 개래지불소
咸以恭敬心 皆來至佛所

증종제불문 방편소설법
曾從諸佛聞 方便所說法

아즉작시념 여래소이출
我卽作是念 如來所以出

위설불혜고 금정시기시
爲說佛慧故 今正是其時

사리불당지 둔근소지인
舍利弗當知 鈍根小智人

착상교만자 불능신시법
著相憍慢者 不能信是法

금아희무외 어제보살중
今我喜無畏 於諸菩薩中

정직사방편 단설무상도
正直捨方便 但說無上道

보살문시법 의망개이제
菩薩聞是法 疑網皆已除

천이백나한 실역당작불
千 二 百 羅 漢 悉 亦 當 作 佛

여삼세제불 설법지의식
如 三 世 諸 佛 說 法 之 儀 式

아금역여시 설무분별법
我 今 亦 如 是 說 無 分 別 法

제불흥출세 현원치우난
諸 佛 興 出 世 懸 遠 値 遇 難

정사출우세 설시법부난
正 使 出 于 世 說 是 法 復 難

무량무수겁 문시법역난
無 量 無 數 劫 聞 是 法 亦 難

능청시법자 사인역부난
能 聽 是 法 者 斯 人 亦 復 難

비여우담화 일체개애락
譬 如 優 曇 華 一 切 皆 愛 樂

천인소희유 시시내일출
天 人 所 希 有 時 時 乃 一 出

문법환희찬 내지발일언
聞 法 歡 喜 讚 乃 至 發 一 言

즉위이공양 일체삼세불
則爲已供養 一切三世佛

시인심희유 과어우담화
是人甚希有 過於優曇華

여등물유의 아위제법왕
汝等勿有疑 我爲諸法王

보고제대중 단이일승도
普告諸大衆 但以一乘道

교화제보살 무성문제자
敎化諸菩薩 無聲聞弟子

여등사리불 성문급보살
汝等舍利弗 聲聞及菩薩

당지시묘법 제불지비요
當知是妙法 諸佛之秘要

이오탁악세 단락착제욕
以五濁惡世 但樂著諸欲

여시등중생 종불구불도
如是等衆生 終不求佛道

당래세악인 문불설일승
當來世惡人 聞佛說一乘

미혹불신수 파법타악도
迷惑不信受 破法墮惡道

유참괴청정 지구불도자
有慚愧淸淨 志求佛道者

당위여시등 광찬일승도
當爲如是等 廣讚一乘道

사리불당지 제불법여시
舍利弗當知 諸佛法如是

이만억방편 수의이설법
以萬億方便 隨宜而說法

기불습학자 불능효료차
其不習學者 不能曉了此

여등기이지 제불세지사
汝等旣已知 諸佛世之師

수의방편사 무부제의혹
隨宜方便事 無復諸疑惑

심생대환희 자지당작불
心生大歡喜 自知當作佛

묘법연화경 권제이
妙法蓮華經 卷第二

비유품 제삼
譬喩品 第三

이시 사리불 용약환희 즉기합장 첨앙
爾時 舍利弗 踊躍歡喜 卽起合掌 瞻仰

존안 이백불언 금종세존 문차법음 심
尊顔 而白佛言 今從世尊 聞此法音 心

회용약 득미증유 소이자하 아석종불
懷踊躍 得未曾有 所以者何 我昔從佛

문여시법 견제보살 수기작불 이아등
聞如是法 見諸菩薩 授記作佛 而我等

불예사사 심자감상 실어여래 무량지
不豫斯事 甚自感傷 失於如來 無量知

견 세존 아상독처 산림수하 약좌약행
見 世尊 我常獨處 山林樹下 若坐若行

매작시념 아등 동입법성 운하여래 이
每作是念 我等 同入法性 云何如來 以

소승법 이견제도 시아등구 비세존야
小乘法 而見濟度 是我等咎 非世尊也

소이자하 약아등 대설소인 성취아뇩
所以者何 若我等 待說所因 成就阿耨

다라삼먁삼보리자 필이대승 이득도탈
多羅三藐三菩提者 必以大乘 而得度脫

연아등 불해방편 수의소설 초문불법
然我等 不解方便 隨宜所說 初聞佛法

우변신수 사유취증 세존 아종석래 종
遇便信受 思惟取證 世尊 我從昔來 終

일경야 매자극책 이금종불 문소미문
日竟夜 每自剋責 而今從佛 聞所未聞

미증유법 단제의회 신의태연 쾌득안
未曾有法 斷諸疑悔 身意泰然 快得安

은 금일내지 진시불자 종불구생 종법
隱 今日乃知 眞是佛子 從佛口生 從法

화생 득불법분 이시 사리불 욕중선차
化生 得佛法分 爾時 舍利弗 欲重宣此

의 이설게언
義 而說偈言

아문시법음 득소미증유
我聞是法音 得所未曾有

심회대환희 의망개이제
心懷大歡喜 疑網皆已除

석래몽불교 불실어대승
昔來蒙佛敎 不失於大乘

불음심희유 능제중생뇌
佛音甚希有 能除衆生惱

아이득누진 문역제우뇌
我已得漏盡 聞亦除憂惱

아처어산곡 혹재수림하
我處於山谷 或在樹林下

약좌약경행 상사유시사
若坐若經行 常思惟是事

오호심자책 운하이자기
嗚呼深自責 云何而自欺

아등역불자 동입무루법
我等亦佛子 同入無漏法

불능어미래 연설무상도
不能於未來 演說無上道

금색삼십이 십력제해탈
金 色 三 十 二 十 力 諸 解 脫

동공일법중 이부득차사
同 共 一 法 中 而 不 得 此 事

팔십종묘호 십팔불공법
八 十 種 妙 好 十 八 不 共 法

여시등공덕 이아개이실
如 是 等 功 德 而 我 皆 已 失

아독경행시 견불재대중
我 獨 經 行 時 見 佛 在 大 衆

명문만시방 광요익중생
名 聞 滿 十 方 廣 饒 益 衆 生

자유실차리 아위자기광
自 惟 失 此 利 我 爲 自 欺 誑

아상어일야 매사유시사
我 常 於 日 夜 每 思 惟 是 事

욕이문세존 위실위불실
欲 以 問 世 尊 爲 失 爲 不 失

아상견세존 칭찬제보살
我 常 見 世 尊 稱 讚 諸 菩 薩

이시어일야 주량여차사
以是於日夜 籌量如此事

금문불음성 수의이설법
今聞佛音聲 隨宜而說法

무루난사의 영중지도량
無漏難思議 令衆至道場

아본착사견 위제범지사
我本著邪見 爲諸梵志師

세존지아심 발사설열반
世尊知我心 拔邪說涅槃

아실제사견 어공법득증
我悉除邪見 於空法得證

이시심자위 득지어멸도
爾時心自謂 得至於滅度

이금내자각 비시실멸도
而今乃自覺 非是實滅度

약득작불시 구삼십이상
若得作佛時 具三十二相

천인야차중 용신등공경
天人夜叉衆 龍神等恭敬

시시내가위 영진멸무여
是時乃可謂 永盡滅無餘

불어대중중 설아당작불
佛於大衆中 說我當作佛

문여시법음 의회실이제
聞如是法音 疑悔悉已除

초문불소설 심중대경의
初聞佛所說 心中大驚疑

장비마작불 뇌란아심야
將非魔作佛 惱亂我心耶

불이종종연 비유교언설
佛以種種緣 譬喩巧言說

기심안여해 아문의망단
其心安如海 我聞疑網斷

불설과거세 무량멸도불
佛說過去世 無量滅度佛

안주방편중 역개설시법
安住方便中 亦皆說是法

현재미래불 기수무유량
現在未來佛 其數無有量

역이제방편 연설여시법
亦以諸方便 演說如是法

여금자세존 종생급출가
如今者世尊 從生及出家

득도전법륜 역이방편설
得道轉法輪 亦以方便說

세존설실도 파순무차사
世尊說實道 波旬無此事

이시아정지 비시마작불
以是我定知 非是魔作佛

아타의망고 위시마소위
我墮疑網故 謂是魔所爲

문불유연음 심원심미묘
聞佛柔軟音 深遠甚微妙

연창청정법 아심대환희
演暢清淨法 我心大歡喜

의회영이진 안주실지중
疑悔永已盡 安住實智中

아정당작불 위천인소경
我定當作佛 爲天人所敬

전무상법륜 교화제보살
轉無上法輪 教化諸菩薩

이시 불고사리불 오금어천인 사문바
爾時 佛告舍利弗 吾今於天人 沙門婆

라문등 대중중설 아석증 어이만억불
羅門等 大衆中說 我昔曾 於二萬億佛

소 위무상도고 상교화여 여역장야 수
所 爲無上道故 常教化汝 汝亦長夜 隨

아수학 아이방편 인도여고 생아법중
我受學 我以方便 引導汝故 生我法中

사리불 아석교여 지원불도 여금실망
舍利弗 我昔教汝 志願佛道 汝今悉忘

이변자위 이득멸도 아금 환욕령여 억
而便自謂 已得滅度 我今 還欲令汝 憶

념본원 소행도고 위제성문 설시대승
念本願 所行道故 爲諸聲聞 說是大乘

경 명묘법연화 교보살법 불소호념 사
經 名妙法蓮華 教菩薩法 佛所護念 舍

리불 여어미래세 과무량무변 불가사
利弗 汝於未來世 過無量無邊 不可思

의겁 공양약간 천만억불 봉지정법 구
議劫 供養若干 千萬億佛 奉持正法 具

족보살 소행지도 당득작불 호왈화광
足菩薩 所行之道 當得作佛 號曰華光

여래 응공 정변지 명행족 선서 세간
如來 應供 正遍知 明行足 善逝 世間

해 무상사 조어장부 천인사 불세존
解 無上士 調御丈夫 天人師 佛世尊

국명이구 기토평정 청정엄식 안은풍
國名離垢 其土平正 淸淨嚴飾 安隱豐

락 천인치성 유리위지 유팔교도 황금
樂 天人熾盛 琉璃爲地 有八交道 黃金

위승 이계기측 기방각유 칠보항수 상
爲繩 以界其側 其傍各有 七寶行樹 常

유화과 화광여래 역이삼승 교화중생
有華果 華光如來 亦以三乘 敎化衆生

사리불 피불출시 수비악세 이본원고
舍利弗 彼佛出時 雖非惡世 以本願故

설삼승법 기겁명 대보장엄 하고명왈
說三乘法 其劫名 大寶莊嚴 何故名曰

대보장엄 기국중 이보살 위대보고 피
大寶莊嚴 其國中 以菩薩 爲大寶故 彼

제보살 무량무변 불가사의 산수비유
諸菩薩 無量無邊 不可思議 算數譬喩

소불능급 비불지력 무능지자 약욕행
所不能及 非佛智力 無能知者 若欲行

시 보화승족 차제보살 비초발의 개구
時 寶華承足 此諸菩薩 非初發意 皆久

식덕본 어무량백천만억불소 정수범행
植德本 於無量百千萬億佛所 淨修梵行

항위제불지소칭탄 상수불혜 구대신통
恒爲諸佛之所稱歎 常修佛慧 具大神通

선지일체 제법지문 질직무위 지념견
善知一切 諸法之門 質直無僞 志念堅

고 여시보살 충만기국 사리불 화광불
固 如是菩薩 充滿其國 舍利弗 華光佛

수 십이소겁 제위왕자 미작불시 기국
壽 十二小劫 除爲王子 未作佛時 其國

인민 수팔소겁 화광여래 과십이소겁
人民 壽八小劫 華光如來 過十二小劫

수견만보살 아뇩다라삼먁삼보리기 고
授堅滿菩薩 阿耨多羅三藐三菩提記 告

제비구 시견만보살 차당작불 호왈화
諸比丘 是堅滿菩薩 次當作佛 號曰華

족안행 다타아가도 아라하 삼먁삼불
足安行 多陀阿伽度 阿羅訶 三藐三佛

타 기불국토 역부여시 사리불 시화광
陀 其佛國土 亦復如是 舍利弗 是華光

불 멸도지후 정법주세 삼십이소겁 상
佛 滅度之後 正法住世 三十二小劫 像

법주세 역삼십이소겁 이시 세존 욕중
法住世 亦三十二小劫 爾時 世尊 欲重

선차의 이설게언
宣此義 而說偈言

사리불내세 성불보지존
舍利弗來世 成佛普智尊

호명왈화광 당도무량중
號名曰華光 當度無量衆

공양무수불 구족보살행
供養無數佛 具足菩薩行

십력등공덕 증어무상도
十力等功德 證於無上道

과무량겁이 겁명대보엄
過無量劫已 劫名大寶嚴

세계명이구 청정무하예
世界名離垢 清淨無瑕穢

이유리위지 금승계기도
以琉璃爲地 金繩界其道

칠보잡색수 상유화과실
七寶雜色樹 常有華果實

피국제보살 지념상견고
彼國諸菩薩 志念常堅固

신통바라밀 개이실구족
神通波羅蜜 皆已悉具足

어무수불소 선학보살도
於無數佛所 善學菩薩道

여시등대사 화광불소화
如是等大士 華光佛所化

불위왕자시 기국사세영
佛爲王子時 棄國捨世榮

어최말후신 출가성불도
於最末後身 出家成佛道

화광불주세 수십이소겁
華光佛住世 壽十二小劫

기국인민중 수명팔소겁
其國人民衆 壽命八小劫

불멸도지후 정법주어세
佛滅度之後 正法住於世

삼십이소겁 광도제중생
三十二小劫 廣度諸衆生

정법멸진이 상법삼십이
正法滅盡已 像法三十二

사리광유포 천인보공양
舍利廣流布 天人普供養

화광불소위 기사개여시
華光佛所爲 其事皆如是

기양족성존 최승무륜필
其兩足聖尊 最勝無倫匹

피즉시여신 의응자흔경
彼卽是汝身 宜應自欣慶

이시 사부중 비구비구니 우바새우바
爾時 四部衆 比丘比丘尼 優婆塞優婆

이 천룡야차 건달바아수라 가루라긴
夷 天龍夜叉 乾闥婆阿修羅 迦樓羅緊

나라 마후라가등 대중 견사리불 어불
那羅 摩睺羅伽等 大衆 見舍利弗 於佛

전 수아뇩다라삼먁삼보리기 심대환희
前 受阿耨多羅三藐三菩提記 心大歡喜

용약무량 각각탈신 소착상의 이공양
踊躍無量 各各脫身 所著上衣 以供養

불 석제환인 범천왕등 여무수천자 역
佛 釋提桓因 梵天王等 與無數天子 亦

이천묘의 천만다라화 마하만다라화등
以天妙衣 天曼陀羅華 摩訶曼陀羅華等

공양어불 소산천의 주허공중 이자회
供養於佛 所散天衣 住虛空中 而自廻

전 제천기악 백천만종 어허공중 일시
轉 諸天伎樂 百千萬種 於虛空中 一時

구작 우중천화 이작시언 불석어바라
俱作 雨衆天華 而作是言 佛昔於波羅

나 초전법륜 금내부전 무상최대법륜
㮈 初轉法輪 今乃復轉 無上最大法輪

이시 제천자 욕중선차의 이설게언
爾時 諸天子 欲重宣此義 而說偈言

석어바라나 전사제법륜
昔於波羅㮈 轉四諦法輪

분별설제법 오중지생멸
分別說諸法 五衆之生滅

금부전최묘 무상대법륜
今復轉最妙 無上大法輪

시법심심오 소유능신자
是法甚深奧 少有能信者

아등종석래 삭문세존설
我等從昔來 數聞世尊說

미증문여시 심묘지상법
未曾聞如是 深妙之上法

세존설시법 아등개수희
世尊說是法 我等皆隨喜

대지사리불 금득수존기
大智舍利弗 今得受尊記

아등역여시 필당득작불
我等亦如是 必當得作佛

어일체세간 최존무유상
於一切世間 最尊無有上

불도파사의 방편수의설
佛道叵思議 方便隨宜說

아소유복업 금세약과세
我所有福業 今世若過世

급견불공덕 진회향불도
及見佛功德 盡廻向佛道

이시 사리불 백불언 세존 아금 무부
爾時 舍利弗 白佛言 世尊 我今 無復

의회 친어불전 득수아뇩다라삼먁삼보
疑悔 親於佛前 得受阿耨多羅三藐三菩

리기 시제천이백 심자재자 석주학지
提記 是諸千二百 心自在者 昔住學地

불상교화언 아법 능리생로병사 구경
佛常敎化言 我法 能離生老病死 究竟

열반 시학무학인 역각자 이리아견 급
涅槃 是學無學人 亦各自 以離我見 及

유무견등 위득열반 이금어세존전 문
有無見等 謂得涅槃 而今於世尊前 聞

소미문 개타의혹 선재세존 원위사중
所未聞 皆墮疑惑 善哉世尊 願爲四衆

설기인연 영리의회 이시 불고사리불
說其因緣 令離疑悔 爾時 佛告舍利弗

아선불언 제불세존 이종종인연 비유
我先不言 諸佛世尊 以種種因緣 譬喩

언사 방편설법 개위아뇩다라삼먁삼보
言辭 方便說法 皆爲阿耨多羅三藐三菩

리야 시제소설 개위화보살고 연사리
提耶 是諸所說 皆爲化菩薩故 然舍利

불 금당부이비유 갱명차의 제유지자
弗 今當復以譬喩 更明此義 諸有智者

이비유득해 사리불 약국읍취락 유대
以譬喩得解 舍利弗 若國邑聚落 有大

장자 기년쇠매 재부무량 다유전택 급
長者 其年衰邁 財富無量 多有田宅 及

제동복 기가광대 유유일문 다제인중
諸僮僕 其家廣大 唯有一門 多諸人衆

일백이백 내지오백인 지주기중 당각
一百二百 乃至五百人 止住其中 堂閣

후고 장벽퇴락 주근부패 양동경위 주
朽故 牆壁隤落 柱根腐敗 梁棟傾危 周

잡구시 홀연화기 분소사택 장자제자
匝俱時 欻然火起 焚燒舍宅 長者諸子

약십이십 혹지삼십 재차택중 장자 견
若十二十 或至三十 在此宅中 長者 見

시대화 종사면기 즉대경포 이작시념
是大火 從四面起 卽大驚怖 而作是念

아수능어차 소소지문 안은득출 이제
我雖能於此 所燒之門 安隱得出 而諸

자등 어화택내 낙착희희 불각부지 불
子等 於火宅內 樂著嬉戲 不覺不知 不

경불포 화래핍신 고통절이 심불염환
驚不怖 火來逼身 苦痛切已 心不厭患

무구출의 사리불 시장자 작시사유 아
無求出意 舍利弗 是長者 作是思惟 我

신수유력 당이의극 약이궤안 종사출
身手有力 當以衣裓 若以机案 從舍出

지 부갱사유 시사 유유일문 이부협소
之 復更思惟 是舍 唯有一門 而復狹小

제자유치 미유소식 연착희처 혹당타
諸子幼稚 未有所識 戀著戲處 或當墮

락 위화소소 아당위설 포외지사 차사
落 爲火所燒 我當爲說 怖畏之事 此舍

이소 의시질출 무령위화지소소해 작
已燒 宜時疾出 無令爲火之所燒害 作

시념이 여소사유 구고제자 여등속출
是念已 如所思惟 具告諸子 汝等速出

부수연민 선언유유 이제자등 낙착희
父雖憐愍 善言誘喩 而諸子等 樂著嬉

희 불긍신수 불경불외 요무출심 역부
戲 不肯信受 不驚不畏 了無出心 亦復

부지 하자시화 하자위사 운하위실 단
不知 何者是火 何者爲舍 云何爲失 但

동서주희 시부이이 이시 장자 즉작시
東西走戲 視父而已 爾時 長者 卽作是

념 차사이위 대화소소 아급제자 약불
念 此舍已爲 大火所燒 我及諸子 若不

시출 필위소분 아금 당설방편 영제자
時出 必爲所焚 我今 當設方便 令諸子

등 득면사해 부지제자 선심각유소호
等 得免斯害 父知諸子 先心各有所好

종종진완 기이지물 정필락착 이고지
種種珍玩 奇異之物 情必樂著 而告之

언 여등소가완호 희유난득 여약불취
言 汝等所可玩好 希有難得 汝若不取

후필우회 여차종종 양거녹거우거 금
後必憂悔 如此種種 羊車鹿車牛車 今

재문외 가이유희 여등 어차화택 의속
在門外 可以遊戲 汝等 於此火宅 宜速

출래 수여소욕 개당여여 이시 제자
出來 隨汝所欲 皆當與汝 爾時 諸子

문부소설 진완지물 적기원고 심각용
聞父所說 珍玩之物 適其願故 心各勇

예 호상퇴배 경공치주 쟁출화택 시시
銳 互相推排 競共馳走 爭出火宅 是時

장자 견제자등 안은득출 개어사구도
長者 見諸子等 安隱得出 皆於四衢道

중 노지이좌 무부장애 기심태연 환희
中 露地而坐 無復障礙 其心泰然 歡喜

용약 시제자등 각백부언 부선소허 완
踊躍 時諸子等 各白父言 父先所許 玩

호지구 양거녹거우거 원시사여 사리
好之具 羊車鹿車牛車 願時賜與 舍利

불 이시 장자 각사제자 등일대거 기
弗 爾時 長者 各賜諸子 等一大車 其

거고광 중보장교 주잡난순 사면현령
車高廣 衆寶莊校 周匝欄楯 四面懸鈴

우어기상 장설헌개 역이진기잡보 이
又於其上 張設幰蓋 亦以珍奇雜寶 而

엄식지 보승교락 수제화영 중부완연
嚴飾之 寶繩絞絡 垂諸華纓 重敷婉筵

안치단침 가이백우 부색충결 형체주
安置丹枕 駕以白牛 膚色充潔 形體姝

호 유대근력 행보평정 기질여풍 우다
好 有大筋力 行步平正 其疾如風 又多

복종 이시위지 소이자하 시대장자 재
僕從 而侍衛之 所以者何 是大長者 財

부무량 종종제장 실개충일 이작시념
富無量 種種諸藏 悉皆充溢 而作是念

아재물무극 불응이하열소거 여제자등
我財物無極 不應以下劣小車 與諸子等

금차유동 개시오자 애무편당 아유여
今此幼童 皆是吾子 愛無偏黨 我有如

시 칠보대거 기수무량 응당등심 각각
是 七寶大車 其數無量 應當等心 各各

여지 불의차별 소이자하 이아차물 주
與之 不宜差別 所以者何 以我此物 周

급일국 유상불궤 하황제자 시시제자
給一國 猶尙不匱 何況諸子 是時諸子

각승대거 득미증유 비본소망 사리불
各乘大車 得未曾有 非本所望 舍利弗

어여의운하 시장자 등여제자 진보대
於汝意云何 是長者 等與諸子 珍寶大

거 영유허망부 사리불언 불야세존 시
車 寧有虛妄不 舍利弗言 不也世尊 是

장자 단령제자 득면화난 전기구명 비
長者 但令諸子 得免火難 全其軀命 非

위허망 하이고 약전신명 변위이득 완
爲虛妄 何以故 若全身命 便爲已得 玩

호지구 황부방편 어피화택 이발제지
好之具 況復方便 於彼火宅 而拔濟之

세존 약시장자 내지불여 최소일거 유
世尊 若是長者 乃至不與 最小一車 猶

불허망 하이고 시장자 선작시의 아이
不虛妄 何以故 是長者 先作是意 我以

방편 영자득출 이시인연 무허망야 하
方便 令子得出 以是因緣 無虛妄也 何

황장자 자지재부무량 욕요익제자 등
況長者 自知財富無量 欲饒益諸子 等

여대거 불고사리불 선재선재 여여소
與大車 佛告舍利弗 善哉善哉 如汝所

언 사리불 여래 역부여시 즉위일체세
言 舍利弗 如來 亦復如是 則爲一切世

간지부 어제포외 쇠뇌우환 무명암폐
間之父 於諸怖畏 衰惱憂患 無明闇蔽

영진무여 이실성취 무량지견 역무소
永盡無餘 而悉成就 無量知見 力無所

외 유대신력 급지혜력 구족방편 지혜
畏 有大神力 及智慧力 具足方便 智慧

바라밀 대자대비 상무해권 항구선사
波羅蜜 大慈大悲 常無懈倦 恒求善事

이익일체 이생삼계후고화택 위도중생
利益一切 而生三界朽故火宅 爲度衆生

생로병사 우비고뇌 우치암폐 삼독지
生老病死 憂悲苦惱 愚癡闇蔽 三毒之

화 교화영득 아뇩다라삼먁삼보리 견
火 教化令得 阿耨多羅三藐三菩提 見

제중생 위생로병사 우비고뇌지소소자
諸衆生 爲生老病死 憂悲苦惱之所燒煮

역이오욕재리고 수종종고 우이탐착추
亦以五欲財利故 受種種苦 又以貪著追

구고 현수중고 후수지옥축생 아귀지
求故 現受衆苦 後受地獄畜生 餓鬼之

고 약생천상 급재인간 빈궁곤고 애별
苦 若生天上 及在人間 貧窮困苦 愛別

리고 원증회고 여시등 종종제고 중생
離苦 怨憎會苦 如是等 種種諸苦 衆生

몰재기중 환희유희 불각부지 불경불
沒在其中 歡喜遊戲 不覺不知 不驚不

포 역불생염 불구해탈 어차삼계화택
怖 亦不生厭 不求解脫 於此三界火宅

동서치주 수조대고 불이위환 사리불
東西馳走 雖遭大苦 不以爲患 舍利弗

불견차이 변작시념 아위중생지부 응
佛見此已 便作是念 我爲衆生之父 應

발기고난 여무량무변 불지혜락 영기
拔其苦難 與無量無邊 佛智慧樂 令其

유희 사리불 여래 부작시념 약아단이
遊戲 舍利弗 如來 復作是念 若我但以

신력 급지혜력 사어방편 위제중생 찬
神力 及智慧力 捨於方便 爲諸衆生 讚

여래지견 역무소외자 중생불능 이시
如來知見 力無所畏者 衆生不能 以是

득도 소이자하 시제중생 미면생로병
得度 所以者何 是諸衆生 未免生老病

사 우비고뇌 이위삼계화택소소 하유
死 憂悲苦惱 而爲三界火宅所燒 何由

능해 불지지혜 사리불 여피장자 수부
能解 佛之智慧 舍利弗 如彼長者 雖復

신수유력 이불용지 단이은근방편 면
身手有力 而不用之 但以慇懃方便 勉

제제자 화택지난 연후 각여진보대거
濟諸子 火宅之難 然後 各與珍寶大車

여래 역부여시 수유력무소외 이불용
如來 亦復如是 雖有力無所畏 而不用

지 단이지혜방편 어삼계화택 발제중
之 但以智慧方便 於三界火宅 拔濟衆

생 위설삼승 성문 벽지불 불승 이작
生 爲說三乘 聲聞 辟支佛 佛乘 而作

시언 여등 막득락주 삼계화택 물탐추
是言 汝等 莫得樂住 三界火宅 勿貪麤

폐 색성향미촉야 약탐착생애 즉위소
弊 色聲香味觸也 若貪著生愛 則爲所

소 여속출삼계 당득삼승 성문 벽지불
燒 汝速出三界 當得三乘 聲聞 辟支佛

불승 아금위여 보임차사 종불허야 여
佛乘 我今爲汝 保任此事 終不虛也 汝

등 단당근수정진 여래 이시방편 유진
等 但當勤修精進 如來 以是方便 誘進

중생 부작시언 여등당지 차삼승법 개
衆生 復作是言 汝等當知 此三乘法 皆

시성소칭탄 자재무계 무소의구 승시
是聖所稱歎 自在無繫 無所依求 乘是

삼승 이무루근력각도 선정해탈 삼매
三乘 以無漏根力覺道 禪定解脫 三昧

등 이자오락 변득무량 안은쾌락 사리
等 而自娛樂 便得無量 安隱快樂 舍利

불 약유중생 내유지성 종불세존 문법
弗 若有衆生 內有智性 從佛世尊 聞法

신수 은근정진 욕속출삼계 자구열반
信受 慇懃精進 欲速出三界 自求涅槃

시명성문승 여피제자 위구양거 출어
是名聲聞乘 如彼諸子 爲求羊車 出於

화택 약유중생 종불세존 문법신수 은
火宅 若有衆生 從佛世尊 聞法信受 慇

근정진 구자연혜 낙독선적 심지제법
懃精進 求自然慧 樂獨善寂 深知諸法

인연 시명벽지불승 여피제자 위구녹
因緣 是名辟支佛乘 如彼諸子 爲求鹿

거 출어화택 약유중생 종불세존 문법
車 出於火宅 若有衆生 從佛世尊 聞法

신수 근수정진 구일체지 불지 자연지
信受 勤修精進 求一切智 佛智 自然智

무사지 여래지견 역무소외 민념안락
無師智 如來知見 力無所畏 愍念安樂

무량중생 이익천인 도탈일체 시명대
無量衆生 利益天人 度脫一切 是名大

승 보살구차승고 명위마하살 여피제
乘 菩薩求此乘故 名爲摩訶薩 如彼諸

자 위구우거 출어화택 사리불 여피장
子 爲求牛車 出於火宅 舍利弗 如彼長

자 견제자등 안은득출화택 도무외처
者 見諸子等 安隱得出火宅 到無畏處

자유재부무량 등이대거 이사제자 여
自惟財富無量 等以大車 而賜諸子 如

래 역부여시 위일체중생지부 약견무
來 亦復如是 爲一切衆生之父 若見無

량억천중생 이불교문 출삼계고 포외
量億千衆生 以佛教門 出三界苦 怖畏

험도 득열반락 여래이시 변작시념 아
險道 得涅槃樂 如來爾時 便作是念 我

유무량무변지혜 역무외등 제불법장
有無量無邊智慧 力無畏等 諸佛法藏

시제중생 개시아자 등여대승 불령유
是諸衆生 皆是我子 等與大乘 不令有

인 독득멸도 개이여래멸도 이멸도지
人 獨得滅度 皆以如來滅度 而滅度之

시제중생 탈삼계자 실여제불 선정해
是諸衆生 脫三界者 悉與諸佛 禪定解

탈등 오락지구 개시일상일종 성소칭
脫等 娛樂之具 皆是一相一種 聖所稱

탄 능생정묘 제일지락 사리불 여피장
歎 能生淨妙 第一之樂 舍利弗 如彼長

자 초이삼거 유인제자연후 단여대거
者 初以三車 誘引諸子然後 但與大車

보물장엄 안은제일 연피장자 무허망
寶物莊嚴 安隱第一 然彼長者 無虛妄

지구 여래 역부여시 무유허망 초설삼
之咎 如來 亦復如是 無有虛妄 初說三

승 인도중생연후 단이대승 이도탈지
乘 引導衆生然後 但以大乘 而度脫之

하이고 여래 유무량지혜 역무소외 제
何以故 如來 有無量智慧 力無所畏 諸

법지장 능여일체중생 대승지법 단부
法之藏 能與一切衆生 大乘之法 但不

진능수 사리불 이시인연 당지 제불방
盡能受 舍利弗 以是因緣 當知 諸佛方

편력고 어일불승 분별설삼 불 욕중선
便力故 於一佛乘 分別說三 佛 欲重宣

차의 이설게언
此義 而說偈言

비여장자 유일대택
譬如長者 有一大宅

기택구고 이부돈폐
其宅久故 而復頓弊

당사고위 주근최후
堂舍高危 柱根摧朽

양동경사 기폐퇴훼
梁棟傾斜 基陛隤毀

장벽비탁 이도치락
牆壁圮坼 泥塗阤落

부점난추 연려차탈
覆苫亂墜 椽梠差脫

주장굴곡 잡예충변
周障屈曲 雜穢充遍

유오백인 지주기중
有五百人 止住其中

치효조취 오작구합
鵄梟雕鷲 烏鵲鳩鴿

원사복갈 오공유연
蚖蛇蝮蠍 蜈蚣蚰蜒

수궁백족 유리혜서
守宮百足 鼬貍鼷鼠

제악충배 교횡치주
諸惡蟲輩 交橫馳走

시뇨취처 부정유일
屎尿臭處 不淨流溢

강랑제충 이집기상
蜣蜋諸蟲 而集其上

호랑야간 저작천답
狐狼野干 咀嚼踐踏

제설사시 골육낭자
嚌齧死屍 骨肉狼藉

유시군구 경래박촬
由是群狗 競來搏撮

기리장황 처처구식
飢羸慞惶 處處求食

투쟁자철 애재호폐
鬪諍摣掣 啀喍嘷吠

기사공포 변상여시
其舍恐怖 變狀如是

처처개유 이매망량
處處皆有 魑魅魍魎

야차악귀 식담인육
夜叉惡鬼 食噉人肉

독충지속 제악금수
毒蟲之屬 諸惡禽獸

부유산생 각자장호
孚乳産生 各自藏護

야차경래 쟁취식지
夜叉競來 爭取食之

식지기포 악심전치
食之旣飽 惡心轉熾

투쟁지성 심가포외
鬪諍之聲 甚可怖畏

구반다귀 준거토타
鳩槃茶鬼 蹲踞土埵

혹시이지 일척이척
或時離地 一尺二尺

왕반유행 종일희희
往返遊行 縱逸嬉戱

착구양족 박령실성
捉狗兩足 撲令失聲

이각가경 포구자락
以脚加頸 怖狗自樂

부유제귀 기신장대
復有諸鬼 其身長大

나형흑수 상주기중
裸形黑瘦 常住其中

발대악성 규호구식
發大惡聲 叫呼求食

부유제귀 기인여침
復有諸鬼 其咽如針

부유제귀 수여우두
復有諸鬼 首如牛頭

혹식인육 혹부담구
或食人肉 或復噉狗

두발봉란 잔해흉험
頭髮蓬亂 殘害凶險

기갈소핍 규환치주
飢渴所逼 叫喚馳走

야차아귀 제악조수
夜叉餓鬼 諸惡鳥獸

기급사향 규간창유
飢急四向 窺看窓牖

여시제난 공외무량
如是諸難 恐畏無量

시후고택 속우일인
是朽故宅 屬于一人

기인근출 미구지간
其人近出 未久之間

어후사택 홀연화기
於後舍宅 忽然火起

사면일시 기염구치
四面一時 其炎俱熾

동량연주 폭성진열
棟梁椽柱 爆聲震裂

최절타락 장벽붕도
摧折墮落 牆壁崩倒

제귀신등 양성대규
諸鬼神等 揚聲大叫

조취제조 구반다등
雕鷲諸鳥 鳩槃茶等

주장황포 불능자출
周慞惶怖 不能自出

악수독충 장찬공혈
惡獸毒蟲 藏竄孔穴

비사사귀 역주기중
毘舍闍鬼 亦住其中

박복덕고 위화소핍
薄福德故 爲火所逼

공상잔해 음혈담육
共相殘害 飮血噉肉

야간지속 병이전사
野干之屬 竝已前死

제대악수 경래식담
諸大惡獸 競來食噉

취연봉발 사면충색
臭烟熢焞 四面充塞

오공유연 독사지류
蜈蚣蚰蜒 毒蛇之類

위화소소 쟁주출혈
爲火所燒 爭走出穴

구반다귀 수취이식
鳩槃茶鬼 隨取而食

우제아귀 두상화연
又諸餓鬼 頭上火燃

기갈열뇌 주장민주
飢渴熱惱 周慞悶走

기택여시 심가포외
其宅如是 甚可怖畏

독해화재 중난비일
毒害火災 衆難非一

시시택주 재문외립
是時宅主 在門外立

문유인언 여제자등
聞有人言 汝諸子等

선인유희 내입차택
先因遊戲 來入此宅

치소무지 환오락착
稚小無知 歡娛樂著

장자문이 경입화택
長者聞已 驚入火宅

방의구제 영무소해
方宜救濟 令無燒害

고유제자 설중환난
告喩諸子 說衆患難

악귀독충 재화만연
惡鬼毒蟲 災火蔓延

중고차제 상속부절
衆苦次第 相續不絶

독사원복 급제야차
毒蛇蚖蝮 及諸夜叉

구반다귀 야간호구
鳩槃茶鬼 野干狐狗

조취치효 백족지속
雕鷲鵄梟 百足之屬

기갈뇌급 심가포외
飢渴惱急 甚可怖畏

차고난처 황부대화
此苦難處 況復大火

제자무지 수문부회
諸子無知 雖聞父誨

유고락착 희희불이
猶故樂著 嬉戲不已

시시장자 이작시념
是時長者 而作是念

제자여차 익아수뇌
諸子如此 益我愁惱

금차사택 무일가락
今此舍宅 無一可樂

이제자등 탐면희희
而諸子等 耽湎嬉戲

불수아교 장위화해
不受我教 將爲火害

즉변사유 설제방편
卽便思惟 設諸方便

고제자등 아유종종
告諸子等 我有種種

진완지구 묘보호거
珍玩之具 妙寶好車

양거녹거 대우지거
羊車鹿車 大牛之車

금재문외 여등출래
今在門外 汝等出來

오위여등 조작차거
吾爲汝等 造作此車

수의소락 가이유희
隨意所樂 可以遊戲

제자문설 여차제거
諸子聞說 如此諸車

즉시분경 치주이출
卽時奔競 馳走而出

도어공지 이제고난
到於空地 離諸苦難

장자견자 득출화택
長者見子 得出火宅

주어사구 좌사자좌
住於四衢 坐師子座

이자경언 아금쾌락
而自慶言 我今快樂

차제자등 생육심난
此諸子等 生育甚難

우소무지 이입험택
愚小無知 而入險宅

다제독충 이매가외
多諸毒蟲 魑魅可畏

대화맹염 사면구기
大火猛炎 四面俱起

이차제자 탐락희희
而此諸子 貪樂嬉戲

아이구지 영득탈난
我已救之 令得脫難

시고제인 아금쾌락
是故諸人 我今快樂

이시제자 지부안좌
爾時諸子 知父安坐

개예부소 이백부언
皆詣父所 而白父言

원사아등 삼종보거
願賜我等 三種寶車

여전소허 제자출래
如前所許 諸子出來

당이삼거 수여소욕
當以三車 隨汝所欲

금정시시 유수급여
今正是時 唯垂給與

장자대부 고장중다
長者大富 庫藏衆多

금은유리 자거마노
金銀琉璃 硨磲瑪瑙

이중보물 조제대거
以衆寶物 造諸大車

장교엄식 주잡난순
莊校嚴飾 周匝欄楯

사면현령 금승교락
四面懸鈴 金繩交絡

진주라망 장시기상
眞珠羅網 張施其上

금화제영 처처수하
金華諸瓔 處處垂下

중채잡식 주잡위요
衆綵雜飾 周匝圍繞

유연증광 이위인욕
柔軟繒纊 以爲茵蓐

상묘세첩 가치천억
上妙細氎 價直千億

선백정결 이부기상
鮮白淨潔 以覆其上

유대백우 비장다력
有大白牛 肥壯多力

형체주호 이가보거
形體姝好 以駕寶車

다제빈종 이시위지
多諸儐從 而侍衛之

이시묘거 등사제자
以是妙車 等賜諸子

제자시시 환희용약
諸子是時 歡喜踊躍

승시보거 유어사방
乘是寶車 遊於四方

희희쾌락 자재무애
嬉戲快樂 自在無礙

고사리불 아역여시
告舍利弗 我亦如是

중성중존 세간지부
衆聖中尊 世間之父

일체중생 개시오자
一 切 衆 生 皆 是 吾 子

심착세락 무유혜심
深 著 世 樂 無 有 慧 心

삼계무안 유여화택
三 界 無 安 猶 如 火 宅

중고충만 심가포외
衆 苦 充 滿 甚 可 怖 畏

상유생로 병사우환
常 有 生 老 病 死 憂 患

여시등화 치연불식
如 是 等 火 熾 然 不 息

여래이리 삼계화택
如 來 已 離 三 界 火 宅

적연한거 안처임야
寂 然 閑 居 安 處 林 野

금차삼계 개시아유
今 此 三 界 皆 是 我 有

기중중생 실시오자
其 中 衆 生 悉 是 吾 子

이금차처 다제환난
而今此處 多諸患難

유아일인 능위구호
唯我一人 能爲救護

수부교조 이불신수
雖復教詔 而不信受

어제욕염 탐착심고
於諸欲染 貪著深故

이시방편 위설삼승
以是方便 爲說三乘

영제중생 지삼계고
令諸衆生 知三界苦

개시연설 출세간도
開示演說 出世間道

시제자등 약심결정
是諸子等 若心決定

구족삼명 급육신통
具足三明 及六神通

유득연각 불퇴보살
有得緣覺 不退菩薩

여사리불 아위중생
汝舍利弗 我爲衆生

이차비유 설일불승
以此譬喩 說一佛乘

여등약능 신수시어
汝等若能 信受是語

일체개당 득성불도
一切皆當 得成佛道

시승미묘 청정제일
是乘微妙 淸淨第一

어제세간 위무유상
於諸世間 爲無有上

불소열가 일체중생
佛所悅可 一切衆生

소응칭찬 공양예배
所應稱讚 供養禮拜

무량억천 제력해탈
無量億千 諸力解脫

선정지혜 급불여법
禪定智慧 及佛餘法

득여시승 영제자등
得如是乘 令諸子等

일야겁수 상득유희
日夜劫數 常得遊戲

여제보살 급성문중
與諸菩薩 及聲聞衆

승차보승 직지도량
乘此寶乘 直至道場

이시인연 시방제구
以是因緣 十方諦求

갱무여승 제불방편
更無餘乘 除佛方便

고사리불 여제인등
告舍利弗 汝諸人等

개시오자 아즉시부
皆是吾子 我則是父

여등누겁 중고소소
汝等累劫 衆苦所燒

아개제발 영출삼계
我皆濟拔 令出三界

아수선설 여등멸도
我雖先說 汝等滅度

단진생사 이실불멸
但盡生死 而實不滅

금소응작 유불지혜
今所應作 唯佛智慧

약유보살 어시중중
若有菩薩 於是衆中

능일심청 제불실법
能一心聽 諸佛實法

제불세존 수이방편
諸佛世尊 雖以方便

소화중생 개시보살
所化衆生 皆是菩薩

약인소지 심착애욕
若人小智 深著愛欲

위차등고 설어고제
爲此等故 說於苦諦

중생심희 득미증유
衆生心喜 得未曾有

불설고제 진실무이
佛說苦諦 眞實無異

약유중생 부지고본
若有衆生 不知苦本

심착고인 불능잠사
深著苦因 不能暫捨

위시등고 방편설도
爲是等故 方便說道

제고소인 탐욕위본
諸苦所因 貪欲爲本

약멸탐욕 무소의지
若滅貪欲 無所依止

멸진제고 명제삼제
滅盡諸苦 名第三諦

위멸제고 수행어도
爲滅諦故 修行於道

이제고박 명득해탈
離諸苦縛 名得解脫

시인어하 이득해탈
是人於何 而得解脫

단리허망 명위해탈
但離虛妄 名爲解脫

기실미득 일체해탈
其實未得 一切解脫

불설시인 미실멸도
佛說是人 未實滅度

사인미득 무상도고
斯人未得 無上道故

아의불욕 영지멸도
我意不欲 令至滅度

아위법왕 어법자재
我爲法王 於法自在

안은중생 고현어세
安隱衆生 故現於世

여사리불 아차법인
汝舍利弗 我此法印

위욕이익 세간고설
爲欲利益 世間故說

재소유방 물망선전
在所遊方 勿妄宣傳

약유문자 수희정수
若有聞者 隨喜頂受

당지시인 아비발치
當知是人 阿鞞跋致

약유신수 차경법자
若有信受 此經法者

시인이증 견과거불
是人已曾 見過去佛

공경공양 역문시법
恭敬供養 亦聞是法

약인유능 신여소설
若人有能 信汝所說

즉위견아 역견어여
則爲見我 亦見於汝

급비구승 병제보살
及比丘僧 幷諸菩薩

사법화경 위심지설
斯法華經 爲深智說

천식문지 미혹불해
淺識聞之 迷惑不解

일체성문 급벽지불
一切聲聞 及辟支佛

어차경중 역소불급
於此經中 力所不及

여사리불 상어차경
汝舍利弗 尙於此經

이신득입 황여성문
以信得入 況餘聲聞

기여성문 신불어고
其餘聲聞 信佛語故

수순차경 비기지분
隨順此經 非己智分

우사리불 교만해태
又舍利弗 憍慢懈怠

계아견자 막설차경
計我見者 莫說此經

범부천식 심착오욕
凡夫淺識 深著五欲

문불능해 역물위설
聞不能解 亦勿爲說

약인불신 훼방차경
若人不信 毁謗此經

즉단일체 세간불종
則斷一切 世間佛種

혹부빈축 이회의혹
或復顰蹙 而懷疑惑

여당청설 차인죄보
汝當聽說 此人罪報

약불재세 약멸도후
若佛在世 若滅度後

기유비방 여사경전
其有誹謗 如斯經典

견유독송 서지경자
見有讀誦 書持經者

경천증질 이회결한
輕賤憎嫉 而懷結恨

차인죄보 여금부청
此人罪報 汝今復聽

기인명종 입아비옥
其人命終 入阿鼻獄

구족일겁 겁진갱생
具足一劫 劫盡更生

여시전전 지무수겁
如是展轉 至無數劫

종지옥출 당타축생
從地獄出 當墮畜生

약구야간 기형굴수
若狗野干 其形䫴瘦

이담개라 인소촉요
黧黮疥癩 人所觸嬈

우부위인 지소오천
又復爲人 之所惡賤

상곤기갈 골육고갈
常困飢渴 骨肉枯竭

생수초독 사피와석
生受楚毒 死被瓦石

단불종고 수사죄보
斷佛種故 受斯罪報

약작낙타 혹생노중
若作駱駝 或生驢中

신상부중 가제장추
身常負重 加諸杖捶

단념수초 여무소지
但念水草 餘無所知

방사경고 획죄여시
謗斯經故 獲罪如是

유작야간 내입취락
有作野干 來入聚落

신체개라 우무일목
身體疥癩 又無一目

위제동자 지소타척
爲諸童子 之所打擲

수제고통 혹시치사
受諸苦痛 或時致死

어차사이 갱수망신
於此死已 更受蟒身

기형장대 오백유순
其形長大 五百由旬

농애무족 완전복행
聾騃無足 宛轉腹行

위제소충 지소잡식
爲諸小蟲 之所啑食

주야수고 무유휴식
晝夜受苦 無有休息

방사경고 획죄여시
謗斯經故 獲罪如是

약득위인 제근암둔
若得爲人 諸根闇鈍

좌누연벽 맹농배구
矬陋攣躄 盲聾背傴

유소언설 인불신수
有所言說 人不信受

구기상취 귀매소착
口氣常臭 鬼魅所著

빈궁하천 위인소사
貧窮下賤 爲人所使

다병소수 무소의호
多病痟瘦 無所依怙

수친부인 인부재의
雖親附人 人不在意

약유소득 심부망실
若有所得 尋復忘失

약수의도 순방치병
若修醫道 順方治病

갱증타질 혹부치사
更增他疾 或復致死

약자유병 무인구료
若自有病 無人救療

설복양약 이부증극
設服良藥 而復增劇

약타반역 초겁절도
若他反逆 抄劫竊盜

여시등죄 횡리기앙
如是等罪 橫罹其殃

여사죄인 영불견불
如斯罪人 永不見佛

중성지왕 설법교화
衆聖之王 說法教化

여사죄인 상생난처
如斯罪人 常生難處

광농심란 영불문법
狂聾心亂 永不聞法

어무수겁 여항하사
於無數劫 如恒河沙

생첩농아 제근불구
生輒聾瘂 諸根不具

상처지옥 여유원관
常處地獄 如遊園觀

재여악도 여기사택
在餘惡道 如己舍宅

타로저구 시기행처
駝驢猪狗 是其行處

방사경고 획죄여시
謗斯經故 獲罪如是

약득위인 농맹음아
若得爲人 聾盲瘖瘂

빈궁제쇠 이자장엄
貧窮諸衰 以自莊嚴

수종건소 개나옹저
水腫乾痟 疥癩癰疽

여시등병 이위의복
如 是 等 病 以 爲 衣 服

신상취처 구예부정
身 常 臭 處 垢 穢 不 淨

심착아견 증익진에
深 著 我 見 增 益 瞋 恚

음욕치성 불택금수
婬 欲 熾 盛 不 擇 禽 獸

방사경고 획죄여시
謗 斯 經 故 獲 罪 如 是

고사리불 방사경자
告 舍 利 弗 謗 斯 經 者

약설기죄 궁겁부진
若 說 其 罪 窮 劫 不 盡

이시인연 아고어여
以 是 因 緣 我 故 語 汝

무지인중 막설차경
無 智 人 中 莫 說 此 經

약유이근 지혜명료
若 有 利 根 智 慧 明 了

다문강식 구불도자
多聞强識 求佛道者

여시지인 내가위설
如是之人 乃可爲說

약인증견 억백천불
若人曾見 億百千佛

식제선본 심심견고
植諸善本 深心堅固

여시지인 내가위설
如是之人 乃可爲說

약인정진 상수자심
若人精進 常修慈心

불석신명 내가위설
不惜身命 乃可爲說

약인공경 무유이심
若人恭敬 無有異心

이제범우 독처산택
離諸凡愚 獨處山澤

여시지인 내가위설
如是之人 乃可爲說

우사리불 약견유인
又舍利弗 若見有人

사악지식 친근선우
捨惡知識 親近善友

여시지인 내가위설
如是之人 乃可爲說

약견불자 지계청결
若見佛子 持戒淸潔

여정명주 구대승경
如淨明珠 求大乘經

여시지인 내가위설
如是之人 乃可爲說

약인무진 질직유연
若人無瞋 質直柔軟

상민일체 공경제불
常愍一切 恭敬諸佛

여시지인 내가위설
如是之人 乃可爲說

부유불자 어대중중
復有佛子 於大衆中

이청정심 종종인연
以淸淨心 種種因緣

비유언사 설법무애
譬喩言辭 說法無礙

여시지인 내가위설
如是之人 乃可爲說

약유비구 위일체지
若有比丘 爲一切智

사방구법 합장정수
四方求法 合掌頂受

단락수지 대승경전
但樂受持 大乘經典

내지불수 여경일게
乃至不受 餘經一偈

여시지인 내가위설
如是之人 乃可爲說

여인지심 구불사리
如人至心 求佛舍利

여시구경 득이정수
如是求經 得已頂受

기인불부 지구여경
其人不復 志求餘經

역미증념 외도전적
亦未曾念 外道典籍

여시지인 내가위설
如是之人 乃可爲說

고사리불 아설시상
告舍利弗 我說是相

구불도자 궁겁부진
求佛道者 窮劫不盡

여시등인 즉능신해
如是等人 則能信解

여당위설 묘법화경
汝當爲說 妙法華經

신해품 제사
信解品 第四

이시 혜명수보리 마하가전연 마하가
爾時 慧命須菩提 摩訶迦旃延 摩訶迦

섭 마하목건련 종불소문 미증유법 세
葉 摩訶目犍連 從佛所聞 未曾有法 世

존 수사리불 아뇩다라삼먁삼보리기
尊 授舍利弗 阿耨多羅三藐三菩提記

발희유심 환희용약 즉종좌기 정의복
發希有心 歡喜踊躍 卽從座起 整衣服

편단우견 우슬착지 일심합장 곡궁공
偏袒右肩 右膝著地 一心合掌 曲躬恭

경 첨앙존안 이백불언 아등 거승지수
敬 瞻仰尊顏 而白佛言 我等 居僧之首

연병후매 자위이득열반 무소감임 불
年竝朽邁 自謂已得涅槃 無所堪任 不

부진구 아뇩다라삼먁삼보리 세존왕석
復進求 阿耨多羅三藐三菩提 世尊往昔

설법기구 아시재좌 신체피해 단념공
說法旣久 我時在座 身體疲懈 但念空

무상무작 어보살법 유희신통 정불국
無相無作 於菩薩法 遊戲神通 淨佛國

토 성취중생 심불희락 소이자하 세존
土 成就衆生 心不喜樂 所以者何 世尊

영아등 출어삼계 득열반증 우금아등
令我等 出於三界 得涅槃證 又今我等

연이후매 어불교화보살 아뇩다라삼먁
年已朽邁 於佛敎化菩薩 阿耨多羅三藐

삼보리 불생일념 호락지심 아등 금어
三菩提 不生一念 好樂之心 我等 今於

불전 문수성문 아뇩다라삼먁삼보리기
佛前 聞授聲聞 阿耨多羅三藐三菩提記

심심환희 득미증유 불위어금 홀연득
心甚歡喜 得未曾有 不謂於今 忽然得

문 희유지법 심자경행 획대선리 무량
聞 希有之法 深自慶幸 獲大善利 無量

진보 불구자득 세존 아등금자 요설비
珍寶 不求自得 世尊 我等今者 樂說譬

유 이명사의 비약유인 연기유치 사부

喩 以明斯義 譬若有人 年旣幼稚 捨父

도서 구주타국 혹십이십 지오십세 연

逃逝 久住他國 或十二十 至五十歲 年

기장대 가부궁곤 치빙사방 이구의식

旣長大 加復窮困 馳騁四方 以求衣食

점점유행 우향본국 기부선래 구자부

漸漸遊行 遇向本國 其父先來 求子不

득 중지일성 기가대부 재보무량 금은

得 中止一城 其家大富 財寶無量 金銀

유리 산호호박 파려주등 기제창고 실

琉璃 珊瑚虎珀 玻瓈珠等 其諸倉庫 悉

개영일 다유동복 신좌이민 상마거승

皆盈溢 多有僮僕 臣佐吏民 象馬車乘

우양무수 출입식리 내변타국 상고고

牛羊無數 出入息利 乃遍他國 商估賈

객 역심중다 시빈궁자 유제취락 경력

客 亦甚衆多 時貧窮子 遊諸聚落 經歷

국읍 수도기부 소지지성 부매념자 여

國邑 遂到其父 所止之城 父每念子 與

자이별 오십여년 이미증향인 설여차
子離別 五十餘年 而未曾向人 說如此

사 단자사유 심회회한 자념노후 다유
事 但自思惟 心懷悔恨 自念老朽 多有

재물 금은진보 창고영일 무유자식 일
財物 金銀珍寶 倉庫盈溢 無有子息 一

단종몰 재물산실 무소위부 시이은근
旦終沒 財物散失 無所委付 是以慇懃

매억기자 부작시념 아약득자 위부재
每憶其子 復作是念 我若得子 委付財

물 탄연쾌락 무부우려 세존 이시궁자
物 坦然快樂 無復憂慮 世尊 爾時窮子

용임전전 우도부사 주립문측 요견기
傭賃展轉 遇到父舍 住立門側 遙見其

부 거사자상 보궤승족 제바라문 찰리
父 踞師子床 寶机承足 諸婆羅門 刹利

거사 개공경위요 이진주영락 가치천
居士 皆恭敬圍繞 以眞珠瓔珞 價直千

만 장엄기신 이민동복 수집백불 시립
萬 莊嚴其身 吏民僮僕 手執白拂 侍立

좌우 부이보장 수제화번 향수쇄지 산
左右 覆以寶帳 垂諸華幡 香水灑地 散

중명화 나열보물 출납취여 유여시등
衆名華 羅列寶物 出內取與 有如是等

종종엄식 위덕특존 궁자견부 유대력
種種嚴飾 威德特尊 窮子見父 有大力

세 즉회공포 회래지차 절작시념 차혹
勢 卽懷恐怖 悔來至此 竊作是念 此或

시왕 혹시왕등 비아용력 득물지처 불
是王 或是王等 非我傭力 得物之處 不

여왕지빈리 사력유지 의식이득 약구
如往至貧里 肆力有地 衣食易得 若久

주차 혹견핍박 강사아작 작시념이 질
住此 或見逼迫 强使我作 作是念已 疾

주이거 시부장자 어사자좌 견자변식
走而去 時富長者 於師子座 見子便識

심대환희 즉작시념 아재물고장 금유
心大歡喜 卽作是念 我財物庫藏 今有

소부 아상사념차자 무유견지 이홀자
所付 我常思念此子 無由見之 而忽自

래 심적아원 아수년후 유고탐석 즉견
來 甚適我願 我雖年朽 猶故貪惜 卽遣

방인 급추장환 이시 사자 질주왕착
傍人 急追將還 爾時 使者 疾走往捉

궁자경악 칭원대환 아불상범 하위견
窮子驚愕 稱怨大喚 我不相犯 何爲見

착 사자집지유급 강견장환 우시 궁자
捉 使者執之愈急 强牽將還 于時 窮子

자념 무죄이피수집 차필정사 전갱황
自念 無罪而被囚執 此必定死 轉更惶

포 민절벽지 부요견지 이어사언 불수
怖 悶絶躄地 父遙見之 而語使言 不須

차인 물강장래 이냉수쇄면 영득성오
此人 勿强將來 以冷水灑面 令得醒悟

막부여어 소이자하 부지기자 지의하
莫復與語 所以者何 父知其子 志意下

열 자지호귀 위자소난 심지시자 이이
劣 自知豪貴 爲子所難 審知是子 而以

방편 불어타인 운시아자 사자어지 아
方便 不語他人 云是我子 使者語之 我

금방여 수의소취 궁자환희 득미증유
今 放 汝 隨 意 所 趣 窮 子 歡 喜 得 未 曾 有

종지이기 왕지빈리 이구의식 이시 장
從 地 而 起 往 至 貧 里 以 求 衣 食 爾 時 長

자 장욕유인기자 이설방편 밀견이인
者 將 欲 誘 引 其 子 而 設 方 便 密 遣 二 人

형색초췌 무위덕자 여가예피 서어궁
形 色 憔 悴 無 威 德 者 汝 可 詣 彼 徐 語 窮

자 차유작처 배여여치 궁자약허 장래
子 此 有 作 處 倍 與 汝 直 窮 子 若 許 將 來

사작 약언욕하소작 변가어지 고여제
使 作 若 言 欲 何 所 作 便 可 語 之 雇 汝 除

분 아등이인 역공여작 시이사인 즉구
糞 我 等 二 人 亦 共 汝 作 時 二 使 人 卽 求

궁자 기이득지 구진상사 이시 궁자
窮 子 旣 已 得 之 具 陳 上 事 爾 時 窮 子

선취기가 심여제분 기부견자 민이괴
先 取 其 價 尋 與 除 糞 其 父 見 子 愍 而 怪

지 우이타일 어창유중 요견자신 이수
之 又 以 他 日 於 窓 牖 中 遙 見 子 身 羸 瘦

초췌 분토진분 오예부정 즉탈영락 세
憔悴 糞土塵坌 汚穢不淨 卽脫瓔珞 細

연상복 엄식지구 갱착추폐 구이지의
軟上服 嚴飾之具 更著麤弊 垢膩之衣

진토분신 우수집지 제분지기 상유소
塵土坌身 右手執持 除糞之器 狀有所

외 어제작인 여등근작 물득해식 이방
畏 語諸作人 汝等勤作 勿得懈息 以方

편고 득근기자 후부고언 돌남자 여상
便故 得近其子 後復告言 咄男子 汝常

차작 물부여거 당가여가 제유소수 분
此作 勿復餘去 當加汝價 諸有所須 瓫

기미면 염초지속 막자의난 역유노폐
器米麪 鹽醋之屬 莫自疑難 亦有老弊

사인 수자상급 호자안의 아여여부 물
使人 須者相給 好自安意 我如汝父 勿

부우려 소이자하 아년노대 이여소장
復憂慮 所以者何 我年老大 而汝少壯

여상작시 무유기태 진한원언 도불견
汝常作時 無有欺怠 瞋恨怨言 都不見

여 유차제악 여여작인 자금이후 여소
汝 有此諸惡 如餘作人 自今已後 如所

생자 즉시장자 갱여작자 명지위아 이
生子 卽時長者 更與作字 名之爲兒 爾

시 궁자 수흔차우 유고자위 객작천인
時 窮子 雖欣此遇 猶故自謂 客作賤人

유시지고 어이십년중 상령제분 과시
由是之故 於二十年中 常令除糞 過是

이후 심상체신 입출무난 연기소지 유
已後 心相體信 入出無難 然其所止 猶

재본처 세존 이시 장자유질 자지장사
在本處 世尊 爾時 長者有疾 自知將死

불구 어궁자언 아금다유 금은진보 창
不久 語窮子言 我今多有 金銀珍寶 倉

고영일 기중다소 소응취여 여실지지
庫盈溢 其中多少 所應取與 汝悉知之

아심여시 당체차의 소이자하 금아여
我心如是 當體此意 所以者何 今我與

여 변위불이 의가용심 무령누실 이시
汝 便爲不異 宜加用心 無令漏失 爾時

궁자 즉수교칙 영지중물 금은진보 급
窮子 卽受教勅 領知衆物 金銀珍寶 及

제고장 이무희취 일찬지의 연기소지
諸庫藏 而無悕取 一餐之意 然其所止

고재본처 하열지심 역미능사 부경소
故在本處 下劣之心 亦未能捨 復經少

시 부지자의 점이통태 성취대지 자비
時 父知子意 漸已通泰 成就大志 自鄙

선심 임욕종시 이명기자 병회친족 국
先心 臨欲終時 而命其子 幷會親族 國

왕대신 찰리거사 개실이집 즉자선언
王大臣 刹利居士 皆悉已集 卽自宣言

제군당지 차시아자 아지소생 어모성
諸君當知 此是我子 我之所生 於某城

중 사오도주 영빙신고 오십여년 기본
中 捨吾逃走 伶俜辛苦 五十餘年 其本

자모 아명모갑 석재본성 회우추멱 홀
字某 我名某甲 昔在本城 懷憂推覓 忽

어차간 우회득지 차실아자 아실기부
於此間 遇會得之 此實我子 我實其父

금아소유 일체재물 개시자유 선소출
今我所有 一切財物 皆是子有 先所出

납 시자소지 세존 시시궁자 문부차언
內 是子所知 世尊 是時窮子 聞父此言

즉대환희 득미증유 이작시념 아본무
卽大歡喜 得未曾有 而作是念 我本無

심 유소희구 금차보장 자연이지 세존
心 有所希求 今此寶藏 自然而至 世尊

대부장자 즉시여래 아등 개사불자 여
大富長者 則是如來 我等 皆似佛子 如

래상설 아등위자 세존 아등 이삼고고
來常說 我等爲子 世尊 我等 以三苦故

어생사중 수제열뇌 미혹무지 낙착소
於生死中 受諸熱惱 迷惑無知 樂著小

법 금일세존 영아등 사유견제 제법희
法 今日世尊 令我等 思惟蠲除 諸法戲

론지분 아등어중 근가정진 득지열반
論之糞 我等於中 勤加精進 得至涅槃

일일지가 기득차이 심대환희 자이위
一日之價 旣得此已 心大歡喜 自以爲

족 이변자위 어불법중 근정진고 소득
足 而便自謂 於佛法中 勤精進故 所得

홍다 연세존 선지아등 심착폐욕 낙어
弘多 然世尊 先知我等 心著弊欲 樂於

소법 변견종사 불위분별 여등 당유여
小法 便見縱捨 不爲分別 汝等 當有如

래지견 보장지분 세존 이방편력 설여
來知見 寶藏之分 世尊 以方便力 說如

래지혜 아등종불 득열반일일지가 이
來智慧 我等從佛 得涅槃一日之價 以

위대득 어차대승 무유지구 아등 우인
爲大得 於此大乘 無有志求 我等 又因

여래지혜 위제보살 개시연설 이자어
如來智慧 爲諸菩薩 開示演說 而自於

차 무유지원 소이자하 불지아등 심요
此 無有志願 所以者何 佛知我等 心樂

소법 이방편력 수아등설 이아등 부지
小法 以方便力 隨我等說 而我等 不知

진시불자 금아등 방지세존 어불지혜
眞是佛子 今我等 方知世尊 於佛智慧

무소린석 소이자하 아등석래 진시불
無所悋惜 所以者何 我等昔來 眞是佛

자 이단락소법 약아등 유낙대지심 불
子 而但樂小法 若我等 有樂大之心 佛

즉위아 설대승법 어차경중 유설일승
則爲我 說大乘法 於此經中 唯說一乘

이석어보살전 훼자성문 요소법자 연
而昔於菩薩前 毁呰聲聞 樂小法者 然

불실이대승교화 시고아등설 본무심유
佛實以大乘敎化 是故我等說 本無心有

소희구 금법왕대보 자연이지 여불자
所悕求 今法王大寶 自然而至 如佛子

소응득자 개이득지 이시 마하가섭 욕
所應得者 皆已得之 爾時 摩訶迦葉 欲

중선차의 이설게언
重宣此義 而說偈言

아등금일 문불음교
我等今日 聞佛音敎

환희용약 득미증유
歡喜踊躍 得未曾有

불설성문 당득작불
佛說聲聞 當得作佛

무상보취 불구자득
無上寶聚 不求自得

비여동자 유치무식
譬如童子 幼稚無識

사부도서 원도타토
捨父逃逝 遠到他土

주류제국 오십여년
周流諸國 五十餘年

기부우념 사방추구
其父憂念 四方推求

구지기피 돈지일성
求之旣疲 頓止一城

조립사택 오욕자오
造立舍宅 五欲自娛

기가거부 다제금은
其家巨富 多諸金銀

자거마노 진주유리
硨磲瑪瑙 眞珠琉璃

상마우양 연여거승
象馬牛羊 輦輿車乘

전업동복 인민중다
田業僮僕 人民衆多

출입식리 내변타국
出入息利 乃遍他國

상고고인 무처불유
商估賈人 無處不有

천만억중 위요공경
千萬億衆 圍繞恭敬

상위왕자 지소애념
常爲王者 之所愛念

군신호족 개공종중
群臣豪族 皆共宗重

이제연고 왕래자중
以諸緣故 往來者衆

호부여시 유대력세
豪富如是 有大力勢

이년후매 익우념자
而年朽邁 益憂念子

숙야유념 사시장지
夙夜惟念 死時將至

치자사아 오십여년
癡子捨我 五十餘年

고장제물 당여지하
庫藏諸物 當如之何

이시궁자 구색의식
爾時窮子 求索衣食

종읍지읍 종국지국
從邑至邑 從國至國

혹유소득 혹무소득
或有所得 或無所得

기아리수 체생창선
飢餓羸瘦 體生瘡癬

점차경력 도부주성
漸次經歷 到父住城

용임전전 수지부사
傭賃展轉 遂至父舍

이시장자 어기문내
爾時長者 於其門內

시대보장 처사자좌
施大寶帳 處師子座

권속위요 제인시위
眷屬圍遶 諸人侍衛

혹유계산 금은보물
或有計算 金銀寶物

출납재산 주기권소
出內財產 注記券疏

궁자견부 호귀존엄
窮子見父 豪貴尊嚴

위시국왕 약시왕등
謂是國王 若是王等

경포자괴 하고지차
驚怖自怪 何故至此

부자념언 아약구주
覆自念言 我若久住

혹견핍박 강구사작
或見逼迫 强驅使作

사유시이 치주이거
思惟是已 馳走而去

차문빈리 욕왕용작
借問貧里 欲往傭作

장자시시 재사자좌
長者是時 在師子座

요견기자 묵이식지
遙見其子 默而識之

즉칙사자 추착장래
卽勅使者 追捉將來

궁자경환 미민벽지
窮子驚喚 迷悶躄地

시인집아 필당견살
是人執我 必當見殺

하용의식 사아지차
何用衣食 使我至此

장자지자 우치협열
長者知子 愚癡狹劣

불신아언 불신시부
不信我言 不信是父

즉이방편 갱견여인
卽以方便 更遣餘人

묘목좌루 무위덕자
眇目矬陋 無威德者

여가어지 운당상고
汝可語之 云當相雇

제제분예 배여여가
除諸糞穢 倍與汝價

궁자문지 환희수래
窮子聞之 歡喜隨來

위제분예 정제방사
爲除糞穢 淨諸房舍

장자어유 상견기자
長者於牖 常見其子

염자우열 낙위비사
念子愚劣 樂爲鄙事

어시장자 착폐구의
於是長者 著弊垢衣

집제분기 왕도자소
執除糞器 往到子所

방편부근 어령근작
方便附近 語令勤作

기익여가 병도족유
旣益汝價 幷塗足油

음식충족 천석후난
飮食充足 薦席厚煖

여시고언 여당근작
如是苦言 汝當勤作

우이연어 약여아자
又以軟語 若如我子

장자유지 점령입출
長者有智 漸令入出

경이십년 집작가사
經二十年 執作家事

시기금은 진주파려
示其金銀 眞珠玻瓈

제물출입 개사령지
諸物出入 皆使令知

유처문외 지숙초암
猶處門外 止宿草庵

자념빈사 아무차물
自念貧事 我無此物

부지자심 점이광대
父知子心 漸已廣大

욕여재물 즉취친족
欲與財物 卽聚親族

국왕대신 찰리거사
國王大臣 刹利居士

어차대중 설시아자
於此大衆 說是我子

사아타행 경오십세
捨我他行 經五十歲

자견자래 이이십년
自見子來 已二十年

석어모성 이실시자
昔於某城 而失是子

주행구색 수래지차
周行求索 遂來至此

범아소유 사택인민
凡我所有 舍宅人民

실이부지 자기소용
悉以付之 恣其所用

자념석빈 지의하열
子念昔貧 志意下劣

금어부소 대획진보
今於父所 大獲珍寶

병급사택 일체재물
幷及舍宅 一切財物

심대환희 득미증유
甚大歡喜 得未曾有

불역여시 지아요소
佛亦如是 知我樂小

미증설언 여등작불
未曾說言 汝等作佛

이설아등 득제무루
而說我等 得諸無漏

성취소승 성문제자
成就小乘 聲聞弟子

불칙아등 설최상도
佛勅我等 說最上道

수습차자 당득성불
修習此者 當得成佛

아승불교 위대보살
我承佛教 爲大菩薩

이제인연 종종비유
以諸因緣 種種譬喩

약간언사 설무상도
若干言辭 說無上道

제불자등 종아문법
諸佛子等 從我聞法

일야사유 정근수습
日夜思惟 精勤修習

시시제불 즉수기기
是時諸佛 卽授其記

여어내세 당득작불
汝於來世 當得作佛

일체제불 비장지법
一切諸佛 秘藏之法

단위보살 연기실사
但爲菩薩 演其實事

이불위아 설사진요
而不爲我 說斯眞要

여피궁자 득근기부
如彼窮子 得近其父

수지제물 심불희취
雖知諸物 心不希取

아등수설 불법보장
我等雖說 佛法寶藏

자무지원 역부여시
自無志願 亦復如是

아등내멸 자위위족
我等內滅 自謂爲足

유료차사 갱무여사
唯了此事 更無餘事

아등약문 정불국토
我等若聞 淨佛國土

교화중생 도무흔락
敎化衆生 都無欣樂

소이자하 일체제법
所以者何 一切諸法

개실공적 무생무멸
皆悉空寂 無生無滅

무대무소 무루무위
無大無小 無漏無爲

여시사유 불생희락
如是思惟 不生喜樂

아등장야 어불지혜
我等長夜 於佛智慧

무탐무착 무부지원
無貪無著 無復志願

이자어법 위시구경
而自於法 謂是究竟

아등장야 수습공법
我等長夜 修習空法

득탈삼계 고뇌지환
得脫三界 苦惱之患

주최후신 유여열반
住最後身 有餘涅槃

불소교화 득도불허
佛所敎化 得道不虛

즉위이득 보불지은
則爲已得 報佛之恩

아등수위 제불자등
我 等 雖 爲 諸 佛 子 等

설보살법 이구불도
說 菩 薩 法 以 求 佛 道

이어시법 영무원락
而 於 是 法 永 無 願 樂

도사견사 관아심고
導 師 見 捨 觀 我 心 故

초불권진 설유실리
初 不 勸 進 說 有 實 利

여부장자 지자지열
如 富 長 者 知 子 志 劣

이방편력 유복기심
以 方 便 力 柔 伏 其 心

연후내부 일체재물
然 後 乃 付 一 切 財 物

불역여시 현희유사
佛 亦 如 是 現 希 有 事

지요소자 이방편력
知 樂 小 者 以 方 便 力

조복기심 내교대지
調伏其心 乃教大智

아등금일 득미증유
我等今日 得未曾有

비선소망 이금자득
非先所望 而今自得

여피궁자 득무량보
如彼窮子 得無量寶

세존아금 득도득과
世尊我今 得道得果

어무루법 득청정안
於無漏法 得淸淨眼

아등장야 지불정계
我等長夜 持佛淨戒

시어금일 득기과보
始於今日 得其果報

법왕법중 구수범행
法王法中 久修梵行

금득무루 무상대과
今得無漏 無上大果

아등금자 진시성문
我等今者 眞是聲聞

이불도성 영일체문
以佛道聲 令一切聞

아등금자 진아라한
我等今者 眞阿羅漢

어제세간 천인마범
於諸世間 天人魔梵

보어기중 응수공양
普於其中 應受供養

세존대은 이희유사
世尊大恩 以希有事

연민교화 이익아등
憐愍教化 利益我等

무량억겁 수능보자
無量億劫 誰能報者

수족공급 두정예경
手足供給 頭頂禮敬

일체공양 개불능보
一切供養 皆不能報

약이정대 양견하부
若以頂戴 兩肩荷負

어항사겁 진심공경
於恒沙劫 盡心恭敬

우이미선 무량보의
又以美饍 無量寶衣

급제와구 종종탕약
及諸臥具 種種湯藥

우두전단 급제진보
牛頭栴檀 及諸珍寶

이기탑묘 보의포지
以起塔廟 寶衣布地

여사등사 이용공양
如斯等事 以用供養

어항사겁 역불능보
於恒沙劫 亦不能報

제불희유 무량무변
諸佛希有 無量無邊

불가사의 대신통력
不可思議 大神通力

무루무위 제법지왕
無漏無爲 諸法之王

능위하열 인우사사
能爲下劣 忍于斯事

취상범부 수의위설
取相凡夫 隨宜爲說

제불어법 득최자재
諸佛於法 得最自在

지제중생 종종욕락
知諸衆生 種種欲樂

급기지력 수소감임
及其志力 隨所堪任

이무량유 이위설법
以無量喩 而爲說法

수제중생 숙세선근
隨諸衆生 宿世善根

우지성숙 미성숙자
又知成熟 未成熟者

종종주량 분별지이
種種籌量 分別知已

어일승도 수의설삼
於一乘道 隨宜說三

묘법연화경 권제삼
妙法蓮華經 卷第三

약초유품 제오
藥草喩品 第五

이시 세존 고마하가섭 급제대제자 선
爾時 世尊 告摩訶迦葉 及諸大弟子 善

재선재 가섭선설 여래진실공덕 성여
哉善哉 迦葉善說 如來眞實功德 誠如

소언 여래부유 무량무변 아승기공덕
所言 如來復有 無量無邊 阿僧祇功德

여등 약어무량억겁 설불능진 가섭당
汝等 若於無量億劫 說不能盡 迦葉當

지 여래 시제법지왕 약유소설 개불허
知 如來 是諸法之王 若有所說 皆不虛

야 어일체법 이지방편 이연설지 기소
也 於一切法 以智方便 而演說之 其所

설법 개실도어 일체지지 여래관지 일
說法 皆悉到於 一切智地 如來觀知 一

체제법지소귀취 역지일체중생 심심소
切諸法之所歸趣 亦知一切衆生 深心所

행 통달무애 우어제법 구진명료 시제
行 通達無礙 又於諸法 究盡明了 示諸

중생 일체지혜 가섭 비여삼천대천세
衆生 一切智慧 迦葉 譬如三千大千世

계 산천계곡 토지소생 훼목총림 급제
界 山川谿谷 土地所生 卉木叢林 及諸

약초 종류약간 명색각이 밀운미포 변
藥草 種類若干 名色各異 密雲彌布 遍

부삼천대천세계 일시등주 기택보흡
覆三千大千世界 一時等澍 其澤普洽

훼목총림 급제약초 소근소경 소지소
卉木叢林 及諸藥草 小根小莖 小枝小

엽 중근중경 중지중엽 대근대경 대지
葉 中根中莖 中枝中葉 大根大莖 大枝

대엽 제수대소 수상중하 각유소수 일
大葉 諸樹大小 隨上中下 各有所受 一

운소우 칭기종성 이득생장 화과부실
雲所雨 稱其種性 而得生長 華果敷實

수일지소생 일우소윤 이제초목 각유
雖一地所生 一雨所潤 而諸草木 各有

차별 가섭당지 여래 역부여시 출현어
差別 迦葉當知 如來 亦復如是 出現於

세 여대운기 이대음성 보변세계 천인
世 如大雲起 以大音聲 普遍世界 天人

아수라 여피대운 변부삼천대천국토
阿修羅 如彼大雲 遍覆三千大千國土

어대중중 이창시언 아시여래 응공 정
於大衆中 而唱是言 我是如來 應供 正

변지 명행족 선서 세간해 무상사 조
遍知 明行足 善逝 世間解 無上士 調

어장부 천인사 불세존 미도자영도 미
御丈夫 天人師 佛世尊 未度者令度 未

해자영해 미안자영안 미열반자 영득
解者令解 未安者令安 未涅槃者 令得

열반 금세후세 여실지지 아시일체지
涅槃 今世後世 如實知之 我是一切知

자 일체견자 지도자 개도자 설도자
者 一切見者 知道者 開道者 說道者

여등천인 아수라중 개응도차 위청법
汝等天人 阿修羅衆 皆應到此 爲聽法

고 이시 무수천만억종중생 내지불소
故 爾時 無數千萬億種衆生 來至佛所

이청법 여래우시 관시중생 제근이둔
而聽法 如來于時 觀是衆生 諸根利鈍

정진해태 수기소감 이위설법 종종무
精進懈怠 隨其所堪 而爲說法 種種無

량 개령환희 쾌득선리 시제중생 문시
量 皆令歡喜 快得善利 是諸衆生 聞是

법이 현세안은 후생선처 이도수락 역
法已 現世安隱 後生善處 以道受樂 亦

득문법 기문법이 이제장애 어제법중
得聞法 旣聞法已 離諸障礙 於諸法中

임력소능 점득입도 여피대운 우어일
任力所能 漸得入道 如彼大雲 雨於一

체훼목총림 급제약초 여기종성 구족
切卉木叢林 及諸藥草 如其種性 具足

몽윤 각득생장 여래설법 일상일미 소
蒙潤 各得生長 如來說法 一相一味 所

위 해탈상 이상 멸상 구경지어일체종
謂 解脫相 離相 滅相 究竟至於一切種

지 기유중생 문여래법 약지독송 여설
智 其有衆生 聞如來法 若持讀誦 如說

수행 소득공덕 부자각지 소이자하 유
修行 所得功德 不自覺知 所以者何 唯

유여래 지차중생 종상체성 염하사 사
有如來 知此衆生 種相體性 念何事 思

하사 수하사 운하념 운하사 운하수
何事 修何事 云何念 云何思 云何修

이하법념 이하법사 이하법수 이하법
以何法念 以何法思 以何法修 以何法

득하법 중생주어종종지지 유유여래
得何法 衆生住於種種之地 唯有如來

여실견지 명료무애 여피훼목총림 제
如實見之 明了無礙 如彼卉木叢林 諸

약초등 이부자지 상중하성 여래지시
藥草等 而不自知 上中下性 如來知是

일상일미지법 소위 해탈상 이상 멸상
一相一味之法 所謂 解脫相 離相 滅相

구경열반 상적멸상 종귀어공 불지시
究竟涅槃 常寂滅相 終歸於空 佛知是

이 관중생심욕 이장호지 시고 부즉위
已 觀衆生心欲 而將護之 是故 不卽爲

설 일체종지 여등가섭 심위희유 능지
說 一切種智 汝等迦葉 甚爲希有 能知

여래 수의설법 능신능수 소이자하 제
如來 隨宜說法 能信能受 所以者何 諸

불세존 수의설법 난해난지 이시 세존
佛世尊 隨宜說法 難解難知 爾時 世尊

욕중선차의 이설게언
欲重宣此義 而說偈言

파유법왕 출현세간
破有法王 出現世間

수중생욕 종종설법
隨衆生欲 種種說法

여래존중 지혜심원
如來尊重 智慧深遠

구묵사요 불무속설
久默斯要 不務速說

유지약문 즉능신해
有智若聞 則能信解

무지의회 즉위영실
無智疑悔 則爲永失

시고가섭 수력위설
是故迦葉 隨力爲說

이종종연 영득정견
以種種緣 令得正見

가섭당지 비여대운
迦葉當知 譬如大雲

기어세간 변부일체
起於世間 遍覆一切

혜운함윤 전광황요
慧雲含潤 電光晃曜

뇌성원진 영중열예
雷聲遠震 令衆悅豫

일광엄폐 지상청량
日光掩蔽 地上清涼

애체수포 여가승람
靉靆垂布 如可承攬

기우보등 사방구하
其雨普等 四方俱下

유주무량 솔토충흡
流澍無量 率土充洽

산천험곡 유수소생
山川險谷 幽邃所生

훼목약초 대소제수
卉木藥草 大小諸樹

백곡묘가 감자포도
百穀苗稼 甘蔗蒲萄

우지소윤 무불풍족
雨之所潤 無不豊足

건지보흡 약목병무
乾地普洽 藥木並茂

기운소출 일미지수
其雲所出 一味之水

초목총림 수분수윤
草木叢林 隨分受潤

일체제수 상중하등
一切諸樹 上中下等

칭기대소 각득생장
稱其大小 各得生長

근경지엽 화과광색
根莖枝葉 華果光色

일우소급 개득선택
一雨所及 皆得鮮澤

여기체상 성분대소
如其體相 性分大小

소윤시일 이각자무
所潤是一 而各滋茂

불역여시 출현어세
佛亦如是 出現於世

비여대운 보부일체
譬如大雲 普覆一切

기출우세 위제중생
既出于世 爲諸衆生

분별연설 제법지실
分別演說 諸法之實

대성세존 어제천인
大聖世尊 於諸天人

일체중중 이선시언
一切衆中 而宣是言

아위여래 양족지존
我爲如來 兩足之尊

출우세간 유여대운
出于世間 猶如大雲

충윤일체 고고중생
充潤一切 枯槁衆生

개령이고 득안은락
皆令離苦 得安隱樂

세간지락 급열반락
世間之樂 及涅槃樂

제천인중 일심선청
諸天人衆 一心善聽

개응도차 근무상존
皆應到此 覲無上尊

아위세존 무능급자
我爲世尊 無能及者

안은중생 고현어세
安隱衆生 故現於世

위대중설 감로정법
爲大衆說 甘露淨法

기법일미 해탈열반
其法一味 解脫涅槃

이일묘음 연창사의
以一妙音 演暢斯義

상위대승 이작인연
常爲大乘 而作因緣

아관일체 보개평등
我觀一切 普皆平等

무유피차 애증지심
無有彼此 愛憎之心

아무탐착 역무한애
我無貪著 亦無限礙

항위일체 평등설법
恒爲一切 平等說法

여위일인 중다역연
如爲一人 衆多亦然

상연설법 증무타사
常演說法 曾無他事

거래좌립 종불피염
去來坐立 終不疲厭

충족세간 여우보윤
充足世間 如雨普潤

귀천상하 지계훼계
貴賤上下 持戒毁戒

위의구족 급불구족
威儀具足 及不具足

정견사견 이근둔근
正見邪見 利根鈍根

등우법우 이무해권
等雨法雨 而無懈倦

일체중생 문아법자
一切衆生 聞我法者

수력소수 주어제지
隨力所受 住於諸地

혹처인천 전륜성왕
或處人天 轉輪聖王

석범제왕 시소약초
釋梵諸王 是小藥草

지무루법 능득열반
知 無 漏 法　能 得 涅 槃

기육신통 급득삼명
起 六 神 通　及 得 三 明

독처산림 상행선정
獨 處 山 林　常 行 禪 定

득연각증 시중약초
得 緣 覺 證　是 中 藥 草

구세존처 아당작불
求 世 尊 處　我 當 作 佛

행정진정 시상약초
行 精 進 定　是 上 藥 草

우제불자 전심불도
又 諸 佛 子　專 心 佛 道

상행자비 자지작불
常 行 慈 悲　自 知 作 佛

결정무의 시명소수
決 定 無 疑　是 名 小 樹

안주신통 전불퇴륜
安 住 神 通　轉 不 退 輪

도무량억 백천중생
度無量億 百千衆生

여시보살 명위대수
如是菩薩 名爲大樹

불평등설 여일미우
佛平等說 如一味雨

수중생성 소수부동
隨衆生性 所受不同

여피초목 소품각이
如彼草木 所稟各異

불이차유 방편개시
佛以此喩 方便開示

종종언사 연설일법
種種言辭 演說一法

어불지혜 여해일적
於佛智慧 如海一滴

아우법우 충만세간
我雨法雨 充滿世間

일미지법 수력수행
一味之法 隨力修行

여피총림 약초제수
如彼叢林 藥草諸樹

수기대소 점증무호
隨其大小 漸增茂好

제불지법 상이일미
諸佛之法 常以一味

영제세간 보득구족
令諸世間 普得具足

점차수행 개득도과
漸次修行 皆得道果

성문연각 처어산림
聲聞緣覺 處於山林

주최후신 문법득과
住最後身 聞法得果

시명약초 각득증장
是名藥草 各得增長

약제보살 지혜견고
若諸菩薩 智慧堅固

요달삼계 구최상승
了達三界 求最上乘

시명소수 이득증장
是名小樹 而得增長

부유주선 득신통력
復有住禪 得神通力

문제법공 심대환희
聞諸法空 心大歡喜

방무수광 도제중생
放無數光 度諸衆生

시명대수 이득증장
是名大樹 而得增長

여시가섭 불소설법
如是迦葉 佛所說法

비여대운 이일미우
譬如大雲 以一味雨

윤어인화 각득성실
潤於人華 各得成實

가섭당지 이제인연
迦葉當知 以諸因緣

종종비유 개시불도
種種譬喩 開示佛道

시아방편 제불역연
是 我 方 便　諸 佛 亦 然

금위여등 설최실사
今 爲 汝 等　說 最 實 事

제성문중 개비멸도
諸 聲 聞 衆　皆 非 滅 度

여등소행 시보살도
汝 等 所 行　是 菩 薩 道

점점수학 실당성불
漸 漸 修 學　悉 當 成 佛

수기품 제육
授記品 第六

이시 세존 설시게이 고제대중 창여시

爾時 世尊 說是偈已 告諸大衆 唱如是

언 아차제자 마하가섭 어미래세 당득

言 我此弟子 摩訶迦葉 於未來世 當得

봉근 삼백만억 제불세존 공양공경 존

奉覲 三百萬億 諸佛世尊 供養恭敬 尊

중찬탄 광선제불 무량대법 어최후신

重讚歎 廣宣諸佛 無量大法 於最後身

득성위불 명왈광명여래 응공 정변지

得成爲佛 名曰光明如來 應供 正遍知

명행족 선서 세간해 무상사 조어장부

明行足 善逝 世間解 無上士 調御丈夫

천인사 불세존 국명광덕 겁명대장엄

天人師 佛世尊 國名光德 劫名大莊嚴

불수십이소겁 정법주세 이십소겁 상

佛壽十二小劫 正法住世 二十小劫 像

법역주 이십소겁 국계엄식 무제예악
法亦住 二十小劫 國界嚴飾 無諸穢惡

와력형극 변리부정 기토평정 무유고
瓦礫荊棘 便利不淨 其土平正 無有高

하 갱감퇴부 유리위지 보수항렬 황금
下 坑坎堆阜 琉璃爲地 寶樹行列 黃金

위승 이계도측 산제보화 주변청정 기
爲繩 以界道側 散諸寶華 周遍淸淨 其

국보살 무량천억 제성문중 역부무수
國菩薩 無量千億 諸聲聞衆 亦復無數

무유마사 수유마급마민 개호불법 이
無有魔事 雖有魔及魔民 皆護佛法 爾

시 세존 욕중선차의 이설게언
時 世尊 欲重宣此義 而說偈言

고제비구 아이불안
告諸比丘 我以佛眼

견시가섭 어미래세
見是迦葉 於未來世

과무수겁 당득작불
過無數劫 當得作佛

이어내세 공양봉근
而於來世 供養奉覲

삼백만억 제불세존
三百萬億 諸佛世尊

위불지혜 정수범행
爲佛智慧 淨修梵行

공양최상 이족존이
供養最上 二足尊已

수습일체 무상지혜
修習一切 無上之慧

어최후신 득성위불
於最後身 得成爲佛

기토청정 유리위지
其土淸淨 琉璃爲地

다제보수 항렬도측
多諸寶樹 行列道側

금승계도 견자환희
金繩界道 見者歡喜

상출호향 산중명화
常出好香 散衆名華

종종기묘 이위장엄
種種奇妙 以爲莊嚴

기지평정 무유구갱
其地平正 無有丘坑

제보살중 불가칭계
諸菩薩衆 不可稱計

기심조유 체대신통
其心調柔 逮大神通

봉지제불 대승경전
奉持諸佛 大乘經典

제성문중 무루후신
諸聲聞衆 無漏後身

법왕지자 역불가계
法王之子 亦不可計

내이천안 불능수지
乃以天眼 不能數知

기불당수 십이소겁
其佛當壽 十二小劫

정법주세 이십소겁
正法住世 二十小劫

상법역주 이십소겁
像法亦住 二十小劫

광명세존 기사여시
光明世尊 其事如是

이시 대목건련 수보리 마하가전연등
爾時 大目犍連 須菩提 摩訶迦旃延等

개실송률 일심합장 첨앙존안 목부잠
皆悉悚慄 一心合掌 瞻仰尊顔 目不暫

사 즉공동성 이설게언
捨 卽共同聲 而說偈言

대웅맹세존 제석지법왕
大雄猛世尊 諸釋之法王

애민아등고 이사불음성
哀愍我等故 而賜佛音聲

약지아심심 견위수기자
若知我深心 見爲授記者

여이감로쇄 제열득청량
如以甘露灑 除熱得淸涼

여종기국래 홀우대왕선
如從饑國來 忽遇大王饍

심유회의구 미감즉변식
心猶懷疑懼 未敢卽便食

약부득왕교 연후내감식
若復得王敎 然後乃敢食

아등역여시 매유소승과
我等亦如是 每惟小乘過

부지당운하 득불무상혜
不知當云何 得佛無上慧

수문불음성 언아등작불
雖聞佛音聲 言我等作佛

심상회우구 여미감변식
心尙懷憂懼 如未敢便食

약몽불수기 이내쾌안락
若蒙佛授記 爾乃快安樂

대웅맹세존 상욕안세간
大雄猛世尊 常欲安世間

원사아등기 여기수교식
願賜我等記 如飢須敎食

이시 세존 지제대제자 심지소념 고제
爾時 世尊 知諸大弟子 心之所念 告諸

비구 시수보리 어당래세 봉근삼백만
比丘 是須菩提 於當來世 奉覲三百萬

억나유타불 공양공경 존중찬탄 상수
億那由他佛 供養恭敬 尊重讚歎 常修

범행 구보살도 어최후신 득성위불 호
梵行 具菩薩道 於最後身 得成爲佛 號

왈명상여래 응공 정변지 명행족 선서
曰名相如來 應供 正遍知 明行足 善逝

세간해 무상사 조어장부 천인사 불세
世間解 無上士 調御丈夫 天人師 佛世

존 겁명유보 국명보생 기토평정 파려
尊 劫名有寶 國名寶生 其土平正 玻瓈

위지 보수장엄 무제구갱 사력형극 변
爲地 寶樹莊嚴 無諸丘坑 沙礫荊棘 便

리지예 보화부지 주변청정 기토인민
利之穢 寶華覆地 周遍淸淨 其土人民

개처보대 진묘루각 성문제자 무량무
皆處寶臺 珍妙樓閣 聲聞弟子 無量無

변 산수비유 소불능지 제보살중 무수
邊 算數譬喩 所不能知 諸菩薩衆 無數

천만억나유타 불수십이소겁 정법주세
千萬億那由他 佛壽十二小劫 正法住世

이십소겁 상법역주 이십소겁 기불 상
二十小劫 像法亦住 二十小劫 其佛 常

처허공 위중설법 도탈무량보살 급성
處虛空 爲衆說法 度脫無量菩薩 及聲

문중 이시 세존 욕중선차의 이설게언
聞衆 爾時 世尊 欲重宣此義 而說偈言

제비구중 금고여등
諸比丘衆 今告汝等

개당일심 청아소설
皆當一心 聽我所說

아대제자 수보리자
我大弟子 須菩提者

당득작불 호왈명상
當得作佛 號曰名相

당공무수 만억제불
當供無數 萬億諸佛

수불소행 점구대도
隨佛所行 漸具大道

최후신득 삼십이상
最後身得 三十二相

단정수묘 유여보산
端正殊妙 猶如寶山

기불국토 엄정제일
其佛國土 嚴淨第一

중생견자 무불애락
衆生見者 無不愛樂

불어기중 도무량중
佛於其中 度無量衆

기불법중 다제보살
其佛法中 多諸菩薩

개실이근 전불퇴륜
皆悉利根 轉不退輪

피국상이 보살장엄
彼國常以 菩薩莊嚴

제성문중 불가칭수
諸聲聞衆 不可稱數

개득삼명 구육신통
皆得三明 具六神通

주팔해탈 유대위덕
住八解脫 有大威德

기불설법 현어무량
其佛說法 現於無量

신통변화 불가사의
神通變化 不可思議

제천인민 수여항사
諸天人民 數如恒沙

개공합장 청수불어
皆共合掌 聽受佛語

기불당수 십이소겁
其佛當壽 十二小劫

정법주세 이십소겁
正法住世 二十小劫

상법역주 이십소겁
像法亦住 二十小劫

이시 세존 부고제비구중 아금어여 시
爾時 世尊 復告諸比丘衆 我今語汝 是

대가전연 어당래세 이제공구 공양봉
大迦旃延 於當來世 以諸供具 供養奉

사 팔천억불 공경존중 제불멸후 각기
事 八千億佛 恭敬尊重 諸佛滅後 各起

탑묘 고천유순 종광정등 오백유순 개
塔廟 高千由旬 縱廣正等 五百由旬 皆

이금은유리 자거마노 진주매괴 칠보
以金銀琉璃 硨磲瑪瑙 眞珠玫瑰 七寶

합성 중화영락 도향말향소향 증개당
合成 衆華瓔珞 塗香抹香燒香 繒蓋幢

번 공양탑묘 과시이후 당부공양 이만
幡 供養塔廟 過是已後 當復供養 二萬

억불 역부여시 공양시제불이 구보살
億佛 亦復如是 供養是諸佛已 具菩薩

도 당득작불 호왈염부나제금광여래
道 當得作佛 號曰閻浮那提金光如來

응공 정변지 명행족 선서 세간해 무
應供 正遍知 明行足 善逝 世間解 無

상사 조어장부 천인사 불세존 기토평
上士 調御丈夫 天人師 佛世尊 其土平

정 파려위지 보수장엄 황금위승 이계
正 玻瓈爲地 寶樹莊嚴 黃金爲繩 以界

도측 묘화부지 주변청정 견자환희 무
道側 妙華覆地 周遍淸淨 見者歡喜 無

사악도 지옥아귀축생 아수라도 다유
四惡道 地獄餓鬼畜生 阿修羅道 多有

천인 제성문중 급제보살 무량만억 장
天人 諸聲聞衆 及諸菩薩 無量萬億 莊

엄기국 불수십이소겁 정법주세 이십
嚴其國 佛壽十二小劫 正法住世 二十

소겁 상법역주 이십소겁 이시 세존
小劫 像法亦住 二十小劫 爾時 世尊

욕중선차의 이설게언
欲重宣此義 而說偈言

제비구중 개일심청
諸比丘衆 皆一心聽

여아소설 진실무이
如我所說 眞實無異

시가전연 당이종종
是迦旃延 當以種種

묘호공구 공양제불
妙好供具 供養諸佛

제불멸후 기칠보탑
諸佛滅後 起七寶塔

역이화향 공양사리
亦以華香 供養舍利

기최후신 득불지혜
其最後身 得佛智慧

성등정각 국토청정
成等正覺 國土清淨

도탈무량 만억중생
度脫無量 萬億衆生

개위시방 지소공양
皆爲十方 之所供養

불지광명 무능승자
佛之光明 無能勝者

기불호왈 염부금광
其佛號曰 閻浮金光

보살성문 단일체유
菩薩聲聞 斷一切有

무량무수 장엄기국
無量無數 莊嚴其國

이시 세존 부고대중 아금어여 시대목
爾時 世尊 復告大衆 我今語汝 是大目

건련 당이종종공구 공양팔천제불 공
犍連 當以種種供具 供養八千諸佛 恭

경존중 제불멸후 각기탑묘 고천유순
敬尊重 諸佛滅後 各起塔廟 高千由旬

종광정등 오백유순 개이금은유리 자
縱廣正等 五百由旬 皆以金銀琉璃 硨

거마노 진주매괴 칠보합성 중화영락
磲瑪瑙 眞珠玫瑰 七寶合成 衆華瓔珞

도향말향소향 증개당번 이용공양 과
塗香抹香燒香 繒蓋幢幡 以用供養 過

시이후 당부공양 이백만억제불 역부
是已後 當復供養 二百萬億諸佛 亦復

여시 당득성불 호왈 다마라발전단향
如是 當得成佛 號曰 多摩羅跋栴檀香

여래 응공 정변지 명행족 선서 세간
如來 應供 正遍知 明行足 善逝 世間

해 무상사 조어장부 천인사 불세존
解 無上士 調御丈夫 天人師 佛世尊

겁명희만 국명의락 기토평정 파려위
劫名喜滿 國名意樂 其土平正 玻瓈爲

지 보수장엄 산진주화 주변청정 견자
地 寶樹莊嚴 散眞珠華 周遍淸淨 見者

환희 다제천인 보살성문 기수무량 불
歡喜 多諸天人 菩薩聲聞 其數無量 佛

수 이십사소겁 정법주세 사십소겁 상
壽 二十四小劫 正法住世 四十小劫 像

법역주 사십소겁 이시 세존 욕중선차
法亦住 四十小劫 爾時 世尊 欲重宣此

의 이설게언
義 而說偈言

아차제자 대목건련
我此弟子 大目犍連

사시신이 득견팔천
捨是身已 得見八千

이백만억 제불세존
二百萬億 諸佛世尊

위불도고 공양공경
爲佛道故 供養恭敬

어제불소 상수범행
於諸佛所 常修梵行

어무량겁 봉지불법
於無量劫 奉持佛法

제불멸후 기칠보탑
諸佛滅後 起七寶塔

장표금찰 화향기악
長表金刹 華香伎樂

이이공양 제불탑묘
而以供養 諸佛塔廟

점점구족 보살도이
漸漸具足 菩薩道已

어의락국 이득작불
於意樂國 而得作佛

호다마라 전단지향
號多摩羅 栴檀之香

기불수명 이십사겁
其佛壽命 二十四劫

상위천인 연설불도
常爲天人 演說佛道

성문무량 여항하사
聲 聞 無 量 如 恒 河 沙

삼명육통 유대위덕
三 明 六 通 有 大 威 德

보살무수 지고정진
菩 薩 無 數 志 固 精 進

어불지혜 개불퇴전
於 佛 智 慧 皆 不 退 轉

불멸도후 정법당주
佛 滅 度 後 正 法 當 住

사십소겁 상법역이
四 十 小 劫 像 法 亦 爾

아제제자 위덕구족
我 諸 弟 子 威 德 具 足

기수오백 개당수기
其 數 五 百 皆 當 授 記

어미래세 함득성불
於 未 來 世 咸 得 成 佛

아급여등 숙세인연
我 及 汝 等 宿 世 因 緣

오금당설 여등선청
吾今當說 汝等善聽

화성유품 제칠
化城喩品 第七

불고제비구 내왕과거 무량무변 불가
佛告諸比丘 乃往過去 無量無邊 不可

사의 아승기겁 이시 유불 명대통지승
思議 阿僧祇劫 爾時 有佛 名大通智勝

여래 응공 정변지 명행족 선서 세간
如來 應供 正遍知 明行足 善逝 世間

해 무상사 조어장부 천인사 불세존
解 無上士 調御丈夫 天人師 佛世尊

기국명호성 겁명대상 제비구 피불멸
其國名好成 劫名大相 諸比丘 彼佛滅

도이래 심대구원 비여삼천대천세계
度已來 甚大久遠 譬如三千大千世界

소유지종 가사유인 마이위묵 과어동
所有地種 假使有人 磨以爲墨 過於東

방 천국토 내하일점 대여미진 우과천
方 千國土 乃下一點 大如微塵 又過千

국토 부하일점 여시전전 진지종묵 어
國土 復下一點 如是展轉 盡地種墨 於

여등의운하 시제국토 약산사 약산사
汝等意云何 是諸國土 若算師 若算師

제자 능득변제 지기수부 불야세존 제
弟子 能得邊際 知其數不 不也世尊 諸

비구 시인소경국토 약점부점 진말위
比丘 是人所經國土 若點不點 盡末爲

진 일진일겁 피불 멸도이래 부과시수
塵 一塵一劫 彼佛 滅度已來 復過是數

무량무변 백천만억 아승기겁 아이여
無量無邊 百千萬億 阿僧祇劫 我以如

래지견력고 관피구원 유약금일 이시
來知見力故 觀彼久遠 猶若今日 爾時

세존 욕중선차의 이설게언
世尊 欲重宣此義 而說偈言

아념과거세 무량무변겁
我念過去世 無量無邊劫

유불양족존 명대통지승
有佛兩足尊 名大通智勝

여인이력마 삼천대천토
如 人 以 力 磨　三 千 大 千 土

진차제지종 개실이위묵
盡 此 諸 地 種　皆 悉 以 爲 墨

과어천국토 내하일진점
過 於 千 國 土　乃 下 一 塵 點

여시전전점 진차제진묵
如 是 展 轉 點　盡 此 諸 塵 墨

여시제국토 점여부점등
如 是 諸 國 土　點 與 不 點 等

부진말위진 일진위일겁
復 盡 末 爲 塵　一 塵 爲 一 劫

차제미진수 기겁부과시
此 諸 微 塵 數　其 劫 復 過 是

피불멸도래 여시무량겁
彼 佛 滅 度 來　如 是 無 量 劫

여래무애지 지피불멸도
如 來 無 礙 智　知 彼 佛 滅 度

급성문보살 여견금멸도
及 聲 聞 菩 薩　如 見 今 滅 度

제비구당지 불지정미묘
諸比丘當知 佛智淨微妙

무루무소애 통달무량겁
無漏無所礙 通達無量劫

불고제비구 대통지승불수 오백사십만
佛告諸比丘 大通智勝佛壽 五百四十萬

억 나유타겁 기불 본좌도량 파마군이
億 那由他劫 其佛 本坐道場 破魔軍已

수득아뇩다라삼먁삼보리 이제불법 불
垂得阿耨多羅三藐三菩提 而諸佛法 不

현재전 여시일소겁 내지십소겁 결가
現在前 如是一小劫 乃至十小劫 結跏

부좌 신심부동 이제불법 유부재전 이
趺坐 身心不動 而諸佛法 猶不在前 爾

시 도리제천 선위피불 어보리수하 부
時 忉利諸天 先爲彼佛 於菩提樹下 敷

사자좌 고일유순 불어차좌 당득아뇩
師子座 高一由旬 佛於此座 當得阿耨

다라삼먁삼보리 적좌차좌 시제범천왕
多羅三藐三菩提 適坐此座 時諸梵天王

우중천화 면백유순 향풍시래 취거위
雨衆天華 面百由旬 香風時來 吹去萎

화 갱우신자 여시부절 만십소겁 공양
華 更雨新者 如是不絶 滿十小劫 供養

어불 내지멸도 상우차화 사왕제천 위
於佛 乃至滅度 常雨此華 四王諸天 爲

공양불 상격천고 기여제천 작천기악
供養佛 常擊天鼓 其餘諸天 作天伎樂

만십소겁 지우멸도 역부여시 제비구
滿十小劫 至于滅度 亦復如是 諸比丘

대통지승불 과십소겁 제불지법 내현
大通智勝佛 過十小劫 諸佛之法 乃現

재전 성아뇩다라삼먁삼보리 기불 미
在前 成阿耨多羅三藐三菩提 其佛 未

출가시 유십육자 기제일자 명왈지적
出家時 有十六子 其第一者 名曰智積

제자각유 종종진이 완호지구 문부득
諸子各有 種種珍異 玩好之具 聞父得

성 아뇩다라삼먁삼보리 개사소진 왕
成 阿耨多羅三藐三菩提 皆捨所珍 往

예불소 제모체읍 이수송지 기조전륜
詣佛所 諸母涕泣 而隨送之 其祖轉輪

성왕 여일백대신 급여백천만억인민
聖王 與一百大臣 及餘百千萬億人民

개공위요 수지도량 함욕친근 대통지
皆共圍繞 隨至道場 咸欲親近 大通智

승여래 공양공경 존중찬탄 도이 두면
勝如來 供養恭敬 尊重讚歎 到已 頭面

예족 요불필이 일심합장 첨앙세존 이
禮足 繞佛畢已 一心合掌 瞻仰世尊 以

게송왈
偈頌曰

대위덕세존 위도중생고
大威德世尊 爲度衆生故

어무량억겁 이내득성불
於無量億劫 爾乃得成佛

제원이구족 선재길무상
諸願已具足 善哉吉無上

세존심희유 일좌십소겁
世尊甚希有 一坐十小劫

신체급수족 정연안부동
身體及手足 靜然安不動

기심상담박 미증유산란
其心常惔怕 未曾有散亂

구경영적멸 안주무루법
究竟永寂滅 安住無漏法

금자견세존 안은성불도
今者見世尊 安隱成佛道

아등득선리 칭경대환희
我等得善利 稱慶大歡喜

중생상고뇌 맹명무도사
衆生常苦惱 盲瞑無導師

불식고진도 부지구해탈
不識苦盡道 不知求解脫

장야증악취 감손제천중
長夜增惡趣 減損諸天衆

종명입어명 영불문불명
從冥入於冥 永不聞佛名

금불득최상 안은무루도
今佛得最上 安隱無漏道

아등급천인 위득최대리
我等及天人 爲得最大利

시고함계수 귀명무상존
是故咸稽首 歸命無上尊

이시 십육왕자 게찬불이 권청세존 전
爾時 十六王子 偈讚佛已 勸請世尊 轉

어법륜 함작시언 세존설법 다소안은
於法輪 咸作是言 世尊說法 多所安隱

연민요익 제천인민 중설게언
憐愍饒益 諸天人民 重說偈言

세웅무등륜 백복자장엄
世雄無等倫 百福自莊嚴

득무상지혜 원위세간설
得無上智慧 願爲世間說

도탈어아등 급제중생류
度脫於我等 及諸衆生類

위분별현시 영득시지혜
爲分別顯示 令得是智慧

약아등득불 중생역부연
若我等得佛 衆生亦復然

세존지중생 심심지소념
世 尊 知 衆 生 深 心 之 所 念

역지소행도 우지지혜력
亦 知 所 行 道 又 知 智 慧 力

욕락급수복 숙명소행업
欲 樂 及 修 福 宿 命 所 行 業

세존실지이 당전무상륜
世 尊 悉 知 已 當 轉 無 上 輪

불고제비구 대통지승불 득아뇩다라삼
佛 告 諸 比 丘 大 通 智 勝 佛 得 阿 耨 多 羅 三

먁삼보리시 시방 각오백만억 제불세
藐 三 菩 提 時 十 方 各 五 百 萬 億 諸 佛 世

계 육종진동 기국중간 유명지처 일월
界 六 種 震 動 其 國 中 間 幽 冥 之 處 日 月

위광 소불능조 이개대명 기중중생 각
威 光 所 不 能 照 而 皆 大 明 其 中 衆 生 各

득상견 함작시언 차중운하 홀생중생
得 相 見 咸 作 是 言 此 中 云 何 忽 生 衆 生

우기국계 제천궁전 내지범궁 육종진
又 其 國 界 諸 天 宮 殿 乃 至 梵 宮 六 種 震

동 대광보조 변만세계 승제천광 이시
動 大光普照 遍滿世界 勝諸天光 爾時

동방 오백만억 제국토중 범천궁전 광
東方 五百萬億 諸國土中 梵天宮殿 光

명조요 배어상명 제범천왕 각작시념
明照曜 倍於常明 諸梵天王 各作是念

금자궁전광명 석소미유 이하인연 이
今者宮殿光明 昔所未有 以何因緣 而

현차상 시시 제범천왕 즉각상예 공의
現此相 是時 諸梵天王 卽各相詣 共議

차사 시피중중 유일대범천왕 명구일
此事 時彼衆中 有一大梵天王 名救一

체 위제범중 이설게언
切 爲諸梵衆 而說偈言

아등제궁전 광명석미유
我等諸宮殿 光明昔未有

차시하인연 의각공구지
此是何因緣 宜各共求之

위대덕천생 위불출세간
爲大德天生 爲佛出世間

이차대광명 변조어시방
而此大光明 遍照於十方

이시 오백만억국토 제범천왕 여궁전
爾時 五百萬億國土 諸梵天王 與宮殿

구 각이의극 성제천화 공예서방 추심
俱 各以衣裓 盛諸天華 共詣西方 推尋

시상 견대통지승여래 처우도량 보리
是相 見大通智勝如來 處于道場 菩提

수하 좌사자좌 제천룡왕 건달바 긴나
樹下 坐師子座 諸天龍王 乾闥婆 緊那

라 마후라가 인비인등 공경위요 급견
羅 摩睺羅伽 人非人等 恭敬圍繞 及見

십육왕자 청불전법륜 즉시 제범천왕
十六王子 請佛轉法輪 卽時 諸梵天王

두면예불 요백천잡 즉이천화 이산불
頭面禮佛 繞百千匝 卽以天華 而散佛

상 기소산화 여수미산 병이공양 불보
上 其所散華 如須彌山 幷以供養 佛菩

리수 기보리수 고십유순 화공양이 각
提樹 其菩提樹 高十由旬 華供養已 各

이궁전 봉상피불 이작시언 유견애민
以宮殿 奉上彼佛 而作是言 唯見哀愍

요익아등 소헌궁전 원수납수 시제범
饒益我等 所獻宮殿 願垂納受 時諸梵

천왕 즉어불전 일심동성 이게송왈
天王 卽於佛前 一心同聲 以偈頌曰

세존심희유 난가득치우
世尊甚希有 難可得値遇

구무량공덕 능구호일체
具無量功德 能救護一切

천인지대사 애민어세간
天人之大師 哀愍於世間

시방제중생 보개몽요익
十方諸衆生 普皆蒙饒益

아등소종래 오백만억국
我等所從來 五百萬億國

사심선정락 위공양불고
捨深禪定樂 爲供養佛故

아등선세복 궁전심엄식
我等先世福 宮殿甚嚴飾

금이봉세존 유원애납수
今以奉世尊 唯願哀納受

이시 제범천왕 게찬불이 각작시언 유
爾時 諸梵天王 偈讚佛已 各作是言 唯

원세존 전어법륜 도탈중생 개열반도
願世尊 轉於法輪 度脫衆生 開涅槃道

시제범천왕 일심동성 이설게언
時諸梵天王 一心同聲 而說偈言

세웅양족존 유원연설법
世雄兩足尊 唯願演說法

이대자비력 도고뇌중생
以大慈悲力 度苦惱衆生

이시 대통지승여래 묵연허지 우제비
爾時 大通智勝如來 默然許之 又諸比

구 동남방 오백만억국토 제대범왕 각
丘 東南方 五百萬億國土 諸大梵王 各

자견궁전 광명조요 석소미유 환희용
自見宮殿 光明照曜 昔所未有 歡喜踊

약 생희유심 즉각상예 공의차사 시피
躍 生希有心 卽各相詣 共議此事 時彼

중중 유일대범천왕 명왈대비 위제범
衆中 有一大梵天王 名曰大悲 爲諸梵

중 이설게언
衆 而說偈言

시사하인연 이현여차상
是事何因緣 而現如此相

아등제궁전 광명석미유
我等諸宮殿 光明昔未有

위대덕천생 위불출세간
爲大德天生 爲佛出世間

미증견차상 당공일심구
未曾見此相 當共一心求

과천만억토 심광공추지
過千萬億土 尋光共推之

다시불출세 도탈고중생
多是佛出世 度脫苦衆生

이시 오백만억 제범천왕 여궁전구 각
爾時 五百萬億 諸梵天王 與宮殿俱 各

이의극 성제천화 공예서북방 추심시
以衣裓 盛諸天華 共詣西北方 推尋是

상 견대통지승여래 처우도량 보리수
相 見大通智勝如來 處于道場 菩提樹

하 좌사자좌 제천룡왕 건달바 긴나라
下 坐師子座 諸天龍王 乾闥婆 緊那羅

마후라가 인비인등 공경위요 급견십
摩睺羅伽 人非人等 恭敬圍繞 及見十

육왕자 청불전법륜 시제범천왕 두면
六王子 請佛轉法輪 時諸梵天王 頭面

예불 요백천잡 즉이천화 이산불상 소
禮佛 繞百千匝 卽以天華 而散佛上 所

산지화 여수미산 병이공양 불보리수
散之華 如須彌山 幷以供養 佛菩提樹

화공양이 각이궁전 봉상피불 이작시
華供養已 各以宮殿 奉上彼佛 而作是

언 유견애민 요익아등 소헌궁전 원수
言 唯見哀愍 饒益我等 所獻宮殿 願垂

납수 이시 제범천왕 즉어불전 일심동
納受 爾時 諸梵天王 卽於佛前 一心同

성 이게송왈
聲 以偈頌曰

성주천중왕 가릉빈가성
聖主天中王 迦陵頻伽聲

애민중생자 아등금경례
哀愍衆生者 我等今敬禮

세존심희유 구원내일현
世尊甚希有 久遠乃一現

일백팔십겁 공과무유불
一百八十劫 空過無有佛

삼악도충만 제천중감소
三惡道充滿 諸天衆減少

금불출어세 위중생작안
今佛出於世 爲衆生作眼

세간소귀취 구호어일체
世間所歸趣 救護於一切

위중생지부 애민요익자
爲衆生之父 哀愍饒益者

아등숙복경 금득치세존
我等宿福慶 今得値世尊

이시 제범천왕 게찬불이 각작시언 유
爾時 諸梵天王 偈讚佛已 各作是言 唯

원세존 애민일체 전어법륜 도탈중생
願世尊 哀愍一切 轉於法輪 度脫衆生

시제범천왕 일심동성 이설게언
時諸梵天王 一心同聲 而說偈言

대성전법륜 현시제법상
大聖轉法輪 顯示諸法相

도고뇌중생 영득대환희
度苦惱衆生 令得大歡喜

중생문차법 득도약생천
衆生聞此法 得道若生天

제악도감소 인선자증익
諸惡道減少 忍善者增益

이시 대통지승여래 묵연허지 우제비
爾時 大通智勝如來 默然許之 又諸比

구 남방 오백만억국토 제대범왕 각자
丘 南方 五百萬億國土 諸大梵王 各自

견궁전 광명조요 석소미유 환희용약
見宮殿 光明照曜 昔所未有 歡喜踊躍

생희유심 즉각상예 공의차사 이하인
生希有心 卽各相詣 共議此事 以何因

연 아등궁전 유차광요 시피중중 유일
緣 我等宮殿 有此光曜 時彼衆中 有一

대범천왕 명왈묘법 위제범중 이설게
大梵天王 名曰妙法 爲諸梵衆 而說偈

언
言

아등제궁전 광명심위요
我等諸宮殿 光明甚威曜

차비무인연 시상의구지
此非無因緣 是相宜求之

과어백천겁 미증견시상
過於百千劫 未曾見是相

위대덕천생 위불출세간
爲大德天生 爲佛出世間

이시 오백만억 제범천왕 여궁전구 각
爾時 五百萬億 諸梵天王 與宮殿俱 各

이의극 성제천화 공예북방 추심시상
以衣裓 盛諸天華 共詣北方 推尋是相

견대통지승여래 처우도량 보리수하
見大通智勝如來 處于道場 菩提樹下

좌사자좌 제천룡왕 건달바 긴나라 마
坐師子座 諸天龍王 乾闥婆 緊那羅 摩

후라가 인비인등 공경위요 급견십육
睺羅伽 人非人等 恭敬圍繞 及見十六

왕자 청불전법륜 시제범천왕 두면예
王子 請佛轉法輪 時諸梵天王 頭面禮

불 요백천잡 즉이천화 이산불상 소산
佛 繞百千匝 卽以天華 而散佛上 所散

지화 여수미산 병이공양 불보리수 화
之華 如須彌山 幷以供養 佛菩提樹 華

공양이 각이궁전 봉상피불 이작시언
供養已 各以宮殿 奉上彼佛 而作是言

유견애민 요익아등 소헌궁전 원수납
唯見哀愍 饒益我等 所獻宮殿 願垂納

수 이시 제범천왕 즉어불전 일심동성
受 爾時 諸梵天王 卽於佛前 一心同聲

이게송왈
以偈頌曰

세존심난견 파제번뇌자
世尊甚難見 破諸煩惱者

과백삼십겁 금내득일견
過百三十劫 今乃得一見

제기갈중생 이법우충만
諸飢渴衆生 以法雨充滿

석소미증견 무량지혜자
昔所未曾見 無量智慧者

여우담발화 금일내치우
如優曇鉢花 今日乃値遇

아등제궁전 몽광고엄식
我等諸宮殿 蒙光故嚴飾

세존대자비 유원수납수
世尊大慈悲 唯願垂納受

이시 제범천왕 게찬불이 각작시언 유
爾時 諸梵天王 偈讚佛已 各作是言 唯

원세존 전어법륜 영일체세간 제천마
願世尊 轉於法輪 令一切世間 諸天魔

범 사문바라문 개획안은 이득도탈 시
梵 沙門婆羅門 皆獲安隱 而得度脫 時

제범천왕 일심동성 이게송왈
諸梵天王 一心同聲 以偈頌曰

유원천인존 전무상법륜
唯願天人尊 轉無上法輪

격우대법고 이취대법라
擊于大法鼓 而吹大法螺

보우대법우 도무량중생
普雨大法雨 度無量衆生

아등함귀청 당연심원음
我等咸歸請 當演深遠音

이시 대통지승여래 묵연허지 서남방
爾時 大通智勝如來 默然許之 西南方

내지하방 역부여시 이시 상방 오백만
乃至下方 亦復如是 爾時 上方 五百萬

억국토 제대범왕 개실자도 소지궁전
億國土 諸大梵王 皆悉自覩 所止宮殿

광명위요 석소미유 환희용약 생희유
光明威曜 昔所未有 歡喜踊躍 生希有

심 즉각상예 공의차사 이하인연 아등
心 卽各相詣 共議此事 以何因緣 我等

궁전 유사광명 시피중중 유일대범천
宮殿 有斯光明 時彼衆中 有一大梵天

왕 명왈시기 위제범중 이설게언
王 名曰尸棄 爲諸梵衆 而說偈言

금이하인연 아등제궁전
今以何因緣 我等諸宮殿

위덕광명요 엄식미증유
威德光明曜 嚴飾未曾有

여시지묘상 석소미문견
如是之妙相 昔所未聞見

위대덕천생 위불출세간
爲大德天生 爲佛出世間

이시 오백만억 제범천왕 여궁전구 각
爾時 五百萬億 諸梵天王 與宮殿俱 各

이의극 성제천화 공예하방 추심시상
以衣裓 盛諸天華 共詣下方 推尋是相

견대통지승여래 처우도량 보리수하
見大通智勝如來 處于道場 菩提樹下

좌사자좌 제천룡왕 건달바 긴나라 마
坐師子座 諸天龍王 乾闥婆 緊那羅 摩

후라가 인비인등 공경위요 급견십육
睺羅伽 人非人等 恭敬圍繞 及見十六

왕자 청불전법륜 시제범천왕 두면예
王子 請佛轉法輪 時諸梵天王 頭面禮

불 요백천잡 즉이천화 이산불상 소산
佛 繞百千匝 卽以天華 而散佛上 所散

지화 여수미산 병이공양 불보리수 화
之花 如須彌山 幷以供養 佛菩提樹 花

공양이 각이궁전 봉상피불 이작시언
供養已 各以宮殿 奉上彼佛 而作是言

유견애민 요익아등 소헌궁전 원수납
唯見哀愍 饒益我等 所獻宮殿 願垂納

수 시제범천왕 즉어불전 일심동성 이
受 時諸梵天王 卽於佛前 一心同聲 以

게송왈
偈頌曰

선재견제불 구세지성존
善哉見諸佛 救世之聖尊

능어삼계옥 면출제중생
能於三界獄 勉出諸衆生

보지천인존 애민군맹류
普智天人尊 哀愍群萌類

능개감로문 광도어일체
能開甘露門 廣度於一切

어석무량겁 공과무유불
於昔無量劫 空過無有佛

세존미출시 시방상암명
世尊未出時 十方常暗冥

삼악도증장 아수라역성
三惡道增長 阿修羅亦盛

제천중전감 사다타악도
諸天衆轉減 死多墮惡道

부종불문법 상행불선사
不從佛聞法 常行不善事

색력급지혜 사등개감소
色力及智慧 斯等皆減少

죄업인연고 실락급락상
罪業因緣故 失樂及樂想

주어사견법 불식선의칙
住於邪見法 不識善儀則

불몽불소화 상타어악도
不蒙佛所化 常墮於惡道

불위세간안 구원시내출
佛爲世間眼 久遠時乃出

애민제중생 고현어세간
哀愍諸衆生 故現於世間

초출성정각 아등심흔경
超出成正覺 我等甚欣慶

급여일체중 희탄미증유
及餘一切衆 喜歎未曾有

아등제궁전 몽광고엄식
我等諸宮殿 蒙光故嚴飾

금이봉세존 유수애납수
今以奉世尊 唯垂哀納受

원이차공덕 보급어일체
願以此功德 普及於一切

아등여중생 개공성불도
我等與衆生 皆共成佛道

이시 오백만억 제범천왕 게찬불이 각
爾時 五百萬億 諸梵天王 偈讚佛已 各

백불언 유원세존 전어법륜 다소안은
白佛言 唯願世尊 轉於法輪 多所安隱

다소도탈 시제범천왕 이설게언
多所度脫 時諸梵天王 而說偈言

세존전법륜 격감로법고
世尊轉法輪 擊甘露法鼓

도고뇌중생 개시열반도
度苦惱衆生 開示涅槃道

유원수아청 이대미묘음
唯願受我請 以大微妙音

애민이부연 무량겁습법
哀愍而敷演 無量劫習法

이시 대통지승여래 수시방제범천왕
爾時 大通智勝如來 受十方諸梵天王

급십육왕자청 즉시삼전 십이행법륜
及十六王子請 卽時三轉 十二行法輪

약사문바라문 약천마범 급여세간 소
若沙門婆羅門 若天魔梵 及餘世間 所

불능전 위시고 시고집 시고멸 시고멸
不能轉 謂是苦 是苦集 是苦滅 是苦滅

도 급광설십이인연법 무명연행 행연
道 及廣說十二因緣法 無明緣行 行緣

식 식연명색 명색연육입 육입연촉 촉
識 識緣名色 名色緣六入 六入緣觸 觸

연수 수연애 애연취 취연유 유연생
緣受 受緣愛 愛緣取 取緣有 有緣生

생연노사 우비고뇌 무명멸즉행멸 행
生緣老死 憂悲苦惱 無明滅則行滅 行

멸즉식멸 식멸즉명색멸 명색멸즉육입
滅則識滅 識滅則名色滅 名色滅則六入

멸 육입멸즉촉멸 촉멸즉수멸 수멸즉
滅 六入滅則觸滅 觸滅則受滅 受滅則

애멸 애멸즉취멸 취멸즉유멸 유멸즉
愛滅 愛滅則取滅 取滅則有滅 有滅則

생멸 생멸즉 노사우비고뇌멸 불어천
生滅 生滅則 老死憂悲苦惱滅 佛於天

인 대중지중 설시법시 육백만억 나유
人 大衆之中 說是法時 六百萬億 那由

타인 이불수일체법고 이어제루 심득
他人 以不受一切法故 而於諸漏 心得

해탈 개득심묘선정 삼명육통 구팔해
解脫 皆得深妙禪定 三明六通 具八解

탈 제이제삼 제사설법시 천만억항하
脫 第二第三 第四說法時 千萬億恒河

사 나유타등중생 역이불수일체법고
沙 那由他等衆生 亦以不受一切法故

이어제루 심득해탈 종시이후 제성문
而於諸漏 心得解脫 從是已後 諸聲聞

중 무량무변 불가칭수 이시 십육왕자
衆 無量無邊 不可稱數 爾時 十六王子

개이동자출가 이위사미 제근통리 지
皆以童子出家 而爲沙彌 諸根通利 智

혜명료 이증공양 백천만억제불 정수
慧明了 已曾供養 百千萬億諸佛 淨修

범행 구아뇩다라삼먁삼보리 구백불언
梵行 求阿耨多羅三藐三菩提 俱白佛言

세존 시제무량천만억 대덕성문 개이
世尊 是諸無量千萬億 大德聲聞 皆已

성취 세존 역당위아등 설아뇩다라삼
成就 世尊 亦當爲我等 說阿耨多羅三

먁삼보리법 아등문이 개공수학 세존
藐三菩提法 我等聞已 皆共修學 世尊

아등지원 여래지견 심심소념 불자증
我等志願 如來知見 深心所念 佛自證

지 이시 전륜성왕 소장중중 팔만억인
知 爾時 轉輪聖王 所將衆中 八萬億人

견십육왕자출가 역구출가 왕즉청허
見十六王子出家 亦求出家 王卽聽許

이시 피불 수사미청 과이만겁이 내어
爾時 彼佛 受沙彌請 過二萬劫已 乃於

사중지중 설시대승경 명묘법연화 교
四衆之中 說是大乘經 名妙法蓮華 教

보살법 불소호념 설시경이 십육사미
菩薩法 佛所護念 說是經已 十六沙彌

위아뇩다라삼먁삼보리고 개공수지 풍
爲阿耨多羅三藐三菩提故 皆共受持 諷

송통리 설시경시 십육보살사미 개실
誦通利 說是經時 十六菩薩沙彌 皆悉

신수 성문중중 역유신해 기여중생 천
信受 聲聞衆中 亦有信解 其餘衆生 千

만억종 개생의혹 불설시경 어팔천겁
萬億種 皆生疑惑 佛說是經 於八千劫

미증휴폐 설차경이 즉입정실 주어선
未曾休廢 說此經已 卽入靜室 住於禪

정 팔만사천겁 시시 십육보살사미 지
定 八萬四千劫 是時 十六菩薩沙彌 知

불입실 적연선정 각승법좌 역어팔만
佛入室 寂然禪定 各昇法座 亦於八萬

사천겁 위사부중 광설분별 묘법화경
四千劫 爲四部衆 廣說分別 妙法華經

일일개도 육백만억 나유타 항하사등
一一皆度 六百萬億 那由他 恒河沙等

중생 시교리희 영발아녹다라삼먁삼보
衆生 示敎利喜 令發阿耨多羅三藐三菩

리심 대통지승불 과팔만사천겁이 종
提心 大通智勝佛 過八萬四千劫已 從

삼매기 왕예법좌 안상이좌 보고대중
三昧起 往詣法座 安詳而坐 普告大衆

시십육보살사미 심위희유 제근통리
是十六菩薩沙彌 甚爲希有 諸根通利

지혜명료 이증공양 무량천만억수제불
智慧明了 已曾供養 無量千萬億數諸佛

어제불소 상수범행 수지불지 개시중
於諸佛所 常修梵行 受持佛智 開示衆

생 영입기중 여등 개당삭삭친근 이공
生 令入其中 汝等 皆當數數親近 而供

양지 소이자하 약성문벽지불 급제보
養之 所以者何 若聲聞辟支佛 及諸菩

살 능신시십육보살 소설경법 수지불
薩 能信是十六菩薩 所說經法 受持不

훼자 시인개당득 아뇩다라삼먁삼보리
毁者 是人皆當得 阿耨多羅三藐三菩提

여래지혜 불고제비구 시십육보살 상
如來之慧 佛告諸比丘 是十六菩薩 常

락설시 묘법연화경 일일보살소화 육
樂說是 妙法蓮華經 一一菩薩所化 六

백만억 나유타 항하사등중생 세세소
百萬億 那由他 恒河沙等衆生 世世所

생 여보살구 종기문법 실개신해 이차
生 與菩薩俱 從其聞法 悉皆信解 以此

인연 득치사만억 제불세존 우금부진
因緣 得値四萬億 諸佛世尊 于今不盡

제비구 아금어여 피불제자 십육사미
諸比丘 我今語汝 彼佛弟子 十六沙彌

금개득아뇩다라삼먁삼보리 어시방국
今皆得阿耨多羅三藐三菩提 於十方國

토 현재설법 유무량백천만억 보살성
土 現在說法 有無量百千萬億 菩薩聲

문 이위권속 기이사미 동방작불 일명
聞 以爲眷屬 其二沙彌 東方作佛 一名

아촉 재환희국 이명수미정 동남방이
阿閦 在歡喜國 二名須彌頂 東南方二

불 일명사자음 이명사자상 남방이불
佛 一名師子音 二名師子相 南方二佛

일명허공주 이명상멸 서남방이불 일
一名虛空住 二名常滅 西南方二佛 一

명제상 이명범상 서방이불 일명아미
名帝相 二名梵相 西方二佛 一名阿彌

타 이명도일체세간고뇌 서북방이불
陀 二名度一切世間苦惱 西北方二佛

일명다마라발전단향신통 이명수미상
一名多摩羅跋栴檀香神通 二名須彌相

북방이불 일명운자재 이명운자재왕
北方二佛 一名雲自在 二名雲自在王

동북방불 명괴일체세간포외 제십육
東北方佛 名壞一切世間怖畏 第十六

아석가모니불 어사바국토 성아뇩다라
我釋迦牟尼佛 於娑婆國土 成阿耨多羅

삼먁삼보리 제비구 아등위사미시 각
三藐三菩提 諸比丘 我等爲沙彌時 各

각교화 무량백천만억 항하사등중생
各敎化 無量百千萬億 恒河沙等衆生

종아문법 위아뇩다라삼먁삼보리 차제
從我聞法 爲阿耨多羅三藐三菩提 此諸

중생 우금유주 성문지자 아상교화 아
衆生 于今有住 聲聞地者 我常敎化 阿

뇩다라삼먁삼보리 시제인등 응이시법
耨多羅三藐三菩提 是諸人等 應以是法

점입불도 소이자하 여래지혜 난신난
漸入佛道 所以者何 如來智慧 難信難

해 이시 소화무량항하사등 중생자 여
解 爾時 所化無量恒河沙等 衆生者 汝

등제비구 급아멸도후 미래세중 성문
等諸比丘 及我滅度後 未來世中 聲聞

제자시야 아멸도후 부유제자 불문시
弟子是也 我滅度後 復有弟子 不聞是

경 부지불각 보살소행 자어소득공덕
經 不知不覺 菩薩所行 自於所得功德

생멸도상 당입열반 아어여국작불 갱
生滅度想 當入涅槃 我於餘國作佛 更

유이명 시인 수생멸도지상 입어열반
有異名 是人 雖生滅度之想 入於涅槃

이어피토 구불지혜 득문시경 유이불
而於彼土 求佛智慧 得聞是經 唯以佛

승 이득멸도 갱무여승 제제여래 방편
乘 而得滅度 更無餘乘 除諸如來 方便

설법 제비구 약여래자지 열반시도 중
說法 諸比丘 若如來自知 涅槃時到 衆

우청정 신해견고 요달공법 심입선정
又清淨 信解堅固 了達空法 深入禪定

변집제보살 급성문중 위설시경 세간
便集諸菩薩 及聲聞衆 爲說是經 世間

무유이승 이득멸도 유일불승 득멸도
無有二乘 而得滅度 唯一佛乘 得滅度

이 비구당지 여래방편 심입중생지성
耳 比丘當知 如來方便 深入衆生之性

지기지락소법 심착오욕 위시등고 설
知其志樂小法 深著五欲 爲是等故 說

어열반 시인약문 즉변신수 비여오백
於涅槃 是人若聞 則便信受 譬如五百

유순 험난악도 광절무인 포외지처 약
由旬 險難惡道 曠絶無人 怖畏之處 若

유다중 욕과차도 지진보처 유일도사
有多衆 欲過此道 至珍寶處 有一導師

총혜명달 선지험도 통색지상 장도중
聰慧明達 善知險道 通塞之相 將導衆

인 욕과차난 소장인중 중로해퇴 백도
人 欲過此難 所將人衆 中路懈退 白導

사언 아등피극 이부포외 불능부진 전
師言 我等疲極 而復怖畏 不能復進 前

로유원 금욕퇴환 도사 다제방편 이작
路猶遠 今欲退還 導師 多諸方便 而作

시념 차등가민 운하사대진보 이욕퇴
是念 此等可愍 云何捨大珍寶 而欲退

환 작시념이 이방편력 어험도중 과삼
還 作是念已 以方便力 於險道中 過三

백유순 화작일성 고중인언 여등물포
百由旬 化作一城 告衆人言 汝等勿怖

막득퇴환 금차대성 가어중지 수의소
莫得退還 今此大城 可於中止 隨意所

작 약입시성 쾌득안은 약능전지보소
作 若入是城 快得安隱 若能前至寶所

역가득거 시시 피극지중 심대환희 탄
亦可得去 是時 疲極之衆 心大歡喜 歎

미증유 아등금자 면사악도 쾌득안은
未曾有 我等今者 免斯惡道 快得安隱

어시중인 전입화성 생이도상 생안은
於是衆人 前入化城 生已度想 生安隱

상 이시 도사 지차인중 기득지식 무
想 爾時 導師 知此人衆 旣得止息 無

부피권 즉멸화성 어중인언 여등거래
復疲惓 卽滅化城 語衆人言 汝等去來

보처재근 향자대성 아소화작 위지식
寶處在近 向者大城 我所化作 爲止息

이 제비구 여래 역부여시 금위여등
耳 諸比丘 如來 亦復如是 今爲汝等

작대도사 지제생사 번뇌악도 험난장
作大導師 知諸生死 煩惱惡道 險難長

원 응거응도 약중생 단문일불승자 즉
遠 應去應度 若衆生 但聞一佛乘者 則

불욕견불 불욕친근 변작시념 불도장
不欲見佛 不欲親近 便作是念 佛道長

원 구수근고 내가득성 불지시심 겁약
遠 久受勤苦 乃可得成 佛知是心 怯弱

하열 이방편력 이어중도 위지식고 설
下劣 以方便力 而於中道 爲止息故 說

이열반 약중생 주어이지 여래이시 즉
二涅槃 若衆生 住於二地 如來爾時 卽

변위설 여등소작미판 여소주지 근어
便爲說 汝等所作未辦 汝所住地 近於

불혜 당관찰주량 소득열반 비진실야
佛慧 當觀察籌量 所得涅槃 非眞實也

단시여래 방편지력 어일불승 분별설
但是如來 方便之力 於一佛乘 分別說

삼 여피도사 위지식고 화작대성 기지
三 如彼導師 爲止息故 化作大城 旣知

식이 이고지언 보처재근 차성비실 아
息已 而告之言 寶處在近 此城非實 我

화작이 이시 세존 욕중선차의 이설게
化作耳 爾時 世尊 欲重宣此義 而說偈

언
言

대통지승불 십겁좌도량
大通智勝佛 十劫坐道場

불법불현전 부득성불도
佛法不現前 不得成佛道

제천신용왕 아수라중등
諸天神龍王 阿修羅衆等

상우어천화 이공양피불
常雨於天華 以供養彼佛

제천격천고 병작중기악
諸天擊天鼓 幷作衆伎樂

향풍취위화 갱우신호자
香 風 吹 萎 華　更 雨 新 好 者

과십소겁이 내득성불도
過 十 小 劫 已　乃 得 成 佛 道

제천급세인 심개회용약
諸 天 及 世 人　心 皆 懷 踊 躍

피불십육자 개여기권속
彼 佛 十 六 子　皆 與 其 眷 屬

천만억위요 구행지불소
千 萬 億 圍 繞　俱 行 至 佛 所

두면예불족 이청전법륜
頭 面 禮 佛 足　而 請 轉 法 輪

성사자법우 충아급일체
聖 師 子 法 雨　充 我 及 一 切

세존심난치 구원시일현
世 尊 甚 難 値　久 遠 時 一 現

위각오군생 진동어일체
爲 覺 悟 群 生　震 動 於 一 切

동방제세계 오백만억국
東 方 諸 世 界　五 百 萬 億 國

범궁전광요 석소미증유
梵宮殿光曜 昔所未曾有

제범견차상 심래지불소
諸梵見此相 尋來至佛所

산화이공양 병봉상궁전
散花以供養 幷奉上宮殿

청불전법륜 이게이찬탄
請佛轉法輪 以偈而讚歎

불지시미지 수청묵연좌
佛知時未至 受請默然坐

삼방급사유 상하역부이
三方及四維 上下亦復爾

산화봉궁전 청불전법륜
散花奉宮殿 請佛轉法輪

세존심난치 원이대자비
世尊甚難値 願以大慈悲

광개감로문 전무상법륜
廣開甘露門 轉無上法輪

무량혜세존 수피중인청
無量慧世尊 受彼衆人請

위선종종법 사제십이연
為 宣 種 種 法 四 諦 十 二 緣

무명지노사 개종생연유
無 明 至 老 死 皆 從 生 緣 有

여시중과환 여등응당지
如 是 衆 過 患 汝 等 應 當 知

선창시법시 육백만억해
宣 暢 是 法 時 六 百 萬 億 姟

득진제고제 개성아라한
得 盡 諸 苦 際 皆 成 阿 羅 漢

제이설법시 천만항사중
第 二 說 法 時 千 萬 恒 沙 衆

어제법불수 역득아라한
於 諸 法 不 受 亦 得 阿 羅 漢

종시후득도 기수무유량
從 是 後 得 道 其 數 無 有 量

만억겁산수 불능득기변
萬 億 劫 算 數 不 能 得 其 邊

시십육왕자 출가작사미
時 十 六 王 子 出 家 作 沙 彌

개공청피불 연설대승법
皆共請彼佛 演說大乘法

아등급영종 개당성불도
我等及營從 皆當成佛道

원득여세존 혜안제일정
願得如世尊 慧眼第一淨

불지동자심 숙세지소행
佛知童子心 宿世之所行

이무량인연 종종제비유
以無量因緣 種種諸譬喩

설육바라밀 급제신통사
說六波羅蜜 及諸神通事

분별진실법 보살소행도
分別眞實法 菩薩所行道

설시법화경 여항하사게
說是法華經 如恒河沙偈

피불설경이 정실입선정
彼佛說經已 靜室入禪定

일심일처좌 팔만사천겁
一心一處坐 八萬四千劫

시제사미등 지불선미출
是 諸 沙 彌 等 知 佛 禪 未 出

위무량억중 설불무상혜
爲 無 量 億 衆 說 佛 無 上 慧

각각좌법좌 설시대승경
各 各 坐 法 座 說 是 大 乘 經

어불연적후 선양조법화
於 佛 宴 寂 後 宣 揚 助 法 化

일일사미등 소도제중생
一 一 沙 彌 等 所 度 諸 衆 生

유육백만억 항하사등중
有 六 百 萬 億 恒 河 沙 等 衆

피불멸도후 시제문법자
彼 佛 滅 度 後 是 諸 聞 法 者

재재제불토 상여사구생
在 在 諸 佛 土 常 與 師 俱 生

시십육사미 구족행불도
是 十 六 沙 彌 具 足 行 佛 道

금현재시방 각득성정각
今 現 在 十 方 各 得 成 正 覺

이시문법자 각재제불소
爾時聞法者 各在諸佛所

기유주성문 점교이불도
其有住聲聞 漸教以佛道

아재십육수 증역위여설
我在十六數 曾亦爲汝說

시고이방편 인여취불혜
是故以方便 引汝趣佛慧

이시본인연 금설법화경
以是本因緣 今說法華經

영여입불도 신물회경구
令汝入佛道 愼勿懷驚懼

비여험악도 형절다독수
譬如險惡道 逈絶多毒獸

우부무수초 인소포외처
又復無水草 人所怖畏處

무수천만중 욕과차험도
無數千萬衆 欲過此險道

기로심광원 경오백유순
其路甚曠遠 經五百由旬

시유일도사 강식유지혜
時有一導師 强識有智慧

명료심결정 재험제중난
明了心決定 在險濟衆難

중인개피권 이백도사언
衆人皆疲惓 而白導師言

아등금돈핍 어차욕퇴환
我等今頓乏 於此欲退還

도사작시념 차배심가민
導師作是念 此輩甚可愍

여하욕퇴환 이실대진보
如何欲退還 而失大珍寶

심시사방편 당설신통력
尋時思方便 當設神通力

화작대성곽 장엄제사택
化作大城郭 莊嚴諸舍宅

주잡유원림 거류급욕지
周匝有園林 渠流及浴池

중문고누각 남녀개충만
重門高樓閣 男女皆充滿

즉작시화이 위중언물구
卽作是化已 慰衆言勿懼

여등입차성 각가수소락
汝等入此城 各可隨所樂

제인기입성 심개대환희
諸人旣入城 心皆大歡喜

개생안은상 자위이득도
皆生安隱想 自謂已得度

도사지식이 집중이고언
導師知息已 集衆而告言

여등당전진 차시화성이
汝等當前進 此是化城耳

아견여피극 중로욕퇴환
我見汝疲極 中路欲退還

고이방편력 권화작차성
故以方便力 權化作此城

여등근정진 당공지보소
汝等勤精進 當共至寶所

아역부여시 위일체도사
我亦復如是 爲一切導師

견제구도자 중로이해폐
見諸求道者 中路而懈廢

불능도생사 번뇌제험도
不能度生死 煩惱諸險道

고이방편력 위식설열반
故以方便力 爲息說涅槃

언여등고멸 소작개이판
言汝等苦滅 所作皆已辦

기지도열반 개득아라한
旣知到涅槃 皆得阿羅漢

이내집대중 위설진실법
爾乃集大衆 爲說眞實法

제불방편력 분별설삼승
諸佛方便力 分別說三乘

유유일불승 식처고설이
唯有一佛乘 息處故說二

금위여설실 여소득비멸
今爲汝說實 汝所得非滅

위불일체지 당발대정진
爲佛一切智 當發大精進

여증일체지 십력등불법
汝證一切智 十力等佛法

구삼십이상 내시진실멸
具三十二相 乃是眞實滅

제불지도사 위식설열반
諸佛之導師 爲息說涅槃

기지시식이 인입어불혜
旣知是息已 引入於佛慧

묘법연화경 권제사
妙法蓮華經 卷第四

오백제자수기품 제팔
五百弟子受記品 第八

이시 부루나미다라니자 종불문시 지
爾時 富樓那彌多羅尼子 從佛聞是 智

혜방편 수의설법 우문수제대제자 아
慧方便 隨宜說法 又聞授諸大弟子 阿

뇩다라삼먁삼보리기 부문숙세 인연지
耨多羅三藐三菩提記 復聞宿世 因緣之

사 부문제불 유대자재신통지력 득미
事 復聞諸佛 有大自在神通之力 得未

증유 심정용약 즉종좌기 도어불전 두
曾有 心淨踊躍 卽從座起 到於佛前 頭

면예족 각주일면 첨앙존안 목부잠사
面禮足 却住一面 瞻仰尊顔 目不暫捨

이작시념 세존심기특 소위희유 수순
而作是念 世尊甚奇特 所爲希有 隨順

세간 약간종성 이방편지견 이위설법

世間 若干種性 以方便知見 而爲說法

발출중생 처처탐착 아등 어불공덕 언

拔出衆生 處處貪著 我等 於佛功德 言

불능선 유불세존 능지아등 심심본원

不能宣 唯佛世尊 能知我等 深心本願

이시 불고제비구 여등견시부루나 미

爾時 佛告諸比丘 汝等見是富樓那 彌

다라니자부 아상칭기 어설법인중 최

多羅尼子不 我常稱其 於說法人中 最

위제일 역상탄기 종종공덕 정근호지

爲第一 亦常歎其 種種功德 精勤護持

조선아법 능어사중 시교리희 구족해

助宣我法 能於四衆 示教利喜 具足解

석 불지정법 이대요익 동범행자 자사

釋 佛之正法 而大饒益 同梵行者 自捨

여래 무능진기 언론지변 여등물위 부

如來 無能盡其 言論之辯 汝等勿謂 富

루나 단능호지 조선아법 역어과거 구

樓那 但能護持 助宣我法 亦於過去 九

십억제불소 호지조선 불지정법 어피
十億諸佛所 護持助宣 佛之正法 於彼

설법인중 역최제일 우어제불 소설공
說法人中 亦最第一 又於諸佛 所說空

법 명료통달 득사무애지 상능심제 청
法 明了通達 得四無礙智 常能審諦 淸

정설법 무유의혹 구족보살 신통지력
淨說法 無有疑惑 具足菩薩 神通之力

수기수명 상수범행 피불세인 함개위
隨其壽命 常修梵行 彼佛世人 咸皆謂

지 실시성문 이부루나 이사방편 요익
之 實是聲聞 而富樓那 以斯方便 饒益

무량 백천중생 우화무량 아승기인 영
無量 百千衆生 又化無量 阿僧祇人 令

립아뇩다라삼먁삼보리 위정불토고 상
立阿耨多羅三藐三菩提 爲淨佛土故 常

작불사 교화중생 제비구 부루나 역어
作佛事 敎化衆生 諸比丘 富樓那 亦於

칠불 설법인중 이득제일 금어아소 설
七佛 說法人中 而得第一 今於我所 說

법인중 역위제일 어현겁중 당래제불
法人中 亦爲第一 於賢劫中 當來諸佛

설법인중 역부제일 이개호지 조선불
說法人中 亦復第一 而皆護持 助宣佛

법 역어미래 호지조선 무량무변 제불
法 亦於未來 護持助宣 無量無邊 諸佛

지법 교화요익 무량중생 영립아뇩다
之法 教化饒益 無量衆生 令立阿耨多

라삼먁삼보리 위정불토고 상근정진
羅三藐三菩提 爲淨佛土故 常勤精進

교화중생 점점구족 보살지도 과무량
教化衆生 漸漸具足 菩薩之道 過無量

아승기겁 당어차토 득아뇩다라삼먁삼
阿僧祇劫 當於此土 得阿耨多羅三藐三

보리 호왈법명여래 응공 정변지 명행
菩提 號曰法明如來 應供 正遍知 明行

족 선서 세간해 무상사 조어장부 천
足 善逝 世間解 無上士 調御丈夫 天

인사 불세존 기불 이항하사등 삼천대
人師 佛世尊 其佛 以恒河沙等 三千大

천세계 위일불토 칠보위지 지평여장
千世界 爲一佛土 七寶爲地 地平如掌

무유산릉 계간구학 칠보대관 충만기
無有山陵 谿澗溝壑 七寶臺觀 充滿其

중 제천궁전 근처허공 인천교접 양득
中 諸天宮殿 近處虛空 人天交接 兩得

상견 무제악도 역무여인 일체중생 개
相見 無諸惡道 亦無女人 一切衆生 皆

이화생 무유음욕 득대신통 신출광명
以化生 無有婬欲 得大神通 身出光明

비행자재 지념견고 정진지혜 보개금
飛行自在 志念堅固 精進智慧 普皆金

색 삼십이상 이자장엄 기국중생 상이
色 三十二相 而自莊嚴 其國衆生 常以

이식 일자 법희식 이자 선열식 유무
二食 一者 法喜食 二者 禪悅食 有無

량아승기 천만억나유타 제보살중 득
量阿僧祇 千萬億那由他 諸菩薩衆 得

대신통 사무애지 선능교화 중생지류
大神通 四無礙智 善能敎化 衆生之類

기성문중 산수교계 소불능지 개득구
其聲聞衆 算數校計 所不能知 皆得具

족 육통삼명 급팔해탈 기불국토 유여
足 六通三明 及八解脫 其佛國土 有如

시등 무량공덕 장엄성취 겁명보명 국
是等 無量功德 莊嚴成就 劫名寶明 國

명선정 기불수명 무량아승기겁 법주
名善淨 其佛壽命 無量阿僧祇劫 法住

심구 불멸도후 기칠보탑 변만기국 이
甚久 佛滅度後 起七寶塔 遍滿其國 爾

시 세존 욕중선차의 이설게언
時 世尊 欲重宣此義 而說偈言

제비구제청 불자소행도
諸比丘諦聽 佛子所行道

선학방편고 불가득사의
善學方便故 不可得思議

지중락소법 이외어대지
知衆樂小法 而畏於大智

시고제보살 작성문연각
是故諸菩薩 作聲聞緣覺

이무수방편 화제중생류
以無數方便 化諸衆生類

자설시성문 거불도심원
自說是聲聞 去佛道甚遠

도탈무량중 개실득성취
度脫無量衆 皆悉得成就

수소욕해태 점당령작불
雖小欲懈怠 漸當令作佛

내비보살행 외현시성문
內秘菩薩行 外現是聲聞

소욕염생사 실자정불토
少欲厭生死 實自淨佛土

시중유삼독 우현사견상
示衆有三毒 又現邪見相

아제자여시 방편도중생
我弟子如是 方便度衆生

약아구족설 종종현화사
若我具足說 種種現化事

중생문시자 심즉회의혹
衆生聞是者 心則懷疑惑

금차부루나 어석천억불
今 此 富 樓 那 於 昔 千 億 佛

근수소행도 선호제불법
勤 修 所 行 道 宣 護 諸 佛 法

위구무상혜 이어제불소
爲 求 無 上 慧 而 於 諸 佛 所

현거제자상 다문유지혜
現 居 弟 子 上 多 聞 有 智 慧

소설무소외 능령중환희
所 說 無 所 畏 能 令 衆 歡 喜

미증유피권 이이조불사
未 曾 有 疲 倦 而 以 助 佛 事

이도대신통 구사무애지
已 度 大 神 通 具 四 無 礙 智

지제근이둔 상설청정법
知 諸 根 利 鈍 常 說 淸 淨 法

연창여시의 교제천억중
演 暢 如 是 義 敎 諸 千 億 衆

영주대승법 이자정불토
令 住 大 乘 法 而 自 淨 佛 土

미래역공양 무량무수불
未來亦供養 無量無數佛

호조선정법 역자정불토
護助宣正法 亦自淨佛土

상이제방편 설법무소외
常以諸方便 說法無所畏

도불가계중 성취일체지
度不可計衆 成就一切智

공양제여래 호지법보장
供養諸如來 護持法寶藏

기후득성불 호명왈법명
其後得成佛 號名曰法明

기국명선정 칠보소합성
其國名善淨 七寶所合成

겁명위보명 보살중심다
劫名爲寶明 菩薩衆甚多

기수무량억 개도대신통
其數無量億 皆度大神通

위덕력구족 충만기국토
威德力具足 充滿其國土

성문역무수 삼명팔해탈
聲聞亦無數 三明八解脫

득사무애지 이시등위승
得四無礙智 以是等爲僧

기국제중생 음욕개이단
其國諸衆生 婬欲皆已斷

순일변화생 구상장엄신
純一變化生 具相莊嚴身

법희선열식 갱무여식상
法喜禪悅食 更無餘食想

무유제여인 역무제악도
無有諸女人 亦無諸惡道

부루나비구 공덕실성만
富樓那比丘 功德悉成滿

당득사정토 현성중심다
當得斯淨土 賢聖衆甚多

여시무량사 아금단약설
如是無量事 我今但略說

이시 천이백아라한 심자재자 작시념
爾時 千二百阿羅漢 心自在者 作是念

아등환희 득미증유 약세존 각견수기
我等歡喜 得未曾有 若世尊 各見授記

여여대제자자 불역쾌호 불지차등 심
如餘大弟子者 不亦快乎 佛知此等 心

지소념 고마하가섭 시천이백아라한
之所念 告摩訶迦葉 是千二百阿羅漢

아금당현전 차제여수 아뇩다라삼먁삼
我今當現前 次第與授 阿耨多羅三藐三

보리기 어차중중 아대제자 교진여비
菩提記 於此衆中 我大弟子 憍陳如比

구 당공양 육만이천억불 연후 득성위
丘 當供養 六萬二千億佛 然後 得成爲

불 호왈보명여래 응공 정변지 명행족
佛 號曰普明如來 應供 正遍知 明行足

선서 세간해 무상사 조어장부 천인사
善逝 世間解 無上士 調御丈夫 天人師

불세존 기오백아라한 우루빈나가섭
佛世尊 其五百阿羅漢 優樓頻螺迦葉

가야가섭 나제가섭 가류타이 우타이
伽耶迦葉 那提迦葉 迦留陀夷 優陀夷

아누루타 이바다 겁빈나 박구라 주타
阿㝹樓馱 離婆多 劫賓那 薄拘羅 周陀

사가타등 개당득 아뇩다라삼먁삼보리
莎伽陀等 皆當得 阿耨多羅三藐三菩提

진동일호 명왈보명 이시 세존 욕중선
盡同一號 名曰普明 爾時 世尊 欲重宣

차의 이설게언
此義 而說偈言

교진여비구 당견무량불
憍陳如比丘 當見無量佛

과아승기겁 내성등정각
過阿僧祇劫 乃成等正覺

상방대광명 구족제신통
常放大光明 具足諸神通

명문변시방 일체지소경
名聞遍十方 一切之所敬

상설무상도 고호위보명
常說無上道 故號爲普明

기국토청정 보살개용맹
其國土淸淨 菩薩皆勇猛

함승묘루각 유제시방국
咸昇妙樓閣 遊諸十方國

이무상공구 봉헌어제불
以無上供具 奉獻於諸佛

작시공양이 심회대환희
作是供養已 心懷大歡喜

수유환본국 유여시신력
須臾還本國 有如是神力

불수육만겁 정법주배수
佛壽六萬劫 正法住倍壽

상법부배시 법멸천인우
像法復倍是 法滅天人憂

기오백비구 차제당작불
其五百比丘 次第當作佛

동호왈보명 전차이수기
同號曰普明 轉次而授記

아멸도지후 모갑당작불
我滅度之後 某甲當作佛

기소화세간 역여아금일
其所化世間 亦如我今日

국토지엄정 급제신통력
國土之嚴淨 及諸神通力

보살성문중 정법급상법
菩薩聲聞衆 正法及像法

수명겁다소 개여상소설
壽命劫多少 皆如上所說

가섭여이지 오백자재자
迦葉汝已知 五百自在者

여제성문중 역당부여시
餘諸聲聞衆 亦當復如是

기부재차회 여당위선설
其不在此會 汝當爲宣說

이시 오백아라한 어불전 득수기이 환
爾時 五百阿羅漢 於佛前 得受記已 歡

희용약 즉종좌기 도어불전 두면예족
喜踊躍 卽從座起 到於佛前 頭面禮足

회과자책 세존 아등상작시념 자위이
悔過自責 世尊 我等常作是念 自謂已

득 구경멸도 금내지지 여무지자 소이
得 究竟滅度 今乃知之 如無智者 所以

자하 아등 응득여래지혜 이변자이소
者何 我等 應得如來智慧 而便自以小

지위족 세존 비여유인 지친우가 취주
智爲足 世尊 譬如有人 至親友家 醉酒

이와 시시친우 관사당행 이무가보주
而臥 是時親友 官事當行 以無價寶珠

계기의리 여지이거 기인취와 도불각
繫其衣裏 與之而去 其人醉臥 都不覺

지 기이유행 도어타국 위의식고 근력
知 起已遊行 到於他國 爲衣食故 勤力

구색 심대간난 약소유소득 변이위족
求索 甚大艱難 若少有所得 便以爲足

어후친우 회우견지 이작시언 돌재장
於後親友 會遇見之 而作是言 咄哉丈

부 하위의식 내지여시 아석욕령여득
夫 何爲衣食 乃至如是 我昔欲令汝得

안락 오욕자자 어모년일월 이무가보
安樂 五欲自恣 於某年日月 以無價寶

주 계여의리 금고현재 이여부지 근고
珠 繫汝衣裏 今故現在 而汝不知 勤苦

우뇌 이구자활 심위치야 여금가이차
憂惱 以求自活 甚爲癡也 汝今可以此

보 무역소수 상가여의 무소핍단 불역
寶 貿易所須 常可如意 無所乏短 佛亦

여시 위보살시 교화아등 영발일체지
如是 爲菩薩時 敎化我等 令發一切智

심 이심폐망 부지불각 기득아라한도
心 而尋廢忘 不知不覺 旣得阿羅漢道

자위멸도 자생간난 득소위족 일체지
自謂滅度 資生艱難 得少爲足 一切智

원 유재불실 금자세존 각오아등 작여
願 猶在不失 今者世尊 覺悟我等 作如

시언 제비구 여등소득 비구경멸 아구
是言 諸比丘 汝等所得 非究竟滅 我久

령여등 종불선근 이방편고 시열반상
令汝等 種佛善根 以方便故 示涅槃相

이여위위 실득멸도 세존 아금내지 실
而汝謂爲 實得滅度 世尊 我今乃知 實

시보살 득수아뇩다라삼먁삼보리기 이
是菩薩 得受阿耨多羅三藐三菩提記 以

시인연 심대환희 득미증유 이시 아야
是因緣 甚大歡喜 得未曾有 爾時 阿若

교진여등 욕중선차의 이설게언
憍陳如等 欲重宣此義 而說偈言

아등문무상 안은수기성
我等聞無上 安隱授記聲

환희미증유 예무량지불
歡喜未曾有 禮無量智佛

금어세존전 자회제과구
今於世尊前 自悔諸過咎

어무량불보 득소열반분
於無量佛寶 得少涅槃分

여무지우인 변자이위족
如無智愚人 便自以爲足

비여빈궁인 왕지친우가
譬如貧窮人 往至親友家

기가심대부 구설제효선
其家甚大富 具設諸餚饍

이무가보주 계착내의리
以無價寶珠 繫著內衣裏

묵여이사거 시와불각지
默與而捨去 時臥不覺知

시인기이기 유행예타국
是人既已起 遊行詣他國

구의식자제 자생심간난
求衣食自濟 資生甚艱難

득소변위족 갱불원호자
得少便爲足 更不願好者

불각내의리 유무가보주
不覺內衣裏 有無價寶珠

여주지친우 후견차빈인
與珠之親友 後見此貧人

고절책지이 시이소계주
苦切責之已 示以所繫珠

빈인견차주 기심대환희
貧人見此珠 其心大歡喜

부유제재물 오욕이자자
富有諸財物 五欲而自恣

아등역여시 세존어장야
我等亦如是 世尊於長夜

상민견교화 영종무상원
常愍見教化 令種無上願

아등무지고 불각역부지
我等無智故 不覺亦不知

득소열반분 자족불구여
得少涅槃分 自足不求餘

금불각오아 언비실멸도
今佛覺悟我 言非實滅度

득불무상혜 이내위진멸
得佛無上慧 爾乃爲眞滅

아금종불문 수기장엄사
我今從佛聞 授記莊嚴事

급전차수결 신심변환희
及轉次受決 身心遍歡喜

수학무학인기품 제구
授學無學人記品 第九

이시 아난 라후라 이작시념 아등 매
爾時 阿難 羅睺羅 而作是念 我等 每

자사유 설득수기 불역쾌호 즉종좌기
自思惟 設得授記 不亦快乎 卽從座起

도어불전 두면예족 구백불언 세존 아
到於佛前 頭面禮足 俱白佛言 世尊 我

등어차 역응유분 유유여래 아등소귀
等於此 亦應有分 唯有如來 我等所歸

우아등 위일체세간 천인아수라 소견
又我等 爲一切世間 天人阿修羅 所見

지식 아난 상위시자 호지법장 라후라
知識 阿難 常爲侍者 護持法藏 羅睺羅

시불지자 약불견수 아녹다라삼먁삼보
是佛之子 若佛見授 阿耨多羅三藐三菩

리기자 아원기만 중망역족 이시 학무
提記者 我願旣滿 衆望亦足 爾時 學無

학성문제자 이천인 개종좌기 편단우
學聲聞弟子 二千人 皆從座起 偏袒右

견 도어불전 일심합장 첨앙세존 여아
肩 到於佛前 一心合掌 瞻仰世尊 如阿

난 라후라소원 주립일면 이시 불고아
難 羅睺羅所願 住立一面 爾時 佛告阿

난 여어내세 당득작불 호산해혜자재
難 汝於來世 當得作佛 號山海慧自在

통왕여래 응공 정변지 명행족 선서
通王如來 應供 正遍知 明行足 善逝

세간해 무상사 조어장부 천인사 불세
世間解 無上士 調御丈夫 天人師 佛世

존 당공양 육십이억제불 호지법장 연
尊 當供養 六十二億諸佛 護持法藏 然

후 득아뇩다라삼먁삼보리 교화이십천
後 得阿耨多羅三藐三菩提 敎化二十千

만억 항하사 제보살등 영성아뇩다라
萬億 恒河沙 諸菩薩等 令成阿耨多羅

삼먁삼보리 국명상립승번 기토청정
三藐三菩提 國名常立勝幡 其土淸淨

유리위지 겁명묘음변만 기불수명 무
琉璃爲地 劫名妙音遍滿 其佛壽命 無

량천만억 아승기겁 약인어천만억 무
量千萬億 阿僧祇劫 若人於千萬億 無

량아승기겁중 산수교계 불능득지 정
量阿僧祇劫中 算數校計 不能得知 正

법주세 배어수명 상법주세 부배정법
法住世 倍於壽命 像法住世 復倍正法

아난 시산해혜자재통왕불 위시방무량
阿難 是山海慧自在通王佛 爲十方無量

천만억 항하사등 제불여래 소공찬탄
千萬億 恒河沙等 諸佛如來 所共讚歎

칭기공덕 이시 세존 욕중선차의 이설
稱其功德 爾時 世尊 欲重宣此義 而說

게언
偈言

아금승중설 아난지법자
我今僧中說 阿難持法者

당공양제불 연후성정각
當供養諸佛 然後成正覺

호왈산해혜 자재통왕불
號曰山海慧 自在通王佛

기국토청정 명상립승번
其國土淸淨 名常立勝幡

교화제보살 기수여항사
敎化諸菩薩 其數如恒沙

불유대위덕 명문만시방
佛有大威德 名聞滿十方

수명무유량 이민중생고
壽命無有量 以愍衆生故

정법배수명 상법부배시
正法倍壽命 像法復倍是

여항하사등 무수제중생
如恒河沙等 無數諸衆生

어차불법중 종불도인연
於此佛法中 種佛道因緣

이시회중 신발의보살 팔천인 함작시
爾時會中 新發意菩薩 八千人 咸作是

념 아등상불문 제대보살 득여시기 유
念 我等尙不聞 諸大菩薩 得如是記 有

하인연 이제성문 득여시결 이시 세존
何因緣 而諸聲聞 得如是決 爾時 世尊

지제보살 심지소념 이고지왈 제선남
知諸菩薩 心之所念 而告之曰 諸善男

자 아여아난등 어공왕불소 동시 발아
子 我與阿難等 於空王佛所 同時 發阿

뇩다라삼먁삼보리심 아난상락다문 아
耨多羅三藐三菩提心 阿難常樂多聞 我

상근정진 시고 아이득성 아뇩다라삼
常勤精進 是故 我已得成 阿耨多羅三

먁삼보리 이아난 호지아법 역호장래
藐三菩提 而阿難 護持我法 亦護將來

제불법장 교화성취 제보살중 기본원
諸佛法藏 教化成就 諸菩薩衆 其本願

여시 고획사기 아난 면어불전 자문수
如是 故獲斯記 阿難 面於佛前 自聞授

기 급국토장엄 소원구족 심대환희 득
記 及國土莊嚴 所願具足 心大歡喜 得

미증유 즉시억념 과거무량천만억 제
未曾有 卽時憶念 過去無量千萬億 諸

불법장 통달무애 여금소문 역식본원
佛法藏 通達無礙 如今所聞 亦識本願

이시 아난 이설게언
爾時 阿難 而說偈言

세존심희유 영아념과거
世尊甚希有 令我念過去

무량제불법 여금일소문
無量諸佛法 如今日所聞

아금무부의 안주어불도
我今無復疑 安住於佛道

방편위시자 호지제불법
方便爲侍者 護持諸佛法

이시 불고라후라 여어내세 당득작불
爾時 佛告羅睺羅 汝於來世 當得作佛

호도칠보화여래 응공 정변지 명행족
號蹈七寶華如來 應供 正遍知 明行足

선서 세간해 무상사 조어장부 천인사
善逝 世間解 無上士 調御丈夫 天人師

불세존 당공양십세계 미진등수 제불
佛世尊 當供養十世界 微塵等數 諸佛

여래 상위제불 이작장자 유여금야 시
如來 常爲諸佛 而作長子 猶如今也 是

도칠보화불 국토장엄 수명겁수 소화
蹈七寶華佛 國土莊嚴 壽命劫數 所化

제자 정법상법 역여산해혜자재통왕
弟子 正法像法 亦如山海慧自在通王

여래무이 역위차불 이작장자 과시이
如來無異 亦爲此佛 而作長子 過是已

후 당득아뇩다라삼먁삼보리 이시 세
後 當得阿耨多羅三藐三菩提 爾時 世

존 욕중선차의 이설게언
尊 欲重宣此義 而說偈言

아위태자시 라후위장자
我爲太子時 羅睺爲長子

아금성불도 수법위법자
我今成佛道 受法爲法子

어미래세중 견무량억불
於未來世中 見無量億佛

개위기장자 일심구불도
皆爲其長子 一心求佛道

라후라밀행 유아능지지
羅睺羅密行 唯我能知之

현위아장자 이시제중생
現爲我長子 以示諸衆生

무량억천만 공덕불가수
無量億千萬 功德不可數

안주어불법 이구무상도
安住於佛法 以求無上道

이시 세존 견학무학이천인 기의유연
爾時 世尊 見學無學二千人 其意柔軟

적연청정 일심관불 불고아난 여견시
寂然淸淨 一心觀佛 佛告阿難 汝見是

학무학 이천인부 유연이견 아난 시제
學無學 二千人不 唯然已見 阿難 是諸

인등 당공양 오십세계미진수 제불여
人等 當供養 五十世界微塵數 諸佛如

래 공경존중 호지법장 말후동시 어시
來 恭敬尊重 護持法藏 末後同時 於十

방국 각득성불 개동일호 명왈보상여
方國 各得成佛 皆同一號 名曰寶相如

래 응공 정변지 명행족 선서 세간해
來 應供 正遍知 明行足 善逝 世間解

무상사 조어장부 천인사 불세존 수명
無上士 調御丈夫 天人師 佛世尊 壽命

일겁 국토장엄 성문보살 정법상법 개
一劫 國土莊嚴 聲聞菩薩 正法像法 皆

실동등 이시 세존 욕중선차의 이설게
悉同等 爾時 世尊 欲重宣此義 而說偈

언
言

시이천성문 금어아전주
是二千聲聞 今於我前住

실개여수기 미래당성불
悉皆與授記 未來當成佛

소공양제불 여상설진수
所供養諸佛 如上說塵數

호지기법장 후당성정각
護持其法藏 後當成正覺

각어시방국 실동일명호
各於十方國 悉同一名號

구시좌도량 이증무상혜
俱時坐道場 以證無上慧

개명위보상 국토급제자
皆名爲寶相 國土及弟子

정법여상법 실등무유이
正法與像法 悉等無有異

함이제신통 도시방중생
咸以諸神通 度十方衆生

명문보주변 점입어열반
名聞普周遍 漸入於涅槃

이시 학무학이천인 문불수기 환희용
爾時 學無學二千人 聞佛授記 歡喜踊

약 이설게언
躍 而說偈言

세존혜등명 아문수기음
世尊慧燈明 我聞授記音

심환희충만 여감로견관
心歡喜充滿 如甘露見灌

법사품 제십
法師品 第十

이시 세존 인약왕보살 고팔만대사 약
爾時 世尊 因藥王菩薩 告八萬大士 藥

왕 여견시대중중 무량제천 용왕야차
王 汝見是大衆中 無量諸天 龍王夜叉

건달바아수라 가루라긴나라 마후라가
乾闥婆阿修羅 迦樓羅緊那羅 摩睺羅伽

인여비인 급비구비구니 우바새우바이
人與非人 及比丘比丘尼 優婆塞優婆夷

구성문자 구벽지불자 구불도자 여시
求聲聞者 求辟支佛者 求佛道者 如是

등류 함어불전 문묘법화경 일게일구
等類 咸於佛前 聞妙法華經 一偈一句

내지일념수희자 아개여수기 당득아뇩
乃至一念隨喜者 我皆與授記 當得阿耨

다라삼먁삼보리 불고약왕 우여래 멸
多羅三藐三菩提 佛告藥王 又如來 滅

도지후 약유인 문묘법화경 내지일게
度之後 若有人 聞妙法華經 乃至一偈

일구 일념수희자 아역여수 아뇩다라
一句 一念隨喜者 我亦與授 阿耨多羅

삼먁삼보리기 약부유인 수지독송 해
三藐三菩提記 若復有人 受持讀誦 解

설서사 묘법화경 내지일게 어차경권
說書寫 妙法華經 乃至一偈 於此經卷

경시여불 종종공양 화향영락 말향도
敬視如佛 種種供養 華香瓔珞 抹香塗

향소향 증개당번 의복기악 내지합장
香燒香 繒蓋幢幡 衣服伎樂 乃至合掌

공경 약왕당지 시제인등 이증공양 십
恭敬 藥王當知 是諸人等 已曾供養 十

만억불 어제불소 성취대원 민중생고
萬億佛 於諸佛所 成就大願 愍衆生故

생차인간 약왕 약유인문 하등중생 어
生此人間 藥王 若有人問 何等衆生 於

미래세 당득작불 응시시제인등 어미
未來世 當得作佛 應示是諸人等 於未

래세 필득작불 하이고 약선남자선여
來世 必得作佛 何以故 若善男子善女

인 어법화경 내지일구 수지독송 해설
人 於法華經 乃至一句 受持讀誦 解說

서사 종종공양경권 화향영락 말향도
書寫 種種供養經卷 華香瓔珞 抹香塗

향소향 증개당번 의복기악 합장공경
香燒香 繒蓋幢幡 衣服伎樂 合掌恭敬

시인 일체세간 소응첨봉 응이여래공
是人 一切世間 所應瞻奉 應以如來供

양 이공양지 당지차인 시대보살 성취
養 而供養之 當知此人 是大菩薩 成就

아뇩다라삼먁삼보리 애민중생 원생차
阿耨多羅三藐三菩提 哀愍衆生 願生此

간 광연분별 묘법화경 하황진능수지
間 廣演分別 妙法華經 何況盡能受持

종종공양자 약왕 당지시인 자사청정
種種供養者 藥王 當知是人 自捨淸淨

업보 어아멸도후 민중생고 생어악세
業報 於我滅度後 愍衆生故 生於惡世

광연차경 약시선남자선여인 아멸도후
廣演此經 若是善男子善女人 我滅度後

능절위일인 설법화경 내지일구 당지
能竊爲一人 說法華經 乃至一句 當知

시인 즉여래사 여래소견 행여래사 하
是人 則如來使 如來所遣 行如來事 何

황어대중중 광위인설 약왕 약유악인
況於大衆中 廣爲人說 藥王 若有惡人

이불선심 어일겁중 현어불전 상훼매
以不善心 於一劫中 現於佛前 常毁罵

불 기죄상경 약인이일악언 훼자재가
佛 其罪尙輕 若人以一惡言 毁呰在家

출가 독송법화경자 기죄심중 약왕 기
出家 讀誦法華經者 其罪甚重 藥王 其

유독송 법화경자 당지시인 이불장엄
有讀誦 法華經者 當知是人 以佛莊嚴

이자장엄 즉위여래 견소하담 기소지
而自莊嚴 則爲如來 肩所荷擔 其所至

방 응수향례 일심합장 공경공양 존중
方 應隨向禮 一心合掌 恭敬供養 尊重

찬탄 화향영락 말향도향소향 증개당
讚歎 華香瓔珞 抹香塗香燒香 繒蓋幢

번 의복효찬 작제기악 인중상공 이공
幡 衣服餚饌 作諸伎樂 人中上供 而供

양지 응지천보 이이산지 천상보취 응
養之 應持天寶 而以散之 天上寶聚 應

이봉헌 소이자하 시인 환희설법 수유
以奉獻 所以者何 是人 歡喜說法 須臾

문지 즉득구경 아뇩다라삼먁삼보리고
聞之 卽得究竟 阿耨多羅三藐三菩提故

이시 세존 욕중선차의 이설게언
爾時 世尊 欲重宣此義 而說偈言

약욕주불도 성취자연지
若欲住佛道 成就自然智

상당근공양 수지법화자
常當勤供養 受持法華者

기유욕질득 일체종지혜
其有欲疾得 一切種智慧

당수지시경 병공양지자
當受持是經 幷供養持者

약유능수지 묘법화경자
若有能受持 妙法華經者

당지불소사 민념제중생
當知佛所使 愍念諸衆生

제유능수지 묘법화경자
諸有能受持 妙法華經者

사어청정토 민중고생차
捨於淸淨土 愍衆故生此

당지여시인 자재소욕생
當知如是人 自在所欲生

능어차악세 광설무상법
能於此惡世 廣說無上法

응이천화향 급천보의복
應以天華香 及天寶衣服

천상묘보취 공양설법자
天上妙寶聚 供養說法者

오멸후악세 능지시경자
吾滅後惡世 能持是經者

당합장예경 여공양세존
當合掌禮敬 如供養世尊

상찬중감미 급종종의복
上饌衆甘美 及種種衣服

공양시불자 기득수유문
供養是佛子 冀得須臾聞

약능어후세 수지시경자
若能於後世 受持是經者

아견재인중 행어여래사
我遣在人中 行於如來事

약어일겁중 상회불선심
若於一劫中 常懷不善心

작색이매불 획무량중죄
作色而罵佛 獲無量重罪

기유독송지 시법화경자
其有讀誦持 是法華經者

수유가악언 기죄부과피
須臾加惡言 其罪復過彼

유인구불도 이어일겁중
有人求佛道 而於一劫中

합장재아전 이무수게찬
合掌在我前 以無數偈讚

유시찬불고 득무량공덕
由是讚佛故 得無量功德

탄미지경자 기복부과피
歎美持經者 其福復過彼

어팔십억겁 이최묘색성
於八十億劫 以最妙色聲

급여향미촉 공양지경자
及與香味觸 供養持經者

여시공양이 약득수유문
如是供養已 若得須臾聞

즉응자흔경 아금획대리
則應自欣慶 我今獲大利

약왕금고여 아소설제경
藥王今告汝 我所說諸經

이어차경중 법화최제일
而於此經中 法華最第一

이시 불부고약왕보살마하살 아소설경
爾時 佛復告藥王菩薩摩訶薩 我所說經

전 무량천만억 이설금설당설 이어기
典 無量千萬億 已說今說當說 而於其

중 차법화경 최위난신난해 약왕 차경
中 此法華經 最爲難信難解 藥王 此經

시제불비요지장 불가분포 망수여인
是諸佛秘要之藏 不可分布 妄授與人

제불세존 지소수호 종석이래 미증현
諸佛世尊 之所守護 從昔已來 未曾顯

설 이차경자 여래현재 유다원질 황멸
說 而此經者 如來現在 猶多怨嫉 況滅

도후 약왕당지 여래멸후 기능서지 독
度後 藥王當知 如來滅後 其能書持 讀

송공양 위타인설자 여래즉위 이의부
誦供養 爲他人說者 如來則爲 以衣覆

지 우위타방 현재제불 지소호념 시인
之 又爲他方 現在諸佛 之所護念 是人

유대신력 급지원력 제선근력 당지시
有大信力 及志願力 諸善根力 當知是

인 여여래공숙 즉위여래 수마기두 약
人 與如來共宿 則爲如來 手摩其頭 藥

왕 재재처처 약설약독 약송약서 약경
王 在在處處 若說若讀 若誦若書 若經

권소주처 개응기칠보탑 극령고광엄식
卷所住處 皆應起七寶塔 極令高廣嚴飾

불수부안사리 소이자하 차중이유여래
不須復安舍利 所以者何 此中已有如來

전신 차탑 응이일체 화향영락 증개당
全身 此塔 應以一切 華香瓔珞 繒蓋幢

번 기악가송 공양공경 존중찬탄 약유
幡 伎樂歌頌 供養恭敬 尊重讚歎 若有

인 득견차탑 예배공양 당지시등 개근
人 得見此塔 禮拜供養 當知是等 皆近

아뇩다라삼먁삼보리 약왕 다유인 재
阿耨多羅三藐三菩提 藥王 多有人 在

가출가 행보살도 약불능득 견문독송
家出家 行菩薩道 若不能得 見聞讀誦

서지공양 시법화경자 당지시인 미선
書持供養 是法華經者 當知是人 未善

행보살도 약유득문 시경전자 내능선
行菩薩道 若有得聞 是經典者 乃能善

행 보살지도 기유중생 구불도자 약견
行 菩薩之道 其有衆生 求佛道者 若見

약문 시법화경 문이신해 수지자 당지
若聞 是法華經 聞已信解 受持者 當知

시인 득근아뇩다라삼먁삼보리 약왕
是人 得近阿耨多羅三藐三菩提 藥王

비여유인 갈핍수수 어피고원 천착구
譬如有人 渴乏須水 於彼高原 穿鑿求

지 유견건토 지수상원 시공불이 전견
之 猶見乾土 知水尚遠 施功不已 轉見

습토 수점지니 기심결정 지수필근 보
濕土 遂漸至泥 其心決定 知水必近 菩

살 역부여시 약미문미해 미능수습 시
薩 亦復如是 若未聞未解 未能修習 是

법화경자 당지시인 거아뇩다라삼먁삼
法華經者 當知是人 去阿耨多羅三藐三

보리 상원 약득문해 사유수습 필지득
菩提 尚遠 若得聞解 思惟修習 必知得

근 아뇩다라삼먁삼보리 소이자하 일
近 阿耨多羅三藐三菩提 所以者何 一

체보살 아뇩다라삼먁삼보리 개속차경
切菩薩 阿耨多羅三藐三菩提 皆屬此經

차경 개방편문 시진실상 시법화경장
此經 開方便門 示眞實相 是法華經藏

심고유원 무인능도 금불교화 성취보
深固幽遠 無人能到 今佛教化 成就菩

살 이위개시 약왕 약유보살 문시법화
薩 而爲開示 藥王 若有菩薩 聞是法華

경 경의포외 당지시위 신발의보살 약
經 驚疑怖畏 當知是爲 新發意菩薩 若

성문인 문시경 경의포외 당지시위 증
聲聞人 聞是經 驚疑怖畏 當知是爲 增

상만자 약왕 약유선남자선여인 여래
上慢者 藥王 若有善男子善女人 如來

멸후 욕위사중 설시법화경자 운하응
滅後 欲爲四衆 說是法華經者 云何應

설 시선남자선여인 입여래실 착여래
說 是善男子善女人 入如來室 著如來

의 좌여래좌 이내응위사중 광설사경
衣 坐如來座 爾乃應爲四衆 廣說斯經

여래실자 일체중생중 대자비심시 여
如來室者 一切衆生中 大慈悲心是 如

래의자 유화인욕심시 여래좌자 일체
來衣者 柔和忍辱心是 如來座者 一切

법공시 안주시중 연후 이불해태심 위
法空是 安住是中 然後 以不懈怠心 爲

제보살 급사중 광설시법화경 약왕 아
諸菩薩 及四衆 廣說是法華經 藥王 我

어여국 견화인 위기집청법중 역견화
於餘國 遣化人 爲其集聽法衆 亦遣化

비구비구니 우바새우바이 청기설법
比丘比丘尼 優婆塞優婆夷 聽其說法

시제화인 문법신수 수순불역 약설법
是諸化人 聞法信受 隨順不逆 若說法

자 재공한처 아시광견 천룡귀신 건달
者 在空閑處 我時廣遣 天龍鬼神 乾闥

바 아수라등 청기설법 아수재이국 시
婆 阿修羅等 聽其說法 我雖在異國 時

시 영설법자 득견아신 약어차경 망실
時 令說法者 得見我身 若於此經 忘失

구두 아환위설 영득구족 이시 세존
句逗 我還爲說 令得具足 爾時 世尊

욕중선차의 이설게언
欲重宣此義 而說偈言

욕사제해태 응당청차경
欲捨諸懈怠 應當聽此經

시경난득문 신수자역난
是經難得聞 信受者亦難

여인갈수수 천착어고원
如人渴須水 穿鑿於高原

유견건조토 지거수상원
猶見乾燥土 知去水尙遠

점견습토니 결정지근수
漸見濕土泥 決定知近水

약왕여당지 여시제인등
藥王汝當知 如是諸人等

불문법화경 거불지심원
不聞法華經 去佛智甚遠

약문시심경 결료성문법
若聞是深經 決了聲聞法

시제경지왕 문이제사유
是諸經之王 聞已諦思惟

당지차인등 근어불지혜
當知此人等 近於佛智慧

약인설차경 응입여래실
若人說此經 應入如來室

착어여래의 이좌여래좌
著於如來衣 而坐如來座

처중무소외 광위분별설
處衆無所畏 廣爲分別說

대자비위실 유화인욕의
大慈悲爲室 柔和忍辱衣

제법공위좌 처차위설법
諸法空爲座 處此爲說法

약설차경시 유인악구매
若說此經時 有人惡口罵

가도장와석 염불고응인
加刀杖瓦石 念佛故應忍

아천만억토 현정견고신
我千萬億土 現淨堅固身

어무량억겁 위중생설법
於無量億劫 爲衆生說法

약아멸도후 능설차경자
若我滅度後 能說此經者

아견화사중 비구비구니
我遣化四衆 比丘比丘尼

급청신사녀 공양어법사
及淸信士女 供養於法師

인도제중생 집지령청법
引導諸衆生 集之令聽法

약인욕가악 도장급와석
若人欲加惡 刀杖及瓦石

즉견변화인 위지작위호
則遣變化人 爲之作衛護

약설법지인 독재공한처
若說法之人 獨在空閑處

적막무인성 독송차경전
寂寞無人聲 讀誦此經典

아이시위현 청정광명신
我爾時爲現 淸淨光明身

약망실장구 위설령통리
若忘失章句 爲說令通利

약인구시덕 혹위사중설
若 人 具 是 德 或 爲 四 衆 說

공처독송경 개득견아신
空 處 讀 誦 經 皆 得 見 我 身

약인재공한 아견천룡왕
若 人 在 空 閑 我 遣 天 龍 王

야차귀신등 위작청법중
夜 叉 鬼 神 等 爲 作 聽 法 衆

시인요설법 분별무가애
是 人 樂 說 法 分 別 無 罣 礙

제불호념고 능령대중희
諸 佛 護 念 故 能 令 大 衆 喜

약친근법사 속득보살도
若 親 近 法 師 速 得 菩 薩 道

수순시사학 득견항사불
隨 順 是 師 學 得 見 恒 沙 佛

견보탑품 제십일
見寶塔品 第十一

이시 불전 유칠보탑 고오백유순 종광
爾時 佛前 有七寶塔 高五百由旬 縱廣

이백오십유순 종지용출 주재공중 종
二百五十由旬 從地涌出 住在空中 種

종보물 이장교지 오천난순 감실천만
種寶物 而莊校之 五千欄楯 龕室千萬

무수당번 이위엄식 수보영락 보령만
無數幢幡 以爲嚴飾 垂寶瓔珞 寶鈴萬

억 이현기상 사면개출 다마라발 전단
億 而懸其上 四面皆出 多摩羅跋 栴檀

지향 충변세계 기제번개 이금은유리
之香 充遍世界 其諸幡蓋 以金銀琉璃

자거마노 진주매괴 칠보합성 고지사
硨磲瑪瑙 眞珠玫瑰 七寶合成 高至四

천왕궁 삼십삼천 우천만다라화 공양
天王宮 三十三天 雨天曼陀羅華 供養

보탑 여제천룡야차 건달바아수라 가
寶塔 餘諸天龍夜叉 乾闥婆阿修羅 迦

루라긴나라 마후라가 인비인등 천만
樓羅緊那羅 摩睺羅伽 人非人等 千萬

억중 이일체화향영락 번개기악 공양
億衆 以一切華香瓔珞 幡蓋伎樂 供養

보탑 공경존중찬탄 이시 보탑중 출대
寶塔 恭敬尊重讚歎 爾時 寶塔中 出大

음성 탄언 선재선재 석가모니세존 능
音聲 歎言 善哉善哉 釋迦牟尼世尊 能

이평등대혜 교보살법 불소호념 묘법
以平等大慧 敎菩薩法 佛所護念 妙法

화경 위대중설 여시여시 석가모니세
華經 爲大衆說 如是如是 釋迦牟尼世

존 여소설자 개시진실 이시 사중 견
尊 如所說者 皆是眞實 爾時 四衆 見

대보탑 주재공중 우문탑중 소출음성
大寶塔 住在空中 又聞塔中 所出音聲

개득법희 괴미증유 종좌이기 공경합
皆得法喜 怪未曾有 從座而起 恭敬合

장 각주일면 이시 유보살마하살 명대
掌 却住一面 爾時 有菩薩摩訶薩 名大

요설 지일체세간 천인아수라등 심지
樂說 知一切世間 天人阿修羅等 心之

소의 이백불언 세존 이하인연 유차보
所疑 而白佛言 世尊 以何因緣 有此寶

탑 종지용출 우어기중 발시음성 이시
塔 從地涌出 又於其中 發是音聲 爾時

불고대요설보살 차보탑중 유여래전신
佛告大樂說菩薩 此寶塔中 有如來全身

내왕과거 동방무량천만억 아승기세계
乃往過去 東方無量千萬億 阿僧祇世界

국명보정 피중유불 호왈다보 기불 행
國名寶淨 彼中有佛 號曰多寶 其佛 行

보살도시 작대서원 약아성불 멸도지
菩薩道時 作大誓願 若我成佛 滅度之

후 어시방국토 유설법화경처 아지탑
後 於十方國土 有說法華經處 我之塔

묘 위청시경고 용현기전 위작증명 찬
廟 爲聽是經故 涌現其前 爲作證明 讚

언선재 피불성도이 임멸도시 어천인
言善哉 彼佛成道已 臨滅度時 於天人

대중중 고제비구 아멸도후 욕공양아
大衆中 告諸比丘 我滅度後 欲供養我

전신자 응기일대탑 기불 이신통원력
全身者 應起一大塔 其佛 以神通願力

시방세계 재재처처 약유설법화경자
十方世界 在在處處 若有說法華經者

피지보탑 개용출기전 전신재어탑중
彼之寶塔 皆涌出其前 全身在於塔中

찬언 선재선재 대요설 금다보여래탑
讚言 善哉善哉 大樂說 今多寶如來塔

문설법화경고 종지용출 찬언 선재선
聞說法華經故 從地涌出 讚言 善哉善

재 시시 대요설보살 이여래신력고 백
哉 是時 大樂說菩薩 以如來神力故 白

불언 세존 아등 원욕견차불신 불고대
佛言 世尊 我等 願欲見此佛身 佛告大

요설보살마하살 시다보불 유심중원
樂說菩薩摩訶薩 是多寶佛 有深重願

약아보탑 위청법화경고 출어제불전시
若我寶塔 爲聽法華經故 出於諸佛前時

기유욕이아신 시사중자 피불분신제불
其有欲以我身 示四衆者 彼佛分身諸佛

재어시방세계설법 진환집일처 연후
在於十方世界說法 盡還集一處 然後

아신내출현이 대요설 아분신제불 재
我身乃出現耳 大樂說 我分身諸佛 在

어시방세계 설법자 금응당집 대요설
於十方世界 說法者 今應當集 大樂說

백불언 세존 아등 역원욕견 세존분신
白佛言 世尊 我等 亦願欲見 世尊分身

제불 예배공양 이시 불방백호일광 즉
諸佛 禮拜供養 爾時 佛放白毫一光 卽

견동방오백만억 나유타 항하사등 국
見東方五百萬億 那由他 恒河沙等 國

토제불 피제국토 개이파려위지 보수
土諸佛 彼諸國土 皆以玻瓈爲地 寶樹

보의 이위장엄 무수천만억보살 충만
寶衣 以爲莊嚴 無數千萬億菩薩 充滿

기중 변장보만 보망라상 피국제불 이
其中 遍張寶幔 寶網羅上 彼國諸佛 以

대묘음 이설제법 급견무량 천만억보
大妙音 而說諸法 及見無量 千萬億菩

살 변만제국 위중설법 남서북방 사유
薩 遍滿諸國 爲衆說法 南西北方 四維

상하 백호상광 소조지처 역부여시 이
上下 白毫相光 所照之處 亦復如是 爾

시 시방제불 각고중보살언 선남자 아
時 十方諸佛 各告衆菩薩言 善男子 我

금응왕 사바세계 석가모니불소 병공
今應往 娑婆世界 釋迦牟尼佛所 幷供

양 다보여래보탑 시사바세계 즉변청
養 多寶如來寶塔 時娑婆世界 卽變淸

정 유리위지 보수장엄 황금위승 이계
淨 琉璃爲地 寶樹莊嚴 黃金爲繩 以界

팔도 무제취락 촌영성읍 대해강하 산
八道 無諸聚落 村營城邑 大海江河 山

천임수 소대보향 만다라화 변포기지
川林藪 燒大寶香 曼陀羅華 遍布其地

이보망만 나부기상 현제보령 유류차
以寶網幔 羅覆其上 懸諸寶鈴 唯留此

회중 이제천인 치어타토 시시제불 각
會衆 移諸天人 置於他土 是時諸佛 各

장일대보살 이위시자 지사바세계 각
將一大菩薩 以爲侍者 至娑婆世界 各

도보수하 일일보수 고오백유순 지엽
到寶樹下 一一寶樹 高五百由旬 枝葉

화과 차제장엄 제보수하 개유사자지
華果 次第莊嚴 諸寶樹下 皆有師子之

좌 고오유순 역이대보 이교식지 이시
座 高五由旬 亦以大寶 而校飾之 爾時

제불 각어차좌 결가부좌 여시전전 변
諸佛 各於此座 結跏趺坐 如是展轉 遍

만삼천대천세계 이어석가모니불 일방
滿三千大千世界 而於釋迦牟尼佛 一方

소분지신 유고미진 시석가모니불 욕
所分之身 猶故未盡 時釋迦牟尼佛 欲

용수 소분신제불고 팔방각갱변 이백
容受 所分身諸佛故 八方各更變 二百

만억 나유타국 개령청정 무유지옥아

萬億 那由他國 皆令淸淨 無有地獄餓

귀축생 급아수라 우이제천인 치어타

鬼畜生 及阿修羅 又移諸天人 置於他

토 소화지국 역이유리위지 보수장엄

土 所化之國 亦以琉璃爲地 寶樹莊嚴

수고오백유순 지엽화과 차제엄식 수

樹高五百由旬 枝葉華果 次第嚴飾 樹

하개유 보사자좌 고오유순 종종제보

下皆有 寶師子座 高五由旬 種種諸寶

이위장교 역무대해강하 급목진린타산

以爲莊校 亦無大海江河 及目眞隣陀山

마하목진린타산 철위산 대철위산 수

摩訶目眞隣陀山 鐵圍山 大鐵圍山 須

미산등 제산왕 통위일불국토 보지평

彌山等 諸山王 通爲一佛國土 寶地平

정 보교로만 변부기상 현제번개 소대

正 寶交露幔 遍覆其上 懸諸幡蓋 燒大

보향 제천보화 변포기지 석가모니불

寶香 諸天寶華 遍布其地 釋迦牟尼佛

위제불 당래좌고 부어팔방 각갱변 이
爲諸佛 當來坐故 復於八方 各更變 二

백만억 나유타국 개령청정 무유지옥
百萬億 那由他國 皆令清淨 無有地獄

아귀축생 급아수라 우이제천인 치어
餓鬼畜生 及阿修羅 又移諸天人 置於

타토 소화지국 역이유리위지 보수장
他土 所化之國 亦以琉璃爲地 寶樹莊

엄 수고오백유순 지엽화과 차제장엄
嚴 樹高五百由旬 枝葉華果 次第莊嚴

수하개유 보사자좌 고오유순 역이대
樹下皆有 寶師子座 高五由旬 亦以大

보 이교식지 역무대해강하 급목진린
寶 而校飾之 亦無大海江河 及目眞隣

타산 마하목진린타산 철위산 대철위
陀山 摩訶目眞隣陀山 鐵圍山 大鐵圍

산 수미산등 제산왕 통위일불국토 보
山 須彌山等 諸山王 通爲一佛國土 寶

지평정 보교로만 변부기상 현제번개
地平正 寶交露幔 遍覆其上 懸諸幡蓋

소대보향 제천보화 변포기지 이시동
燒大寶香 諸天寶華 遍布其地 爾時東

방 석가모니불소분지신 백천만억 나
方 釋迦牟尼佛所分之身 百千萬億 那

유타 항하사등 국토중제불 각각설법
由他 恒河沙等 國土中諸佛 各各說法

내집어차 여시차제 시방제불 개실래
來集於此 如是次第 十方諸佛 皆悉來

집 좌어팔방 이시 일일방 사백만억
集 坐於八方 爾時 一一方 四百萬億

나유타국토 제불여래 변만기중 시시
那由他國土 諸佛如來 遍滿其中 是時

제불 각재보수하 좌사자좌 개견시자
諸佛 各在寶樹下 坐師子座 皆遣侍者

문신석가모니불 각재보화만국 이고지
問訊釋迦牟尼佛 各齎寶華滿掬 而告之

언 선남자 여왕예기사굴산 석가모니
言 善男子 汝往詣耆闍崛山 釋迦牟尼

불소 여아사왈 소병소뇌 기력안락 급
佛所 如我辭曰 少病少惱 氣力安樂 及

보살성문중 실안은부 이차보화 산불
菩薩聲聞衆 悉安隱不 以此寶華 散佛

공양 이작시언 피모갑불 여욕개차보
供養 而作是言 彼某甲佛 與欲開此寶

탑 제불견사 역부여시 이시 석가모니
塔 諸佛遣使 亦復如是 爾時 釋迦牟尼

불 견소분신불 실이래집 각각좌어 사
佛 見所分身佛 悉已來集 各各坐於 師

자지좌 개문제불 여욕동개보탑 즉종
子之座 皆聞諸佛 與欲同開寶塔 卽從

좌기 주허공중 일체사중 기립합장 일
座起 住虛空中 一切四衆 起立合掌 一

심관불 어시 석가모니불 이우지 개칠
心觀佛 於是 釋迦牟尼佛 以右指 開七

보탑호 출대음성 여각관약 개대성문
寶塔戶 出大音聲 如却關鑰 開大城門

즉시 일체중회 개견다보여래 어보탑
卽時 一切衆會 皆見多寶如來 於寶塔

중 좌사자좌 전신불산 여입선정 우문
中 坐師子座 全身不散 如入禪定 又聞

기언 선재선재 석가모니불 쾌설시법
其言 善哉善哉 釋迦牟尼佛 快說是法

화경 아위청시경고 이래지차 이시 사
華經 我爲聽是經故 而來至此 爾時 四

중등 견과거무량 천만억겁 멸도불 설
衆等 見過去無量 千萬億劫 滅度佛 說

여시언 탄미증유 이천보화취 산다보
如是言 歎未曾有 以天寶華聚 散多寶

불 급석가모니불상 이시 다보불 어보
佛 及釋迦牟尼佛上 爾時 多寶佛 於寶

탑중 분반좌 여석가모니불 이작시언
塔中 分半座 與釋迦牟尼佛 而作是言

석가모니불 가취차좌 즉시 석가모니
釋迦牟尼佛 可就此座 卽時 釋迦牟尼

불 입기탑중 좌기반좌 결가부좌 이시
佛 入其塔中 坐其半座 結跏趺坐 爾時

대중 견이여래 재칠보탑중 사자좌상
大衆 見二如來 在七寶塔中 師子座上

결가부좌 각작시념 불좌고원 유원여
結跏趺坐 各作是念 佛座高遠 唯願如

래 이신통력 영아등배 구처허공 즉시
來 以神通力 令我等輩 俱處虛空 卽時

석가모니불 이신통력 접제대중 개재
釋迦牟尼佛 以神通力 接諸大衆 皆在

허공 이대음성 보고사중 수능어차 사
虛空 以大音聲 普告四衆 誰能於此 娑

바국토 광설묘법화경 금정시시 여래
婆國土 廣說妙法華經 今正是時 如來

불구 당입열반 불욕이차 묘법화경 부
不久 當入涅槃 佛欲以此 妙法華經 付

촉유재 이시 세존 욕중선차의 이설게
囑有在 爾時 世尊 欲重宣此義 而說偈

언
言

성주세존 수구멸도
聖主世尊 雖久滅度

재보탑중 상위법래
在寶塔中 尙爲法來

제인운하 불근위법
諸人云何 不勤爲法

차불멸도 무앙수겁
此佛滅度 無央數劫

처처청법 이난우고
處處聽法 以難遇故

피불본원 아멸도후
彼佛本願 我滅度後

재재소왕 상위청법
在在所往 常爲聽法

우아분신 무량제불
又我分身 無量諸佛

여항사등 내욕청법
如恒沙等 來欲聽法

급견멸도 다보여래
及見滅度 多寶如來

각사묘토 급제자중
各捨妙土 及弟子衆

천인용신 제공양사
天人龍神 諸供養事

영법구주 고래지차
令法久住 故來至此

위좌제불 이신통력
爲坐諸佛 以神通力

이무량중 영국청정
移無量衆 令國淸淨

제불각각 예보수하
諸佛各各 詣寶樹下

여청정지 연화장엄
如淸淨池 蓮華莊嚴

기보수하 제사자좌
其寶樹下 諸師子座

불좌기상 광명엄식
佛坐其上 光明嚴飾

여야암중 연대거화
如夜闇中 燃大炬火

신출묘향 변시방국
身出妙香 遍十方國

중생몽훈 희부자승
衆生蒙薰 喜不自勝

비여대풍 취소수지
譬如大風 吹小樹枝

이시방편 영법구주
以是方便 令法久住

고제대중 아멸도후
告諸大衆 我滅度後

수능호지 독설사경
誰能護持 讀說斯經

금어불전 자설서언
今於佛前 自說誓言

기다보불 수구멸도
其多寶佛 雖久滅度

이대서원 이사자후
以大誓願 而師子吼

다보여래 급여아신
多寶如來 及與我身

소집화불 당지차의
所集化佛 當知此意

제불자등 수능호법
諸佛子等 誰能護法

당발대원 영득구주
當發大願 令得久住

기유능호 차경법자
其有能護 此經法者

즉위공양 아급다보
則爲供養 我及多寶

차다보불 처어보탑
此多寶佛 處於寶塔

상유시방 위시경고
常遊十方 爲是經故

역부공양 제래화불
亦復供養 諸來化佛

장엄광식 제세계자
莊嚴光飾 諸世界者

약설차경 즉위견아
若說此經 則爲見我

다보여래 급제화불
多寶如來 及諸化佛

제선남자 각제사유
諸善男子 各諦思惟

차위난사 의발대원
此爲難事 宜發大願

제여경전 수여항사
諸餘經典 數如恒沙

수설차등 미족위난
雖說此等 未足爲難

약접수미 척치타방
若接須彌 擲置他方

무수불토 역미위난
無數佛土 亦未爲難

약이족지 동대천계
若以足指 動大千界

원척타국 역미위난
遠擲他國 亦未爲難

약립유정 위중연설
若立有頂 爲衆演說

무량여경 역미위난
無量餘經 亦未爲難

약불멸후 어악세중
若佛滅後 於惡世中

능설차경 시즉위난
能說此經 是則爲難

가사유인 수파허공
假使有人 手把虛空

이이유행 역미위난
而以遊行 亦未爲難

어아멸후 약자서지
於我滅後 若自書持

약사인서 시즉위난
若使人書 是則爲難

약이대지 치족갑상
若以大地 置足甲上

승어범천 역미위난
昇於梵天 亦未爲難

불멸도후 어악세중
佛滅度後 於惡世中

잠독차경 시즉위난
暫讀此經 是則爲難

가사겁소 담부건초
假使劫燒 擔負乾草

입중불소 역미위난
入中不燒 亦未爲難

아멸도후 약지차경
我 滅 度 後 若 持 此 經

위일인설 시즉위난
爲 一 人 說 是 則 爲 難

약지팔만 사천법장
若 持 八 萬 四 千 法 藏

십이부경 위인연설
十 二 部 經 爲 人 演 說

영제청자 득육신통
令 諸 聽 者 得 六 神 通

수능여시 역미위난
雖 能 如 是 亦 未 爲 難

어아멸후 청수차경
於 我 滅 後 聽 受 此 經

문기의취 시즉위난
問 其 義 趣 是 則 爲 難

약인설법 영천만억
若 人 說 法 令 千 萬 億

무량무수 항사중생
無 量 無 數 恒 沙 衆 生

득아라한 구육신통
得阿羅漢 具六神通

수유시익 역미위난
雖有是益 亦未爲難

어아멸후 약능봉지
於我滅後 若能奉持

여사경전 시즉위난
如斯經典 是則爲難

아위불도 어무량토
我爲佛道 於無量土

종시지금 광설제경
從始至今 廣說諸經

이어기중 차경제일
而於其中 此經第一

약유능지 즉지불신
若有能持 則持佛身

제선남자 어아멸후
諸善男子 於我滅後

수능수지 독송차경
誰能受持 讀誦此經

금어불전 자설서언
今於佛前 自說誓言

차경난지 약잠지자
此經難持 若暫持者

아즉환희 제불역연
我則歡喜 諸佛亦然

여시지인 제불소탄
如是之人 諸佛所歎

시즉용맹 시즉정진
是則勇猛 是則精進

시명지계 행두타자
是名持戒 行頭陀者

즉위질득 무상불도
則爲疾得 無上佛道

능어내세 독지차경
能於來世 讀持此經

시진불자 주순선지
是眞佛子 住淳善地

불멸도후 능해기의
佛滅度後 能解其義

시제천인 세간지안
是 諸 天 人 世 間 之 眼

어공외세 능수유설
於 恐 畏 世 能 須 臾 說

일체천인 개응공양
一 切 天 人 皆 應 供 養

제바달다품 제십이
提婆達多品 第十二

이시 불고제보살 급천인사중 오어과
爾時 佛告諸菩薩 及天人四衆 吾於過

거 무량겁중 구법화경 무유해권 어다
去 無量劫中 求法華經 無有懈倦 於多

겁중 상작국왕 발원구어무상보리 심
劫中 常作國王 發願求於無上菩提 心

불퇴전 위욕만족 육바라밀 근행보시
不退轉 爲欲滿足 六波羅蜜 勤行布施

심무린석 상마칠진 국성처자 노비복
心無悋惜 象馬七珍 國城妻子 奴婢僕

종 두목수뇌 신육수족 불석구명 시세
從 頭目髓腦 身肉手足 不惜軀命 時世

인민 수명무량 위어법고 연사국위 위
人民 壽命無量 爲於法故 捐捨國位 委

정태자 격고선령 사방구법 수능위아
政太子 擊鼓宣令 四方求法 誰能爲我

설대승자 오당종신 공급주사 시유선
說大乘者 吾當終身 供給走使 時有仙

인 내백왕언 아유대승 명묘법화경 약
人 來白王言 我有大乘 名妙法華經 若

불위아 당위선설 왕문선언 환희용약
不違我 當爲宣說 王聞仙言 歡喜踊躍

즉수선인 공급소수 채과급수 습신설
卽隨仙人 供給所須 採果汲水 拾薪設

식 내지이신 이위상좌 신심무권 우시
食 乃至以身 而爲床座 身心無倦 于時

봉사 경어천세 위어법고 정근급시 영
奉事 經於千歲 爲於法故 精勤給侍 令

무소핍 이시 세존 욕중선차의 이설게
無所乏 爾時 世尊 欲重宣此義 而說偈

언
言

아념과거겁 위구대법고
我念過去劫 爲求大法故

수작세국왕 불탐오욕락
雖作世國王 不貪五欲樂

추종고사방 수유대법자
搥鍾告四方 誰有大法者

약위아해설 신당위노복
若爲我解說 身當爲奴僕

시유아사선 내백어대왕
時有阿私仙 來白於大王

아유미묘법 세간소희유
我有微妙法 世間所希有

약능수행자 오당위여설
若能修行者 吾當爲汝說

시왕문선언 심생대희열
時王聞仙言 心生大喜悅

즉변수선인 공급어소수
卽便隨仙人 供給於所須

채신급과라 수시공경여
採薪及果蓏 隨時恭敬與

정존묘법고 신심무해권
情存妙法故 身心無懈惓

보위제중생 근구어대법
普爲諸衆生 勤求於大法

역불위기신 급이오욕락
亦不爲己身 及以五欲樂

고위대국왕 근구획차법
故爲大國王 勤求獲此法

수치득성불 금고위여설
遂致得成佛 今故爲汝說

불고제비구 이시 왕자 즉아신시 시선
佛告諸比丘 爾時 王者 則我身是 時仙

인자 금제바달다시 유제바달다 선지
人者 今提婆達多是 由提婆達多 善知

식고 영아구족 육바라밀 자비희사 삼
識故 令我具足 六波羅蜜 慈悲喜捨 三

십이상 팔십종호 자마금색 십력 사무
十二相 八十種好 紫磨金色 十力 四無

소외 사섭법 십팔불공 신통도력 성등
所畏 四攝法 十八不共 神通道力 成等

정각 광도중생 개인제바달다 선지식
正覺 廣度衆生 皆因提婆達多 善知識

고 고제사중 제바달다 각후 과무량겁
故 告諸四衆 提婆達多 却後 過無量劫

당득성불 호왈천왕여래 응공 정변지
當得成佛 號曰天王如來 應供 正遍知

명행족 선서 세간해 무상사 조어장부
明行足 善逝 世間解 無上士 調御丈夫

천인사 불세존 세계명천도 시천왕불
天人師 佛世尊 世界名天道 時天王佛

주세이십중겁 광위중생 설어묘법 항
住世二十中劫 廣爲衆生 說於妙法 恒

하사중생 득아라한과 무량중생 발연
河沙衆生 得阿羅漢果 無量衆生 發緣

각심 항하사중생 발무상도심 득무생
覺心 恒河沙衆生 發無上道心 得無生

인 지불퇴전 시천왕불 반열반후 정법
忍 至不退轉 時天王佛 般涅槃後 正法

주세 이십중겁 전신사리 기칠보탑 고
住世 二十中劫 全身舍利 起七寶塔 高

육십유순 종광사십유순 제천인민 실
六十由旬 縱廣四十由旬 諸天人民 悉

이잡화 말향소향도향 의복영락 당번
以雜華 抹香燒香塗香 衣服瓔珞 幢幡

보개 기악가송 예배공양 칠보묘탑 무
寶蓋 伎樂歌頌 禮拜供養 七寶妙塔 無

량중생 득아라한과 무량중생 오벽지
量衆生 得阿羅漢果 無量衆生 悟辟支

불 불가사의중생 발보리심 지불퇴전
佛 不可思議衆生 發菩提心 至不退轉

불고제비구 미래세중 약유선남자선여
佛告諸比丘 未來世中 若有善男子善女

인 문묘법화경 제바달다품 정심신경
人 聞妙法華經 提婆達多品 淨心信敬

불생의혹자 불타지옥아귀축생 생시방
不生疑惑者 不墮地獄餓鬼畜生 生十方

불전 소생지처 상문차경 약생인천중
佛前 所生之處 常聞此經 若生人天中

수승묘락 약재불전 연화화생 어시하
受勝妙樂 若在佛前 蓮華化生 於時下

방 다보세존 소종보살 명왈지적 백다
方 多寶世尊 所從菩薩 名曰智積 白多

보불 당환본토 석가모니불 고지적왈
寶佛 當還本土 釋迦牟尼佛 告智積曰

선남자 차대수유 차유보살 명문수사
善男子 且待須臾 此有菩薩 名文殊師

리 가여상견 논설묘법 가환본토 이시
利 可與相見 論說妙法 可還本土 爾時

문수사리 좌천엽연화 대여거륜 구래
文殊師利 坐千葉蓮華 大如車輪 俱來

보살 역좌보련화 종어대해 사갈라용
菩薩 亦坐寶蓮華 從於大海 娑竭羅龍

궁 자연용출 주허공중 예영취산 종연
宮 自然涌出 住虛空中 詣靈鷲山 從蓮

화하 지어불소 두면경례 이세존족 수
華下 至於佛所 頭面敬禮 二世尊足 修

경이필 왕지적소 공상위문 각좌일면
敬已畢 往智積所 共相慰問 却坐一面

지적보살 문문수사리 인왕용궁 소화
智積菩薩 問文殊師利 仁往龍宮 所化

중생 기수기하 문수사리언 기수무량
衆生 其數幾何 文殊師利言 其數無量

불가칭계 비구소선 비심소측 차대수
不可稱計 非口所宣 非心所測 且待須

유 자당유증 소언미경 무수보살 좌보
臾 自當有證 所言未竟 無數菩薩 坐寶

련화 종해용출 예영취산 주재허공 차
蓮華 從海涌出 詣靈鷲山 住在虛空 此

제보살 개시문수사리 지소화도 구보
諸菩薩 皆是文殊師利 之所化度 具菩

살행 개공논설 육바라밀 본성문인 재
薩行 皆共論說 六波羅蜜 本聲聞人 在

허공중 설성문행 금개수행 대승공의
虛空中 說聲聞行 今皆修行 大乘空義

문수사리 위지적왈 어해교화 기사여
文殊師利 謂智積曰 於海敎化 其事如

시 이시 지적보살 이게찬왈
是 爾時 智積菩薩 以偈讚曰

대지덕용건 화도무량중
大智德勇健 化度無量衆

금차제대회 급아개이견
今此諸大會 及我皆已見

연창실상의 개천일승법
演暢實相義 開闡一乘法

광도제중생 영속성보리
廣導諸衆生 令速成菩提

문수사리언 아어해중 유상선설 묘법
文殊師利言 我於海中 唯常宣說 妙法

화경 지적 문문수사리언 차경 심심미
華經 智積 問文殊師利言 此經 甚深微

묘 제경중보 세소희유 파유중생 근가
妙 諸經中寶 世所希有 頗有衆生 勤加

정진 수행차경 속득불부 문수사리언
精進 修行此經 速得佛不 文殊師利言

유사갈라용왕녀 연시팔세 지혜이근
有娑竭羅龍王女 年始八歲 智慧利根

선지중생 제근행업 득다라니 제불소
善知衆生 諸根行業 得陀羅尼 諸佛所

설 심심비장 실능수지 심입선정 요달
說 甚深秘藏 悉能受持 深入禪定 了達

제법 어찰나경 발보리심 득불퇴전 변
諸法 於刹那頃 發菩提心 得不退轉 辯

재무애 자념중생 유여적자 공덕구족
才無礙 慈念衆生 猶如赤子 功德具足

심념구연 미묘광대 자비인양 지의화
心念口演 微妙廣大 慈悲仁讓 志意和

아 능지보리 지적보살언 아견석가여
雅 能至菩提 智積菩薩言 我見釋迦如

래 어무량겁 난행고행 적공누덕 구보
來 於無量劫 難行苦行 積功累德 求菩

리도 미증지식 관삼천대천세계 내지
提道 未曾止息 觀三千大千世界 乃至

무유 여개자허 비시보살 사신명처 위
無有 如芥子許 非是菩薩 捨身命處 爲

중생고 연후 내득성보리도 불신차녀
衆生故 然後 乃得成菩提道 不信此女

어수유경 변성정각 언론미흘 시용왕
於須臾頃 便成正覺 言論未訖 時龍王

녀 홀현어전 두면예경 각주일면 이게
女 忽現於前 頭面禮敬 却住一面 以偈

찬왈
讚曰

심달죄복상 변조어시방
深達罪福相 遍照於十方

미묘정법신 구상삼십이
微妙淨法身 具相三十二

이팔십종호 용장엄법신
以八十種好 用莊嚴法身

천인소대앙 용신함공경
天人所戴仰 龍神咸恭敬

일체중생류 무불종봉자
一切衆生類 無不宗奉者

우문성보리 유불당증지
又聞成菩提 唯佛當證知

아천대승교 도탈고중생
我闡大乘教 度脫苦衆生

시사리불 어용녀언 여위불구 득무상
時舍利弗 語龍女言 汝謂不久 得無上

도 시사난신 소이자하 여신구예 비시
道 是事難信 所以者何 女身垢穢 非是

법기 운하능득 무상보리 불도현광 경
法器 云何能得 無上菩提 佛道懸曠 經

무량겁 근고적행 구수제도 연후내성
無量劫 勤苦積行 具修諸度 然後乃成

우여인신 유유오장 일자부득작범천왕
又女人身 猶有五障 一者不得作梵天王

이자제석 삼자마왕 사자전륜성왕 오
二者帝釋 三者魔王 四者轉輪聖王 五

자불신 운하여신 속득성불 이시 용녀
者佛身 云何女身 速得成佛 爾時 龍女

유일보주 가치삼천대천세계 지이상불
有一寶珠 價直三千大千世界 持以上佛

불즉수지 용녀 위지적보살 존자사리
佛卽受之 龍女 謂智積菩薩 尊者舍利

불언 아헌보주 세존납수 시사질부 답
弗言 我獻寶珠 世尊納受 是事疾不 答

언심질 여언 이여신력 관아성불 부속
言甚疾 女言 以汝神力 觀我成佛 復速

어차 당시중회 개견용녀 홀연지간 변
於此 當時衆會 皆見龍女 忽然之間 變

성남자 구보살행 즉왕남방 무구세계
成男子 具菩薩行 卽往南方 無垢世界

좌보련화 성등정각 삼십이상 팔십종
坐寶蓮華 成等正覺 三十二相 八十種

호 보위시방 일체중생 연설묘법 이시
好 普爲十方 一切衆生 演說妙法 爾時

사바세계 보살성문 천룡팔부 인여비
娑婆世界 菩薩聲聞 天龍八部 人與非

인 개요견피 용녀성불 보위시회 인천
人 皆遙見彼 龍女成佛 普爲時會 人天

설법 심대환희 실요경례 무량중생 문
說法 心大歡喜 悉遙敬禮 無量衆生 聞

법해오 득불퇴전 무량중생 득수도기
法解悟 得不退轉 無量衆生 得受道記

무구세계 육반진동 사바세계 삼천중
無垢世界 六反震動 娑婆世界 三千衆

생 주불퇴지 삼천중생 발보리심 이득
生 住不退地 三千衆生 發菩提心 而得

수기 지적보살 급사리불 일체중회 묵
受記 智積菩薩 及舍利弗 一切衆會 默

연신수
然信受

권지품 제십삼
勸持品 第十三

이시 약왕보살마하살 급대요설보살마
爾時 藥王菩薩摩訶薩 及大樂說菩薩摩

하살 여이만보살권속구 개어불전 작
訶薩 與二萬菩薩眷屬俱 皆於佛前 作

시서언 유원세존 불이위려 아등 어불
是誓言 唯願世尊 不以爲慮 我等 於佛

멸후 당봉지독송 설차경전 후악세중
滅後 當奉持讀誦 說此經典 後惡世衆

생 선근전소 다증상만 탐리공양 증불
生 善根轉少 多增上慢 貪利供養 增不

선근 원리해탈 수난가교화 아등 당기
善根 遠離解脫 雖難可敎化 我等 當起

대인력 독송차경 지설서사 종종공양
大忍力 讀誦此經 持說書寫 種種供養

불석신명 이시 중중 오백아라한 득수
不惜身命 爾時 衆中 五百阿羅漢 得受

기자 백불언 세존 아등 역자서원 어
記者 白佛言 世尊 我等 亦自誓願 於

이국토 광설차경 부유학무학 팔천인
異國土 廣說此經 復有學無學 八千人

득수기자 종좌이기 합장향불 작시서
得受記者 從座而起 合掌向佛 作是誓

언 세존 아등 역당어타국토 광설차경
言 世尊 我等 亦當於他國土 廣說此經

소이자하 시사바국중 인다폐악 회증
所以者何 是娑婆國中 人多弊惡 懷增

상만 공덕천박 진탁첨곡 심부실고 이
上慢 功德淺薄 瞋濁諂曲 心不實故 爾

시 불이모 마하파사파제비구니 여학
時 佛姨母 摩訶波闍波提比丘尼 與學

무학비구니 육천인구 종좌이기 일심
無學比丘尼 六千人俱 從座而起 一心

합장 첨앙존안 목부잠사 어시세존 고
合掌 瞻仰尊顔 目不暫捨 於時世尊 告

교담미 하고우색 이시여래 여심장무
憍曇彌 何故憂色 而視如來 汝心將無

위아 불설여명 수아녹다라삼먁삼보리
謂我 不說汝名 授阿耨多羅三藐三菩提

기야 교담미 아선총설 일체성문 개이
記耶 憍曇彌 我先總說 一切聲聞 皆已

수기 금여욕지기자 장래지세 당어육
授記 今汝欲知記者 將來之世 當於六

만팔천억 제불법중 위대법사 급육천
萬八千億 諸佛法中 爲大法師 及六千

학무학비구니 구위법사 여여시점점
學無學比丘尼 俱爲法師 汝如是漸漸

구보살도 당득작불 호일체중생희견여
具菩薩道 當得作佛 號一切衆生喜見如

래 응공 정변지 명행족 선서 세간해
來 應供 正遍知 明行足 善逝 世間解

무상사 조어장부 천인사 불세존 교담
無上士 調御丈夫 天人師 佛世尊 憍曇

미 시일체중생희견불 급육천보살 전
彌 是一切衆生喜見佛 及六千菩薩 轉

차수기 득아녹다라삼먁삼보리 이시
次授記 得阿耨多羅三藐三菩提 爾時

라후라모 야수다라비구니 작시념 세
羅睺羅母 耶輸陀羅比丘尼 作是念 世

존 어수기중 독불설아명 불고야수다
尊 於授記中 獨不說我名 佛告耶輸陀

라 여어내세 백천만억 제불법중 수보
羅 汝於來世 百千萬億 諸佛法中 修菩

살행 위대법사 점구불도 어선국중 당
薩行 爲大法師 漸具佛道 於善國中 當

득작불 호구족천만광상여래 응공 정
得作佛 號具足千萬光相如來 應供 正

변지 명행족 선서 세간해 무상사 조
遍知 明行足 善逝 世間解 無上士 調

어장부 천인사 불세존 불수 무량아승
御丈夫 天人師 佛世尊 佛壽 無量阿僧

기겁 이시 마하파사파제비구니 급야
祇劫 爾時 摩訶波闍波提比丘尼 及耶

수다라비구니 병기권속 개대환희 득
輸陀羅比丘尼 幷其眷屬 皆大歡喜 得

미증유 즉어불전 이설게언
未曾有 卽於佛前 而說偈言

세존도사 안은천인
世尊導師 安隱天人

아등문기 심안구족
我等聞記 心安具足

제비구니 설시게이 백불언 세존아등
諸比丘尼 說是偈已 白佛言 世尊我等

역능어타방국토 광선차경 이시 세존
亦能於他方國土 廣宣此經 爾時 世尊

시팔십만억 나유타 제보살마하살 시
視八十萬億 那由他 諸菩薩摩訶薩 是

제보살 개시아유월치 전불퇴법륜 득
諸菩薩 皆是阿惟越致 轉不退法輪 得

제다라니 즉종좌기 지어불전 일심합
諸陀羅尼 卽從座起 至於佛前 一心合

장 이작시념 약세존 고칙아등 지설차
掌 而作是念 若世尊 告勅我等 持說此

경자 당여불교 광선사법 부작시념 불
經者 當如佛教 廣宣斯法 復作是念 佛

금묵연 불견고칙 아당운하 시제보살
今默然 不見告勅 我當云何 時諸菩薩

경순불의 병욕자만본원 변어불전 작
敬順佛意 幷欲自滿本願 便於佛前 作

사자후 이발서언 세존 아등 어여래멸
師子吼 而發誓言 世尊 我等 於如來滅

후 주선왕반 시방세계 능령중생 서사
後 周旋往返 十方世界 能令衆生 書寫

차경 수지독송 해설기의 여법수행 정
此經 受持讀誦 解說其義 如法修行 正

억념 개시불지위력 유원세존 재어타
憶念 皆是佛之威力 唯願世尊 在於他

방 요견수호 즉시제보살 구동발성 이
方 遙見守護 卽時諸菩薩 俱同發聲 而

설게언
說偈言

유원불위려 어불멸도후
唯願不爲慮 於佛滅度後

공포악세중 아등당광설
恐怖惡世中 我等當廣說

유제무지인 악구매리등
有諸無智人 惡口罵詈等

급가도장자 아등개당인
及加刀杖者 我等皆當忍

악세중비구 사지심첨곡
惡世中比丘 邪智心諂曲

미득위위득 아만심충만
未得謂爲得 我慢心充滿

혹유아련야 납의재공한
或有阿練若 納衣在空閑

자위행진도 경천인간자
自謂行眞道 輕賤人間者

탐착이양고 여백의설법
貪著利養故 與白衣說法

위세소공경 여육통나한
爲世所恭敬 如六通羅漢

시인회악심 상념세속사
是人懷惡心 常念世俗事

가명아련야 호출아등과
假名阿練若 好出我等過

이작여시언 차제비구등
而作如是言 此諸比丘等

위탐이양고 설외도논의
爲貪利養故 說外道論議

자작차경전 광혹세간인
自作此經典 誑惑世間人

위구명문고 분별어시경
爲求名聞故 分別於是經

상재대중중 욕훼아등고
常在大衆中 欲毁我等故

향국왕대신 바라문거사
向國王大臣 婆羅門居士

급여비구중 비방설아악
及餘比丘衆 誹謗說我惡

위시사견인 설외도논의
謂是邪見人 說外道論議

아등경불고 실인시제악
我等敬佛故 悉忍是諸惡

위사소경언 여등개시불
爲斯所輕言 汝等皆是佛

여차경만언 개당인수지
如此輕慢言 皆當忍受之

탁겁악세중 다유제공포
濁劫惡世中 多有諸恐怖

악귀입기신 매리훼욕아
惡鬼入其身 罵詈毁辱我

아등경신불 당착인욕개
我等敬信佛 當著忍辱鎧

위설시경고 인차제난사
爲說是經故 忍此諸難事

아불애신명 단석무상도
我不愛身命 但惜無上道

아등어내세 호지불소촉
我等於來世 護持佛所囑

세존자당지 탁세악비구
世尊自當知 濁世惡比丘

부지불방편 수의소설법
不知佛方便 隨宜所說法

악구이빈축 삭삭견빈출
惡口而顰蹙 數數見擯出

원리어탑사 여시등중악
遠離於塔寺 如是等衆惡

염불고칙고 개당인시사
念佛告勅故 皆當忍是事

제취락성읍 기유구법자
諸聚落城邑 其有求法者

아개도기소 설불소촉법
我皆到其所 說佛所囑法

아시세존사 처중무소외
我是世尊使 處衆無所畏

아당선설법 원불안은주
我當善說法 願佛安隱住

아어세존전 제래시방불
我於世尊前 諸來十方佛

발여시서언 불자지아심
發如是誓言 佛自知我心

묘법연화경 권제오
妙法蓮華經 卷第五

안락행품 제십사
安樂行品 第十四

이시 문수사리법왕자보살마하살 백불
爾時 文殊師利法王子菩薩摩訶薩 白佛

언 세존 시제보살 심위난유 경순불고
言 世尊 是諸菩薩 甚爲難有 敬順佛故

발대서원 어후악세 호지독설 시법화
發大誓願 於後惡世 護持讀說 是法華

경 세존 보살마하살 어후악세 운하능
經 世尊 菩薩摩訶薩 於後惡世 云何能

설시경 불고문수사리 약보살마하살
說是經 佛告文殊師利 若菩薩摩訶薩

어후악세 욕설시경 당안주사법 일자
於後惡世 欲說是經 當安住四法 一者

안주보살행처 급친근처 능위중생 연
安住菩薩行處 及親近處 能爲衆生 演

설시경 문수사리 운하명 보살마하살
說是經 文殊師利 云何名 菩薩摩訶薩

행처 약보살마하살 주인욕지 유화선
行處 若菩薩摩訶薩 住忍辱地 柔和善

순 이부졸폭 심역불경 우부어법 무소
順 而不卒暴 心亦不驚 又復於法 無所

행 이관제법 여실상 역불행 불분별
行 而觀諸法 如實相 亦不行 不分別

시명 보살마하살행처 운하명 보살마
是名 菩薩摩訶薩行處 云何名 菩薩摩

하살친근처 보살마하살 불친근 국왕
訶薩親近處 菩薩摩訶薩 不親近 國王

왕자 대신관장 불친근 제외도범지 니
王子 大臣官長 不親近 諸外道梵志 尼

건자등 급조세속문필 찬영외서 급로
揵子等 及造世俗文筆 讚詠外書 及路

가야타 역로가야타자 역불친근 제유
伽耶陀 逆路伽耶陀者 亦不親近 諸有

흉희 상차상박 급나라등 종종변현지
兇戲 相扠相撲 及那羅等 種種變現之

희 우불친근 전다라 급축저양계구 전
戲 又不親近 旃陀羅 及畜猪羊鷄狗 畋

렵어포 제악율의 여시인등 혹시래자
獵漁捕 諸惡律儀 如是人等 或時來者

즉위설법 무소희망 우불친근 구성문
則爲說法 無所希望 又不親近 求聲聞

비구비구니 우바새우바이 역불문신
比丘比丘尼 優婆塞優婆夷 亦不問訊

약어방중 약경행처 약재강당중 불공
若於房中 若經行處 若在講堂中 不共

주지 혹시래자 수의설법 무소희구 문
住止 或時來者 隨宜說法 無所希求 文

수사리 우보살마하살 불응어여인신
殊師利 又菩薩摩訶薩 不應於女人身

취능생욕상상 이위설법 역불락견 약
取能生欲想相 而爲說法 亦不樂見 若

입타가 불여소녀처녀 과녀등공어 역
入他家 不與小女處女 寡女等共語 亦

부불근 오종불남지인 이위친후 부독
復不近 五種不男之人 以爲親厚 不獨

입타가 약유인연 수독입시 단일심염
入他家 若有因緣 須獨入時 但一心念

불 약위여인설법 불로치소 불현흉억
佛 若爲女人說法 不露齒笑 不現胸臆

내지위법 유불친후 황부여사 불락축
乃至爲法 猶不親厚 況復餘事 不樂畜

연소제자 사미소아 역불락여동사 상
年少弟子 沙彌小兒 亦不樂與同師 常

호좌선 재어한처 수섭기심 문수사리
好坐禪 在於閑處 修攝其心 文殊師利

시명초친근처 부차 보살마하살 관일
是名初親近處 復次 菩薩摩訶薩 觀一

체법공 여실상 부전도 부동불퇴부전
切法空 如實相 不顚倒 不動不退不轉

여허공 무소유성 일체어언도단 불생
如虛空 無所有性 一切語言道斷 不生

불출불기 무명무상 실무소유 무량무
不出不起 無名無相 實無所有 無量無

변 무애무장 단이인연유 종전도생고
邊 無礙無障 但以因緣有 從顚倒生故

설상락관 여시법상 시명보살마하살
說常樂觀 如是法相 是名菩薩摩訶薩

제이친근처 이시 세존 욕중선차의 이
第二親近處 爾時 世尊 欲重宣此義 而

설게언
說偈言

약유보살 어후악세
若有菩薩 於後惡世

무포외심 욕설시경
無怖畏心 欲說是經

응입행처 급친근처
應入行處 及親近處

상리국왕 급국왕자
常離國王 及國王子

대신관장 흉험희자
大臣官長 兇險戲者

급전다라 외도범지
及旃陀羅 外道梵志

역불친근 증상만인
亦不親近 增上慢人

탐착소승 삼장학자
貪著小乘 三藏學者

파계비구 명자나한
破戒比丘 名字羅漢

급비구니 호희소자
及比丘尼 好戱笑者

심착오욕 구현멸도
深著五欲 求現滅度

제우바이 개물친근
諸優婆夷 皆勿親近

약시인등 이호심래
若是人等 以好心來

도보살소 위문불도
到菩薩所 爲聞佛道

보살즉이 무소외심
菩薩則以 無所畏心

불회희망 이위설법
不懷希望 而爲說法

과녀처녀 급제불남
寡女處女 及諸不男

개물친근 이위친후
皆勿親近 以爲親厚

역막친근 도아괴회
亦莫親近 屠兒魁膾

전렵어포 위리살해
畋獵漁捕 爲利殺害

판육자활 현매여색
販肉自活 衒賣女色

여시지인 개물친근
如是之人 皆勿親近

흉험상박 종종희희
兇險相撲 種種嬉戲

제음녀등 진물친근
諸婬女等 盡勿親近

막독병처 위녀설법
莫獨屛處 爲女說法

약설법시 무득희소
若說法時 無得戲笑

입리걸식 장일비구
入里乞食 將一比丘

약무비구 일심염불
若無比丘 一心念佛

시즉명위 행처근처
是則名爲 行處近處

이차이처 능안락설
以此二處 能安樂說

우부불행 상중하법
又復不行 上中下法

유위무위 실부실법
有爲無爲 實不實法

역불분별 시남시녀
亦不分別 是男是女

부득제법 부지불견
不得諸法 不知不見

시즉명위 보살행처
是則名爲 菩薩行處

일체제법 공무소유
一切諸法 空無所有

무유상주 역무기멸
無有常住 亦無起滅

시명지자 소친근처
是名智者 所親近處

전도분별 제법유무
顚倒分別 諸法有無

시실비실 시생비생
是實非實 是生非生

재어한처 수섭기심
在於閑處 修攝其心

안주부동 여수미산
安住不動 如須彌山

관일체법 개무소유
觀一切法 皆無所有

유여허공 무유견고
猶如虛空 無有堅固

불생불출 부동불퇴
不生不出 不動不退

상주일상 시명근처
常住一相 是名近處

약유비구 어아멸후
若有比丘 於我滅後

입시행처 급친근처
入是行處 及親近處

설사경시 무유겁약
說斯經時 無有怯弱

보살유시 입어정실
菩薩有時 入於靜室

이정억념 수의관법
以正憶念 隨義觀法

종선정기 위제국왕
從禪定起 爲諸國王

왕자신민 바라문등
王子臣民 婆羅門等

개화연창 설사경전
開化演暢 說斯經典

기심안은 무유겁약
其心安隱 無有怯弱

문수사리 시명보살
文殊師利 是名菩薩

안주초법 능어후세
安住初法 能於後世

설법화경
說法華經

우문수사리 여래멸후 어말법중 욕설
又文殊師利 如來滅後 於末法中 欲說

시경 응주안락행 약구선설 약독경시
是經 應住安樂行 若口宣說 若讀經時

불락설인 급경전과 역불경만 제여법
不樂說人 及經典過 亦不輕慢 諸餘法

사 불설타인 호악장단 어성문인 역불
師 不說他人 好惡長短 於聲聞人 亦不

칭명 설기과악 역불칭명 찬탄기미 우
稱名 說其過惡 亦不稱名 讚歎其美 又

역불생 원혐지심 선수여시 안락심고
亦不生 怨嫌之心 善修如是 安樂心故

제유청자 불역기의 유소난문 불이소
諸有聽者 不逆其意 有所難問 不以小

승법답 단이대승 이위해설 영득일체
乘法答 但以大乘 而爲解說 令得一切

종지 이시 세존 욕중선차의 이설게언
種智 爾時 世尊 欲重宣此義 而說偈言

보살상락 안은설법
菩薩常樂 安隱說法

어청정지 이시상좌
於淸淨地 而施床座

이유도신 조욕진예
以油塗身 澡浴塵穢

착신정의 내외구정
著新淨衣 內外俱淨

안처법좌 수문위설
安處法座 隨問爲說

약유비구 급비구니
若有比丘 及比丘尼

제우바새 급우바이
諸優婆塞 及優婆夷

국왕왕자 군신사민
國王王子 群臣士民

이미묘의 화안위설
以微妙義 和顔爲說

약유난문 수의이답
若有難問 隨義而答

인연비유 부연분별
因緣譬喩 敷演分別

이시방편 개사발심
以是方便 皆使發心

점점증익 입어불도
漸漸增益 入於佛道

제나타의 급해태상
除懶惰意 及懈怠想

이제우뇌 자심설법
離諸憂惱 慈心說法

주야상설 무상도교
晝夜常說 無上道敎

이제인연 무량비유
以諸因緣 無量譬喩

개시중생 함령환희
開示衆生 咸令歡喜

의복와구 음식의약
衣服臥具 飮食醫藥

이어기중 무소희망
而於其中 無所希望

단일심념 설법인연
但一心念 說法因緣

원성불도 영중역이
願成佛道 令衆亦爾

시즉대리 안락공양
是則大利 安樂供養

아멸도후 약유비구
我滅度後 若有比丘

능연설사 묘법화경
能演說斯 妙法華經

심무질에 제뇌장애
心無嫉恚 諸惱障礙

역무우수 급매리자
亦無憂愁 及罵詈者

우무포외 가도장등
又無怖畏 加刀杖等

역무빈출 안주인고
亦無擯出 安住忍故

지자여시 선수기심
智者如是 善修其心

능주안락 여아상설
能住安樂 如我上說

기인공덕 천만억겁
其人功德 千萬億劫

산수비유 설불능진
算數譬喩 說不能盡

우문수사리 보살마하살 어후말세 법
又文殊師利 菩薩摩訶薩 於後末世 法

욕멸시 수지독송 사경전자 무회질투
欲滅時 受持讀誦 斯經典者 無懷嫉妬

첨광지심 역물경매 학불도자 구기장
諂誑之心 亦勿輕罵 學佛道者 求其長

단 약비구비구니 우바새우바이 구성
短 若比丘比丘尼 優婆塞優婆夷 求聲

문자 구벽지불자 구보살도자 무득뇌
聞者 求辟支佛者 求菩薩道者 無得惱

지 영기의회 어기인언 여등 거도심원
之 令其疑悔 語其人言 汝等 去道甚遠

종불능득 일체종지 소이자하 여시방
終不能得 一切種智 所以者何 汝是放

일지인 어도해태고 우역불응 희론제
逸之人 於道懈怠故 又亦不應 戲論諸

법 유소쟁경 당어일체중생 기대비상
法 有所諍競 當於一切衆生 起大悲想

어제여래 기자부상 어제보살 기대사
於諸如來 起慈父想 於諸菩薩 起大師

상 어시방제대보살 상응심심 공경예
想 於十方諸大菩薩 常應深心 恭敬禮

배 어일체중생 평등설법 이순법고 부
拜 於一切衆生 平等說法 以順法故 不

다불소 내지심애법자 역불위다설 문
多不少 乃至深愛法者 亦不爲多說 文

수사리 시보살마하살 어후말세 법욕
殊師利 是菩薩摩訶薩 於後末世 法欲

멸시 유성취시 제삼안락행자 설시법
滅時 有成就是 第三安樂行者 說是法

시 무능뇌란 득호동학 공독송시경 역
時 無能惱亂 得好同學 共讀誦是經 亦

득대중 이래청수 청이능지 지이능송
得大衆 而來聽受 聽已能持 持已能誦

송이능설 설이능서 약사인서 공양경
誦已能說 說已能書 若使人書 供養經

권 공경존중찬탄 이시 세존 욕중선차
卷 恭敬尊重讚歎 爾時 世尊 欲重宣此

의 이설게언
義 而說偈言

약욕설시경 당사질에만
若欲說是經 當捨嫉恚慢

첨광사위심 상수질직행
諂誑邪僞心 常修質直行

불경멸어인 역불희론법
不輕蔑於人 亦不戲論法

불령타의회 운여부득불
不令他疑悔 云汝不得佛

시불자설법 상유화능인
是佛子說法 常柔和能忍

자비어일체 불생해태심
慈悲於一切 不生懈怠心

시방대보살 민중고행도
十方大菩薩 愍衆故行道

응생공경심 시즉아대사
應生恭敬心 是則我大師

어제불세존 생무상부상
於諸佛世尊 生無上父想

파어교만심 설법무장애
破於憍慢心 說法無障礙

제삼법여시 지자응수호
第三法如是 智者應守護

일심안락행 무량중소경
一心安樂行 無量衆所敬

우문수사리 보살마하살 어후말세 법
又文殊師利 菩薩摩訶薩 於後末世 法

욕멸시 유지시법화경자 어재가출가인
欲滅時 有持是法華經者 於在家出家人

중 생대자심 어비보살인중 생대비심
中 生大慈心 於非菩薩人中 生大悲心

응작시념 여시지인 즉위대실 여래방
應作是念 如是之人 則爲大失 如來方

편 수의설법 불문부지 불각불문 불신
便 隨宜說法 不聞不知 不覺不問 不信

불해 기인 수불문불신 불해시경 아득
不解 其人 雖不問不信 不解是經 我得

아뇩다라삼먁삼보리시 수재하지 이신
阿耨多羅三藐三菩提時 隨在何地 以神

통력 지혜력인지 영득주시법중 문수
通力 智慧力引之 令得住是法中 文殊

사리 시보살마하살 어여래멸후 유성
師利 是菩薩摩訶薩 於如來滅後 有成

취차 제사법자 설시법시 무유과실 상
就此 第四法者 說是法時 無有過失 常

위비구비구니 우바새우바이 국왕왕자
爲比丘比丘尼 優婆塞優婆夷 國王王子

대신인민 바라문거사등 공양공경 존
大臣人民 婆羅門居士等 供養恭敬 尊

중찬탄 허공제천 위청법고 역상수시
重讚歎 虛空諸天 爲聽法故 亦常隨侍

약재취락성읍 공한림중 유인래 욕난
若在聚落城邑 空閑林中 有人來 欲難

문자 제천주야 상위법고 이위호지 능
問者 諸天晝夜 常爲法故 而衛護之 能

령청자 개득환희 소이자하 차경 시일
令聽者 皆得歡喜 所以者何 此經 是一

체 과거미래현재제불 신력소호고 문
切 過去未來現在諸佛 神力所護故 文

수사리 시법화경 어무량국중 내지명
殊師利 是法華經 於無量國中 乃至名

자 불가득문 하황득견 수지독송 문수
字 不可得聞 何況得見 受持讀誦 文殊

사리 비여강력 전륜성왕 욕이위세 항
師利 譬如强力 轉輪聖王 欲以威勢 降

복제국 이제소왕 불순기명 시전륜왕
伏諸國 而諸小王 不順其命 時轉輪王

기종종병 이왕토벌 왕견병중 전유공
起種種兵 而往討伐 王見兵衆 戰有功

자 즉대환희 수공상사 혹여전택 취락
者 卽大歡喜 隨功賞賜 或與田宅 聚落

성읍 혹여의복 엄신지구 혹여종종진
城邑 或與衣服 嚴身之具 或與種種珍

보 금은유리 자거마노 산호호박 상마
寶 金銀琉璃 硨磲瑪瑙 珊瑚琥珀 象馬

거승 노비인민 유계중명주 불이여지
車乘 奴婢人民 唯髻中明珠 不以與之

소이자하 독왕정상 유차일주 약이여
所以者何 獨王頂上 有此一珠 若以與

지 왕제권속 필대경괴 문수사리 여래
之 王諸眷屬 必大驚怪 文殊師利 如來

역부여시 이선정지혜력 득법국토 왕
亦復如是 以禪定智慧力 得法國土 王

어삼계 이제마왕 불긍순복 여래현성
於三界 而諸魔王 不肯順伏 如來賢聖

제장 여지공전 기유공자 심역환희 어
諸將 與之共戰 其有功者 心亦歡喜 於

사중중 위설제경 영기심열 사이선정
四衆中 爲說諸經 令其心悅 賜以禪定

해탈 무루근력 제법지재 우부사여 열
解脫 無漏根力 諸法之財 又復賜與 涅

반지성 언득멸도 인도기심 영개환희
槃之城 言得滅度 引導其心 令皆歡喜

이불위설 시법화경 문수사리 여전륜
而不爲說 是法華經 文殊師利 如轉輪

왕 견제병중 유대공자 심심환희 이차
王 見諸兵衆 有大功者 心甚歡喜 以此

난신지주 구재계중 불망여인 이금여
難信之珠 久在髻中 不妄與人 而今與

지 여래 역부여시 어삼계중 위대법왕
之 如來 亦復如是 於三界中 爲大法王

이법교화 일체중생 견현성군 여오음
以法敎化 一切衆生 見賢聖軍 與五陰

마 번뇌마 사마공전 유대공훈 멸삼독
魔 煩惱魔 死魔共戰 有大功勳 滅三毒

출삼계 파마망 이시 여래 역대환희
出三界 破魔網 爾時 如來 亦大歡喜

차법화경 능령중생 지일체지 일체세
此法華經 能令衆生 至一切智 一切世

간 다원난신 선소미설 이금설지 문수
間 多怨難信 先所未說 而今說之 文殊

사리 차법화경 시제여래 제일지설 어
師利 此法華經 是諸如來 第一之說 於

제설중 최위심심 말후사여 여피강력
諸說中 最爲甚深 末後賜與 如彼强力

지왕 구호명주 금내여지 문수사리 차
之王 久護明珠 今乃與之 文殊師利 此

법화경 제불여래 비밀지장 어제경중
法華經 諸佛如來 秘密之藏 於諸經中

최재기상 장야수호 불망선설 시어금
最在其上 長夜守護 不妄宣說 始於今

일 내여여등 이부연지 이시 세존 욕
日 乃與汝等 而敷演之 爾時 世尊 欲

중선차의 이설게언
重宣此義 而說偈言

상행인욕 애민일체
常行忍辱 哀愍一切

내능연설 불소찬경
乃能演說 佛所讚經

후말세시 지차경자
後末世時 持此經者

어가출가 급비보살
於家出家 及非菩薩

응생자비 사등불문
應生慈悲 斯等不聞

불신시경 즉위대실
不信是經 則爲大失

아득불도 이제방편
我得佛道 以諸方便

위설차법 영주기중
爲說此法 令住其中

비여강력 전륜지왕
譬如强力 轉輪之王

병전유공 상사제물
兵戰有功 賞賜諸物

상마거승 엄신지구
象馬車乘 嚴身之具

급제전택 취락성읍
及諸田宅 聚落城邑

혹여의복 종종진보
或與衣服 種種珍寶

노비재물 환희사여
奴婢財物 歡喜賜與

여유용건 능위난사
如有勇健 能爲難事

왕해계중 명주사지
王解髻中 明珠賜之

여래역이 위제법왕
如來亦爾 爲諸法王

인욕대력 지혜보장
忍辱大力 智慧寶藏

이대자비 여법화세
以大慈悲 如法化世

견일체인 수제고뇌
見一切人 受諸苦惱

욕구해탈 여제마전
欲求解脫 與諸魔戰

위시중생 설종종법
爲是衆生 說種種法

이대방편 설차제경
以大方便 說此諸經

기지중생 득기력이
旣知衆生 得其力已

말후내위 설시법화
末後乃爲 說是法華

여왕해계 명주여지
如王解髻 明珠與之

차경위존 중경중상
此經爲尊 衆經中上

아상수호 불망개시
我常守護 不妄開示

금정시시 위여등설
今正是時 爲汝等說

아멸도후 구불도자
我滅度後 求佛道者

욕득안은 연설사경
欲得安隱 演說斯經

응당친근 여시사법
應當親近 如是四法

독시경자 상무우뇌
讀是經者 常無憂惱

우무병통 안색선백
又無病痛 顔色鮮白

불생빈궁 비천추루
不生貧窮 卑賤醜陋

중생요견 여모현성
衆生樂見 如慕賢聖

천제동자 이위급사
天諸童子 以爲給使

도장불가 독불능해
刀杖不加 毒不能害

약인악매 구즉폐색
若人惡罵 口則閉塞

유행무외 여사자왕
遊行無畏 如師子王

지혜광명 여일지조
智慧光明 如日之照

약어몽중 단견묘사
若於夢中 但見妙事

견제여래 좌사자좌
見諸如來 坐師子座

제비구중 위요설법
諸比丘衆 圍繞說法

우견용신 아수라등
又見龍神 阿修羅等

수여항사 공경합장
數如恒沙 恭敬合掌

자견기신 이위설법
自見其身 而爲說法

우견제불 신상금색
又見諸佛 身相金色

방무량광 조어일체
放無量光 照於一切

이범음성 연설제법
以梵音聲 演說諸法

불위사중 설무상법
佛爲四衆 說無上法

견신처중 합장찬불
見身處中 合掌讚佛

문법환희 이위공양
聞法歡喜 而爲供養

득다라니 증불퇴지
得陀羅尼 證不退智

불지기심 심입불도
佛知其心 深入佛道

즉위수기 성최정각
卽爲授記 成最正覺

여선남자 당어내세
汝善男子 當於來世

득무량지 불지대도
得無量智 佛之大道

국토엄정 광대무비
國土嚴淨 廣大無比

역유사중 합장청법
亦有四衆 合掌聽法

우견자신 재산림중
又見自身 在山林中

수습선법 증제실상
修習善法 證諸實相

심입선정 견시방불
深入禪定 見十方佛

제불신금색 백복상장엄
諸佛身金色 百福相莊嚴

문법위인설 상유시호몽
聞法爲人說 常有是好夢

우몽작국왕 사궁전권속
又夢作國王 捨宮殿眷屬

급상묘오욕 행예어도량
及上妙五欲 行詣於道場

재보리수하 이처사자좌
在菩提樹下 而處師子座

구도과칠일 득제불지지
求道過七日 得諸佛之智

성무상도이 기이전법륜
成無上道已 起而轉法輪

위사중설법 경천만억겁
爲四衆說法 經千萬億劫

설무루묘법 도무량중생
說無漏妙法 度無量衆生

후당입열반 여연진등멸
後當入涅槃 如烟盡燈滅

약후악세중 설시제일법
若後惡世中 說是第一法

시인득대리 여상제공덕
是人得大利 如上諸功德

종지용출품 제십오
從地涌出品 第十五

이시 타방국토 제래보살마하살 과팔
爾時 他方國土 諸來菩薩摩訶薩 過八

항하사수 어대중중기립 합장작례 이
恒河沙數 於大衆中起立 合掌作禮 而

백불언 세존 약청아등 어불멸후 재차
白佛言 世尊 若聽我等 於佛滅後 在此

사바세계 근가정진 호지독송 서사공
娑婆世界 勤加精進 護持讀誦 書寫供

양 시경전자 당어차토 이광설지 이시
養 是經典者 當於此土 而廣說之 爾時

불고제보살마하살중 지선남자 불수여
佛告諸菩薩摩訶薩衆 止善男子 不須汝

등 호지차경 소이자하 아사바세계 자
等 護持此經 所以者何 我娑婆世界 自

유육만항하사등 보살마하살 일일보살
有六萬恒河沙等 菩薩摩訶薩 一一菩薩

각유육만 항하사권속 시제인등 능어
各有六萬 恒河沙眷屬 是諸人等 能於

아멸후 호지독송 광설차경 불설시시
我滅後 護持讀誦 廣說此經 佛說是時

사바세계 삼천대천국토 지개진열 이
娑婆世界 三千大千國土 地皆震裂 而

어기중 유무량천만억 보살마하살 동
於其中 有無量千萬億 菩薩摩訶薩 同

시용출 시제보살 신개금색 삼십이상
時涌出 是諸菩薩 身皆金色 三十二相

무량광명 선진재차 사바세계지하 차
無量光明 先盡在此 娑婆世界之下 此

계허공중주 시제보살 문석가모니불
界虛空中住 是諸菩薩 聞釋迦牟尼佛

소설음성 종하발래 일일보살 개시대
所說音聲 從下發來 一一菩薩 皆是大

중창도지수 각장육만 항하사권속 황
衆唱導之首 各將六萬 恒河沙眷屬 況

장오만 사만 삼만 이만 일만 항하사
將五萬 四萬 三萬 二萬 一萬 恒河沙

등 권속자 황부내지 일항하사 반항하
等 眷屬者 況復乃至 一恒河沙 半恒河

사 사분지일 내지천만억 나유타분지
沙 四分之一 乃至千萬億 那由他分之

일 황부천만억 나유타권속 황부억만
一 況復千萬億 那由他眷屬 況復億萬

권속 황부천만 백만 내지일만 황부일
眷屬 況復千萬 百萬 乃至一萬 況復一

천 일백 내지일십 황부장 오사삼이일
千 一百 乃至一十 況復將 五四三二一

제자자 황부단기 낙원리행 여시등비
弟子者 況復單己 樂遠離行 如是等比

무량무변 산수비유 소불능지 시제보
無量無邊 算數譬喩 所不能知 是諸菩

살 종지출이 각예허공 칠보묘탑 다보
薩 從地出已 各詣虛空 七寶妙塔 多寶

여래 석가모니불소 도이 향이세존 두
如來 釋迦牟尼佛所 到已 向二世尊 頭

면예족 급지제보수하 사자좌상불소
面禮足 及至諸寶樹下 師子座上佛所

역개작례 우요삼잡 합장공경 이제보
亦皆作禮 右繞三匝 合掌恭敬 以諸菩

살 종종찬법 이이찬탄 주재일면 흔락
薩 種種讚法 而以讚歎 住在一面 欣樂

첨앙 어이세존 시제보살마하살 종초
瞻仰 於二世尊 是諸菩薩摩訶薩 從初

용출 이제보살 종종찬법 이찬어불 여
涌出 以諸菩薩 種種讚法 而讚於佛 如

시시간 경오십소겁 시시 석가모니불
是時間 經五十小劫 是時 釋迦牟尼佛

묵연이좌 급제사중 역개묵연 오십소
默然而坐 及諸四衆 亦皆默然 五十小

겁 불신력고 영제대중 위여반일 이시
劫 佛神力故 令諸大衆 謂如半日 爾時

사중 역이불신력고 견제보살 변만무
四衆 亦以佛神力故 見諸菩薩 遍滿無

량 백천만억 국토허공 시보살중중 유
量 百千萬億 國土虛空 是菩薩衆中 有

사도사 일명상행 이명무변행 삼명정
四導師 一名上行 二名無邊行 三名淨

행 사명안립행 시사보살 어기중중 최
行 四名安立行 是四菩薩 於其衆中 最

위상수 창도지사 재대중전 각공합장
爲上首 唱導之師 在大衆前 各共合掌

관석가모니불 이문신언 세존 소병소
觀釋迦牟尼佛 而問訊言 世尊 少病少

뇌 안락행부 소응도자 수교이부 불령
惱 安樂行不 所應度者 受教易不 不令

세존 생피로야 이시 사대보살 이설게
世尊 生疲勞耶 爾時 四大菩薩 而說偈

언
言

세존안락 소병소뇌
世尊安樂 少病少惱

교화중생 득무피권
教化衆生 得無疲惓

우제중생 수화이부
又諸衆生 受化易不

불령세존 생피로야
不令世尊 生疲勞耶

이시 세존 어보살대중중 이작시언 여
爾時 世尊 於菩薩大衆中 而作是言 如

시여시 제선남자 여래안락 소병소뇌
是如是 諸善男子 如來安樂 少病少惱

제중생등 이가화도 무유피로 소이자
諸衆生等 易可化度 無有疲勞 所以者

하 시제중생 세세이래 상수아화 역어
何 是諸衆生 世世已來 常受我化 亦於

과거제불 공경존중 종제선근 차제중
過去諸佛 恭敬尊重 種諸善根 此諸衆

생 시견아신 문아소설 즉개신수 입여
生 始見我身 聞我所說 卽皆信受 入如

래혜 제선수습 학소승자 여시지인 아
來慧 除先修習 學小乘者 如是之人 我

금역령 득문시경 입어불혜 이시 제대
今亦令 得聞是經 入於佛慧 爾時 諸大

보살 이설게언
菩薩 而說偈言

선재선재 대웅세존
善哉善哉 大雄世尊

제중생등 이가화도
諸衆生等 易可化度

능문제불 심심지혜
能問諸佛 甚深智慧

문이신행 아등수희
聞已信行 我等隨喜

어시세존 찬탄상수 제대보살 선재선
於時世尊 讚歎上首 諸大菩薩 善哉善

재 선남자 여등 능어여래 발수희심
哉 善男子 汝等 能於如來 發隨喜心

이시 미륵보살 급팔천항하사 제보살
爾時 彌勒菩薩 及八千恒河沙 諸菩薩

중 개작시념 아등 종석이래 불견불문
衆 皆作是念 我等 從昔已來 不見不聞

여시대보살마하살중 종지용출 주세존
如是大菩薩摩訶薩衆 從地涌出 住世尊

전 합장공양 문신여래 시 미륵보살마
前 合掌供養 問訊如來 時 彌勒菩薩摩

하살 지팔천항하사 제보살등 심지소
訶薩 知八千恒河沙 諸菩薩等 心之所

념 병욕자결소의 합장향불 이게문왈
念 幷欲自決所疑 合掌向佛 以偈問曰

무량천만억 대중제보살
無量千萬億 大衆諸菩薩

석소미증견 원양족존설
昔所未曾見 願兩足尊說

시종하소래 이하인연집
是從何所來 以何因緣集

거신대신통 지혜파사의
巨身大神通 智慧叵思議

기지념견고 유대인욕력
其志念堅固 有大忍辱力

중생소락견 위종하소래
衆生所樂見 爲從何所來

일일제보살 소장제권속
一一諸菩薩 所將諸眷屬

기수무유량 여항하사등
其數無有量 如恒河沙等

혹유대보살 장육만항사
或有大菩薩 將六萬恒沙

여시제대중 일심구불도
如是諸大衆 一心求佛道

시제대사등 육만항하사
是諸大師等 六萬恒河沙

구래공양불 급호지시경
俱來供養佛 及護持是經

장오만항사 기수과어시
將五萬恒沙 其數過於是

사만급삼만 이만지일만
四萬及三萬 二萬至一萬

일천일백등 내지일항사
一千一百等 乃至一恒沙

반급삼사분 억만분지일
半及三四分 億萬分之一

천만나유타 만억제제자
千萬那由他 萬億諸弟子

내지어반억 기수부과상
乃至於半億 其數復過上

백만지일만 일천급일백
百萬至一萬 一千及一百

오십여일십 내지삼이일
五十與一十 乃至三二一

단기무권속 낙어독처자
單己無眷屬 樂於獨處者

구래지불소 기수전과상
俱來至佛所 其數轉過上

여시제대중 약인행주수
如是諸大衆 若人行籌數

과어항사겁 유불능진지
過於恒沙劫 猶不能盡知

시제대위덕 정진보살중
是諸大威德 精進菩薩衆

수위기설법 교화이성취
誰爲其說法 敎化而成就

종수초발심 칭양하불법
從誰初發心 稱揚何佛法

수지행수경 수습하불도
受持行誰經 修習何佛道

여시제보살 신통대지력
如是諸菩薩 神通大智力

사방지진열 개종중용출
四 方 地 震 裂　皆 從 中 涌 出

세존아석래 미증견시사
世 尊 我 昔 來　未 曾 見 是 事

원설기소종 국토지명호
願 說 其 所 從　國 土 之 名 號

아상유제국 미증견시중
我 常 遊 諸 國　未 曾 見 是 衆

아어차중중 내불식일인
我 於 此 衆 中　乃 不 識 一 人

홀연종지출 원설기인연
忽 然 從 地 出　願 說 其 因 緣

금차지대회 무량백천억
今 此 之 大 會　無 量 百 千 億

시제보살등 개욕지차사
是 諸 菩 薩 等　皆 欲 知 此 事

시제보살중 본말지인연
是 諸 菩 薩 衆　本 末 之 因 緣

무량덕세존 유원결중의
無 量 德 世 尊　唯 願 決 衆 疑

이시 석가모니 분신제불 종무량천만
爾時 釋迦牟尼 分身諸佛 從無量千萬

억 타방국토래자 재어팔방 제보수하
億 他方國土來者 在於八方 諸寶樹下

사자좌상 결가부좌 기불시자 각각견
師子座上 結跏趺坐 其佛侍者 各各見

시 보살대중 어삼천대천세계사방 종
是 菩薩大衆 於三千大千世界四方 從

지용출 주어허공 각백기불언 세존 차
地涌出 住於虛空 各白其佛言 世尊 此

제무량무변 아승기 보살대중 종하소
諸無量無邊 阿僧祇 菩薩大衆 從何所

래 이시 제불 각고시자 제선남자 차
來 爾時 諸佛 各告侍者 諸善男子 且

대수유 유보살마하살 명왈미륵 석가
待須臾 有菩薩摩訶薩 名曰彌勒 釋迦

모니불지소수기 차후작불 이문사사
牟尼佛之所授記 次後作佛 以問斯事

불금답지 여등자당 인시득문 이시 석
佛今答之 汝等自當 因是得聞 爾時 釋

가모니불 고미륵보살 선재선재 아일
迦牟尼佛 告彌勒菩薩 善哉善哉 阿逸

다 내능문불 여시대사 여등 당공일심
多 乃能問佛 如是大事 汝等 當共一心

피정진개 발견고의 여래금욕 현발선
被精進鎧 發堅固意 如來今欲 顯發宣

시 제불지혜 제불자재신통지력 제불
示 諸佛智慧 諸佛自在神通之力 諸佛

사자분신지력 제불위맹대세지력 이시
師子奮迅之力 諸佛威猛大勢之力 爾時

세존 욕중선차의 이설게언
世尊 欲重宣此義 而說偈言

당정진일심 아욕설차사
當精進一心 我欲說此事

물득유의회 불지파사의
勿得有疑悔 佛智叵思議

여금출신력 주어인선중
汝今出信力 住於忍善中

석소미문법 금개당득문
昔所未聞法 今皆當得聞

아금안위여 물득회의구
我今安慰汝 勿得懷疑懼

불무부실어 지혜불가량
佛無不實語 智慧不可量

소득제일법 심심파분별
所得第一法 甚深叵分別

여시금당설 여등일심청
如是今當說 汝等一心聽

이시 세존 설차게이 고미륵보살 아금
爾時 世尊 說此偈已 告彌勒菩薩 我今

어차대중 선고여등 아일다 시제대보
於此大衆 宣告汝等 阿逸多 是諸大菩

살마하살 무량무수 아승기 종지용출
薩摩訶薩 無量無數 阿僧祇 從地涌出

여등 석소미견자 아어시사바세계 득
汝等 昔所未見者 我於是娑婆世界 得

아뇩다라삼먁삼보리이 교화시도 시제
阿耨多羅三藐三菩提已 敎化示導 是諸

보살 조복기심 영발도의 차제보살 개
菩薩 調伏其心 令發道意 此諸菩薩 皆

어시 사바세계지하 차계허공중주 어
於是 娑婆世界之下 此界虛空中住 於

제경전 독송통리 사유분별 정억념 아
諸經典 讀誦通利 思惟分別 正憶念 阿

일다 시제선남자등 불락재중 다유소
逸多 是諸善男子等 不樂在衆 多有所

설 상락정처 근행정진 미증휴식 역불
說 常樂靜處 勤行精進 未曾休息 亦不

의지 인천이주 상락심지 무유장애 역
依止 人天而住 常樂深智 無有障礙 亦

상락어 제불지법 일심정진 구무상혜
常樂於 諸佛之法 一心精進 求無上慧

이시 세존 욕중선차의 이설게언
爾時 世尊 欲重宣此義 而說偈言

아일여당지 시제대보살
阿逸汝當知 是諸大菩薩

종무수겁래 수습불지혜
從無數劫來 修習佛智慧

실시아소화 영발대도심
悉是我所化 令發大道心

차등시아자 의지시세계
此 等 是 我 子 依 止 是 世 界

상행두타사 지락어정처
常 行 頭 陀 事 志 樂 於 靜 處

사대중궤뇨 불락다소설
捨 大 衆 憒 閙 不 樂 多 所 說

여시제자등 학습아도법
如 是 諸 子 等 學 習 我 道 法

주야상정진 위구불도고
晝 夜 常 精 進 爲 求 佛 道 故

재사바세계 하방공중주
在 娑 婆 世 界 下 方 空 中 住

지념력견고 상근구지혜
志 念 力 堅 固 常 勤 求 智 慧

설종종묘법 기심무소외
說 種 種 妙 法 其 心 無 所 畏

아어가야성 보리수하좌
我 於 伽 耶 城 菩 提 樹 下 坐

득성최정각 전무상법륜
得 成 最 正 覺 轉 無 上 法 輪

이내교화지 영초발도심
爾乃教化之 令初發道心

금개주불퇴 실당득성불
今皆住不退 悉當得成佛

아금설실어 여등일심신
我今說實語 汝等一心信

아종구원래 교화시등중
我從久遠來 教化是等衆

이시 미륵보살마하살 급무수제보살등
爾時 彌勒菩薩摩訶薩 及無數諸菩薩等

심생의혹 괴미증유 이작시념 운하세
心生疑惑 怪未曾有 而作是念 云何世

존 어소시간 교화여시 무량무변아승
尊 於少時間 教化如是 無量無邊阿僧

기 제대보살 영주아뇩다라삼먁삼보리
祇 諸大菩薩 令住阿耨多羅三藐三菩提

즉백불언 세존 여래위태자시 출어석
卽白佛言 世尊 如來爲太子時 出於釋

궁 거가야성불원 좌어도량 득성아뇩
宮 去伽耶城不遠 坐於道場 得成阿耨

다라삼먁삼보리 종시이래 시과사십여
多羅三藐三菩提 從是已來 始過四十餘

년 세존 운하어차소시 대작불사 이불
年 世尊 云何於此少時 大作佛事 以佛

세력 이불공덕 교화여시 무량대보살
勢力 以佛功德 敎化如是 無量大菩薩

중 당성아뇩다라삼먁삼보리 세존 차
衆 當成阿耨多羅三藐三菩提 世尊 此

대보살중 가사유인 어천만억겁 수불
大菩薩衆 假使有人 於千萬億劫 數不

능진 부득기변 사등 구원이래 어무량
能盡 不得其邊 斯等 久遠已來 於無量

무변 제불소 식제선근 성취보살도 상
無邊 諸佛所 植諸善根 成就菩薩道 常

수범행 세존 여차지사 세소난신 비여
修梵行 世尊 如此之事 世所難信 譬如

유인 색미발흑 연이십오 지백세인 언
有人 色美髮黑 年二十五 指百歲人 言

시아자 기백세인 역지년소 언시아부
是我子 其百歲人 亦指年少 言是我父

생육아등 시사난신 불역여시 득도이
生育我等 是事難信 佛亦如是 得道已

래 기실미구 이차대중 제보살등 이어
來 其實未久 而此大衆 諸菩薩等 已於

무량천만억겁 위불도고 근행정진 선
無量千萬億劫 爲佛道故 勤行精進 善

입출주 무량백천만억삼매 득대신통
入出住 無量百千萬億三昧 得大神通

구수범행 선능차제 습제선법 교어문
久修梵行 善能次第 習諸善法 巧於問

답 인중지보 일체세간 심위희유 금일
答 人中之寶 一切世間 甚爲希有 今日

세존 방운 득불도시 초령발심 교화시
世尊 方云 得佛道時 初令發心 教化示

도 영향아뇩다라삼먁삼보리 세존 득
導 令向阿耨多羅三藐三菩提 世尊 得

불미구 내능작차 대공덕사 아등 수부
佛未久 乃能作此 大功德事 我等 雖復

신불 수의소설 불소출언 미증허망 불
信佛 隨宜所說 佛所出言 未曾虛妄 佛

소지자 개실통달 연 제신발의보살 어
所知者 皆悉通達 然 諸新發意菩薩 於

불멸후 약문시어 혹불신수 이기파법
佛滅後 若聞是語 或不信受 而起破法

죄업인연 유연세존 원위해설 제아등
罪業因緣 唯然世尊 願爲解說 除我等

의 급미래세 제선남자 문차사이 역불
疑 及未來世 諸善男子 聞此事已 亦不

생의 이시 미륵보살 욕중선차의 이설
生疑 爾時 彌勒菩薩 欲重宣此義 而說

게언
偈言

불석종석종 출가근가야
佛昔從釋種 出家近伽耶

좌어보리수 이래상미구
坐於菩提樹 爾來尚未久

차제불자등 기수불가량
此諸佛子等 其數不可量

구이행불도 주어신통력
久已行佛道 住於神通力

선학보살도 불염세간법
善學菩薩道 不染世間法

여연화재수 종지이용출
如蓮華在水 從地而涌出

개기공경심 주어세존전
皆起恭敬心 住於世尊前

시사난사의 운하이가신
是事難思議 云何而可信

불득도심근 소성취심다
佛得道甚近 所成就甚多

원위제중의 여실분별설
願爲除衆疑 如實分別說

비여소장인 연시이십오
譬如少壯人 年始二十五

시인백세자 발백이면추
示人百歲子 髮白而面皺

시등아소생 자역설시부
是等我所生 子亦說是父

부소이자로 거세소불신
父少而子老 擧世所不信

세존역여시 득도래심근
世尊亦如是 得道來甚近

시제보살등 지고무겁약
是諸菩薩等 志固無怯弱

종무량겁래 이행보살도
從無量劫來 而行菩薩道

교어난문답 기심무소외
巧於難問答 其心無所畏

인욕심결정 단정유위덕
忍辱心決定 端正有威德

시방불소찬 선능분별설
十方佛所讚 善能分別說

불락재인중 상호재선정
不樂在人衆 常好在禪定

위구불도고 어하공중주
爲求佛道故 於下空中住

아등종불문 어차사무의
我等從佛聞 於此事無疑

원불위미래 연설령개해
願佛爲未來 演說令開解

약유어차경 생의불신자
若 有 於 此 經　生 疑 不 信 者

즉당타악도 원금위해설
卽 當 墮 惡 道　願 今 爲 解 說

시무량보살 운하어소시
是 無 量 菩 薩　云 何 於 少 時

교화령발심 이주불퇴지
敎 化 令 發 心　而 住 不 退 地

여래수량품 제십육
如來壽量品 第十六

이시 불고제보살 급일체대중 제선남
爾時 佛告諸菩薩 及一切大衆 諸善男

자 여등당신해 여래성제지어 부고대
子 汝等當信解 如來誠諦之語 復告大

중 여등당신해 여래성제지어 우부고
衆 汝等當信解 如來誠諦之語 又復告

제대중 여등당신해 여래성제지어 시
諸大衆 汝等當信解 如來誠諦之語 是

시 보살대중 미륵위수 합장백불언 세
時 菩薩大衆 彌勒爲首 合掌白佛言 世

존 유원설지 아등 당신수불어 여시삼
尊 唯願說之 我等 當信受佛語 如是三

백이 부언 유원설지 아등 당신수불어
白已 復言 唯願說之 我等 當信受佛語

이시 세존 지제보살 삼청부지 이고지
爾時 世尊 知諸菩薩 三請不止 而告之

언 여등제청 여래비밀 신통지력 일체
言 汝等諦聽 如來秘密 神通之力 一切

세간 천인급아수라 개위금 석가모니
世間 天人及阿修羅 皆謂今 釋迦牟尼

불 출석씨궁 거가야성불원 좌어도량
佛 出釋氏宮 去伽耶城不遠 坐於道場

득아뇩다라삼먁삼보리 연 선남자 아
得阿耨多羅三藐三菩提 然 善男子 我

실성불이래 무량무변 백천만억 나유
實成佛已來 無量無邊 百千萬億 那由

타겁 비여오백천만억 나유타 아승기
他劫 譬如五百千萬億 那由他 阿僧祇

삼천대천세계 가사유인 말위미진 과
三千大千世界 假使有人 抹爲微塵 過

어동방 오백천만억 나유타 아승기국
於東方 五百千萬億 那由他 阿僧祇國

내하일진 여시동행 진시미진 제선남
乃下一塵 如是東行 盡是微塵 諸善男

자 어의운하 시제세계 가득사유교계
子 於意云何 是諸世界 可得思惟校計

지기수부 미륵보살등 구백불언 세존
知其數不 彌勒菩薩等 俱白佛言 世尊

시제세계 무량무변 비산수소지 역비
是諸世界 無量無邊 非算數所知 亦非

심력소급 일체성문벽지불 이무루지
心力所及 一切聲聞辟支佛 以無漏智

불능사유 지기한수 아등 주아유월치
不能思惟 知其限數 我等 住阿惟越致

지 어시사중 역소부달 세존 여시제세
地 於是事中 亦所不達 世尊 如是諸世

계 무량무변 이시 불고대보살중 제선
界 無量無邊 爾時 佛告大菩薩衆 諸善

남자 금당분명 선어여등 시제세계 약
男子 今當分明 宣語汝等 是諸世界 若

착미진 급불착자 진이위진 일진일겁
著微塵 及不著者 盡以爲塵 一塵一劫

아성불이래 부과어차 백천만억 나유
我成佛已來 復過於此 百千萬億 那由

타 아승기겁 자종시래 아상재차 사바
他 阿僧祇劫 自從是來 我常在此 娑婆

세계 설법교화 역어여처 백천만억 나
世界 說法敎化 亦於餘處 百千萬億 那

유타 아승기국 도리중생 제선남자 어
由他 阿僧祇國 導利衆生 諸善男子 於

시중간 아설연등불등 우부언기 입어
是中間 我說燃燈佛等 又復言其 入於

열반 여시 개이방편분별 제선남자 약
涅槃 如是 皆以方便分別 諸善男子 若

유중생 내지아소 아이불안 관기신등
有衆生 來至我所 我以佛眼 觀其信等

제근이둔 수소응도 처처자설 명자부
諸根利鈍 隨所應度 處處自說 名字不

동 연기대소 역부현언 당입열반 우이
同 年紀大小 亦復現言 當入涅槃 又以

종종방편 설미묘법 능령중생 발환희
種種方便 說微妙法 能令衆生 發歡喜

심 제선남자 여래 견제중생 낙어소법
心 諸善男子 如來 見諸衆生 樂於小法

덕박구중자 위시인설 아소출가 득아
德薄垢重者 爲是人說 我少出家 得阿

녹다라삼먁삼보리 연 아실성불이래
耨多羅三藐三菩提 然 我實成佛已來

구원약사 단이방편 교화중생 영입불
久遠若斯 但以方便 敎化衆生 令入佛

도 작여시설 제선남자 여래소연경전
道 作如是說 諸善男子 如來所演經典

개위도탈중생 혹설기신 혹설타신 혹
皆爲度脫衆生 或說己身 或說他身 或

시기신 혹시타신 혹시기사 혹시타사
示己身 或示他身 或示己事 或示他事

제소언설 개실불허 소이자하 여래 여
諸所言說 皆實不虛 所以者何 如來 如

실지견 삼계지상 무유생사 약퇴약출
實知見 三界之相 無有生死 若退若出

역무재세 급멸도자 비실비허 비여비
亦無在世 及滅度者 非實非虛 非如非

이 불여삼계 견어삼계 여사지사 여래
異 不如三界 見於三界 如斯之事 如來

명견 무유착류 이제중생 유종종성 종
明見 無有錯謬 以諸衆生 有種種性 種

종욕 종종행 종종억상분별고 욕령생
種欲 種種行 種種憶想分別故 欲令生

제선근 이약간인연 비유언사 종종설
諸善根 以若干因緣 譬喩言辭 種種說

법 소작불사 미증잠폐 여시 아성불이
法 所作佛事 未曾暫廢 如是 我成佛已

래 심대구원 수명 무량아승기겁 상주
來 甚大久遠 壽命 無量阿僧祇劫 常住

불멸 제선남자 아본행보살도 소성수
不滅 諸善男子 我本行菩薩道 所成壽

명 금유미진 부배상수 연 금비실멸도
命 今猶未盡 復倍上數 然 今非實滅度

이변창언 당취멸도 여래 이시방편 교
而便唱言 當取滅度 如來 以是方便 教

화중생 소이자하 약불구주어세 박덕
化衆生 所以者何 若佛久住於世 薄德

지인 부종선근 빈궁하천 탐착오욕 입
之人 不種善根 貧窮下賤 貪著五欲 入

어억상망견망중 약견여래 상재불멸
於憶想妄見網中 若見如來 常在不滅

변기교자 이회염태 불능생 난조지상
便起憍恣 而懷厭怠 不能生 難遭之想

공경지심 시고여래 이방편설 비구당
恭敬之心 是故如來 以方便說 比丘當

지 제불출세 난가치우 소이자하 제박
知 諸佛出世 難可値遇 所以者何 諸薄

덕인 과무량백천만억겁 혹유견불 혹
德人 過無量百千萬億劫 或有見佛 或

불견자 이차사고 아작시언 제비구 여
不見者 以此事故 我作是言 諸比丘 如

래난가득견 사중생등 문여시어 필당
來難可得見 斯衆生等 聞如是語 必當

생어 난조지상 심회연모 갈앙어불 변
生於 難遭之想 心懷戀慕 渴仰於佛 便

종선근 시고여래 수불실멸 이언멸도
種善根 是故如來 雖不實滅 而言滅度

우선남자 제불여래 법개여시 위도중
又善男子 諸佛如來 法皆如是 爲度衆

생 개실불허 비여양의 지혜총달 명련
生 皆實不虛 譬如良醫 智慧聰達 明練

방약 선치중병 기인 다제자식 약십이
方藥 善治衆病 其人 多諸子息 若十二

십 내지백수 이유사연 원지여국 제자
十 乃至百數 以有事緣 遠至餘國 諸子

어후 음타독약 약발민란 완전우지 시
於後 飮他毒藥 藥發悶亂 宛轉于地 是

시기부 환래귀가 제자음독 혹실본심
時其父 還來歸家 諸子飮毒 或失本心

혹불실자 요견기부 개대환희 배궤문
或不失者 遙見其父 皆大歡喜 拜跪問

신 선안은귀 아등우치 오복독약 원견
訊 善安隱歸 我等愚癡 誤服毒藥 願見

구료 갱사수명 부견자등 고뇌여시 의
救療 更賜壽命 父見子等 苦惱如是 依

제경방 구호약초 색향미미 개실구족
諸經方 求好藥草 色香美味 皆悉具足

도사화합 여자영복 이작시언 차대양
擣篩和合 與子令服 而作是言 此大良

약 색향미미 개실구족 여등가복 속제
藥 色香美味 皆悉具足 汝等可服 速除

고뇌 무부중환 기제자중 불실심자 견
苦惱 無復衆患 其諸子中 不失心者 見

차양약 색향구호 즉변복지 병진제유
此良藥 色香俱好 卽便服之 病盡除愈

여실심자 견기부래 수역환희문신 구
餘失心者 見其父來 雖亦歡喜問訊 求

색치병 연 여기약 이불긍복 소이자하
索治病 然 與其藥 而不肯服 所以者何

독기심입 실본심고 어차호색향약 이
毒氣深入 失本心故 於此好色香藥 而

위불미 부작시념 차자가민 위독소중
謂不美 父作是念 此子可愍 爲毒所中

심개전도 수견아희 구색구료 여시호
心皆顚倒 雖見我喜 求索救療 如是好

약 이불긍복 아금 당설방편 영복차약
藥 而不肯服 我今 當設方便 令服此藥

즉작시언 여등당지 아금쇠로 사시이
卽作是言 汝等當知 我今衰老 死時已

지 시호양약 금류재차 여가취복 물우
至 是好良藥 今留在此 汝可取服 勿憂

불차 작시교이 부지타국 견사환고 여
不差 作是教已 復至他國 遣使還告 汝

부이사 시시제자 문부배상 심대우뇌
父已死 是時諸子 聞父背喪 心大憂惱

이작시념 약부재자 자민아등 능견구
而作是念 若父在者 慈愍我等 能見救

호 금자사아 원상타국 자유고로 무부
護 今者捨我 遠喪他國 自惟孤露 無復

시호 상회비감 심수성오 내지차약 색
恃怙 常懷悲感 心遂醒悟 乃知此藥 色

미향미 즉취복지 독병개유 기부문자
味香美 卽取服之 毒病皆愈 其父聞子

실이득차 심변래귀 함사견지 제선남
悉已得差 尋便來歸 咸使見之 諸善男

자 어의운하 파유인 능설차양의 허망
子 於意云何 頗有人 能說此良醫 虛妄

죄부 불야세존 불언 아역여시 성불이
罪不 不也世尊 佛言 我亦如是 成佛已

래 무량무변 백천만억 나유타 아승기
來 無量無邊 百千萬億 那由他 阿僧祇

겁 위중생고 이방편력 언당멸도 역무
劫 爲衆生故 以方便力 言當滅度 亦無

유능여법설 아허망과자 이시 세존 욕
有能如法說 我虛妄過者 爾時 世尊 欲

중선차의 이설게언
重宣此義 而說偈言

자아득불래 소경제겁수
自我得佛來 所經諸劫數

무량백천만 억재아승기
無量百千萬 億載阿僧祇

상설법교화 무수억중생
常說法教化 無數億衆生

영입어불도 이래무량겁
令入於佛道 爾來無量劫

위도중생고 방편현열반
爲度衆生故 方便現涅槃

이실불멸도 상주차설법
而實不滅度 常住此說法

아상주어차 이제신통력
我常住於此 以諸神通力

영전도중생 수근이불견
令顚倒衆生 雖近而不見

중견아멸도 광공양사리
衆見我滅度 廣供養舍利

함개회연모 이생갈앙심
咸皆懷戀慕 而生渴仰心

중생기신복 질직의유연
衆生旣信伏 質直意柔軟

일심욕견불 부자석신명
一心欲見佛 不自惜身命

시아급중승 구출영취산
時我及衆僧 俱出靈鷲山

아시어중생 상재차불멸
我時語衆生 常在此不滅

이방편력고 현유멸불멸
以方便力故 現有滅不滅

여국유중생 공경신요자
餘國有衆生 恭敬信樂者

아부어피중 위설무상법
我復於彼中 爲說無上法

여등불문차 단위아멸도
汝 等 不 聞 此 但 謂 我 滅 度

아견제중생 몰재어고뇌
我 見 諸 衆 生 沒 在 於 苦 惱

고불위현신 영기생갈앙
故 不 爲 現 身 令 其 生 渴 仰

인기심연모 내출위설법
因 其 心 戀 慕 乃 出 爲 說 法

신통력여시 어아승기겁
神 通 力 如 是 於 阿 僧 祇 劫

상재영취산 급여제주처
常 在 靈 鷲 山 及 餘 諸 住 處

중생견겁진 대화소소시
衆 生 見 劫 盡 大 火 所 燒 時

아차토안은 천인상충만
我 此 土 安 隱 天 人 常 充 滿

원림제당각 종종보장엄
園 林 諸 堂 閣 種 種 寶 莊 嚴

보수다화과 중생소유락
寶 樹 多 花 果 衆 生 所 遊 樂

제천격천고 상작중기악
諸天擊天鼓 常作衆伎樂

우만다라화 산불급대중
雨曼陀羅花 散佛及大衆

아정토불훼 이중견소진
我淨土不毁 而衆見燒盡

우포제고뇌 여시실충만
憂怖諸苦惱 如是悉充滿

시제죄중생 이악업인연
是諸罪衆生 以惡業因緣

과아승기겁 불문삼보명
過阿僧祇劫 不聞三寶名

제유수공덕 유화질직자
諸有修功德 柔和質直者

즉개견아신 재차이설법
則皆見我身 在此而說法

혹시위차중 설불수무량
或時爲此衆 說佛壽無量

구내견불자 위설불난치
久乃見佛者 爲說佛難値

아지력여시 혜광조무량
我 智 力 如 是 慧 光 照 無 量

수명무수겁 구수업소득
壽 命 無 數 劫 久 修 業 所 得

여등유지자 물어차생의
汝 等 有 智 者 勿 於 此 生 疑

당단령영진 불어실불허
當 斷 令 永 盡 佛 語 實 不 虛

여의선방편 위치광자고
如 醫 善 方 便 爲 治 狂 子 故

실재이언사 무능설허망
實 在 而 言 死 無 能 說 虛 妄

아역위세부 구제고환자
我 亦 爲 世 父 救 諸 苦 患 者

위범부전도 실재이언멸
爲 凡 夫 顚 倒 實 在 而 言 滅

이상견아고 이생교자심
以 常 見 我 故 而 生 憍 恣 心

방일착오욕 타어악도중
放 逸 著 五 欲 墮 於 惡 道 中

아상지중생 행도불행도
我常知衆生 行道不行道

수소응가도 위설종종법
隨所應可度 爲說種種法

매자작시의 이하령중생
每自作是意 以何令衆生

득입무상혜 속성취불신
得入無上慧 速成就佛身

분별공덕품 제십칠
分別功德品 第十七

이시 대회 문불설 수명겁수 장원여시
爾時 大會 聞佛說 壽命劫數 長遠如是

무량무변 아승기중생 득대요익 어시
無量無邊 阿僧祇衆生 得大饒益 於時

세존 고미륵보살마하살 아일다 아설
世尊 告彌勒菩薩摩訶薩 阿逸多 我說

시 여래수명장원시 육백팔십만억 나
是 如來壽命長遠時 六百八十萬億 那

유타 항하사중생 득무생법인 부유천
由他 恒河沙衆生 得無生法忍 復有千

배 보살마하살 득문지다라니문 부유
倍 菩薩摩訶薩 得聞持陀羅尼門 復有

일세계 미진수 보살마하살 득요설무
一世界 微塵數 菩薩摩訶薩 得樂說無

애변재 부유일세계 미진수 보살마하
礙辯才 復有一世界 微塵數 菩薩摩訶

살 득백천만억 무량선다라니 부유삼
薩 得百千萬億 無量旋陀羅尼 復有三

천대천세계 미진수 보살마하살 능전
千大千世界 微塵數 菩薩摩訶薩 能轉

불퇴법륜 부유이천중국토 미진수 보
不退法輪 復有二千中國土 微塵數 菩

살마하살 능전청정법륜 부유소천국토
薩摩訶薩 能轉淸淨法輪 復有小千國土

미진수 보살마하살 팔생당득 아뇩다
微塵數 菩薩摩訶薩 八生當得 阿耨多

라삼먁삼보리 부유사사천하 미진수
羅三藐三菩提 復有四四天下 微塵數

보살마하살 사생당득 아뇩다라삼먁삼
菩薩摩訶薩 四生當得 阿耨多羅三藐三

보리 부유삼사천하 미진수 보살마하
菩提 復有三四天下 微塵數 菩薩摩訶

살 삼생당득 아뇩다라삼먁삼보리 부
薩 三生當得 阿耨多羅三藐三菩提 復

유이사천하 미진수 보살마하살 이생
有二四天下 微塵數 菩薩摩訶薩 二生

당득 아뇩다라삼먁삼보리 부유일사천
當得 阿耨多羅三藐三菩提 復有一四天

하 미진수 보살마하살 일생당득 아뇩
下 微塵數 菩薩摩訶薩 一生當得 阿耨

다라삼먁삼보리 부유팔세계 미진수중
多羅三藐三菩提 復有八世界 微塵數衆

생 개발아뇩다라삼먁삼보리심 불설시
生 皆發阿耨多羅三藐三菩提心 佛說是

제보살마하살 득대법리시 어허공중
諸菩薩摩訶薩 得大法利時 於虛空中

우만다라화 마하만다라화 이산무량
雨曼陀羅華 摩訶曼陀羅華 以散無量

백천만억 중보수하 사자좌상제불 병
百千萬億 衆寶樹下 師子座上諸佛 幷

산칠보탑중 사자좌상 석가모니불 급
散七寶塔中 師子座上 釋迦牟尼佛 及

구멸도 다보여래 역산일체 제대보살
久滅度 多寶如來 亦散一切 諸大菩薩

급사부중 우우세말전단 침수향등 어
及四部衆 又雨細抹栴檀 沈水香等 於

허공중 천고자명 묘성심원 우우천종
虛空中 天鼓自鳴 妙聲深遠 又雨千種

천의 수제영락 진주영락 마니주영락
天衣 垂諸瓔珞 眞珠瓔珞 摩尼珠瓔珞

여의주영락 변어구방 중보향로 소무
如意珠瓔珞 遍於九方 衆寶香爐 燒無

가향 자연주지 공양대회 일일불상 유
價香 自然周至 供養大會 一一佛上 有

제보살 집지번개 차제이상 지우범천
諸菩薩 執持幡蓋 次第而上 至于梵天

시제보살 이묘음성 가무량송 찬탄제
是諸菩薩 以妙音聲 歌無量頌 讚歎諸

불 이시 미륵보살 종좌이기 편단우견
佛 爾時 彌勒菩薩 從座而起 偏袒右肩

합장향불 이설게언
合掌向佛 而說偈言

불설희유법 석소미증문
佛說希有法 昔所未曾聞

세존유대력 수명불가량
世尊有大力 壽命不可量

무수제불자 문세존분별
無數諸佛子 聞世尊分別

설득법리자 환희충변신
說得法利者 歡喜充遍身

혹주불퇴지 혹득다라니
或住不退地 或得陀羅尼

혹무애요설 만억선총지
或無礙樂說 萬億旋總持

혹유대천계 미진수보살
或有大千界 微塵數菩薩

각각개능전 불퇴지법륜
各各皆能轉 不退之法輪

부유중천계 미진수보살
復有中千界 微塵數菩薩

각각개능전 청정지법륜
各各皆能轉 淸淨之法輪

부유소천계 미진수보살
復有小千界 微塵數菩薩

여각팔생재 당득성불도
餘各八生在 當得成佛道

부유사삼이 여차사천하
復有四三二 如此四天下

미진제보살 수수생성불
微塵諸菩薩 隨數生成佛

혹일사천하 미진수보살
或一四天下 微塵數菩薩

여유일생재 당성일체지
餘有一生在 當成一切智

여시등중생 문불수장원
如是等衆生 聞佛壽長遠

득무량무루 청정지과보
得無量無漏 清淨之果報

부유팔세계 미진수중생
復有八世界 微塵數衆生

문불설수명 개발무상심
聞佛說壽命 皆發無上心

세존설무량 불가사의법
世尊說無量 不可思議法

다유소요익 여허공무변
多有所饒益 如虛空無邊

우천만다라 마하만다라
雨天曼陀羅 摩訶曼陀羅

석범여항사 무수불토래
釋梵如恒沙 無數佛土來

우전단침수 빈분이난추
雨栴檀沈水 繽紛而亂墜

여조비공하 공산어제불
如鳥飛空下 供散於諸佛

천고허공중 자연출묘성
天鼓虛空中 自然出妙聲

천의천만종 선전이래하
天衣千萬種 旋轉而來下

중보묘향로 소무가지향
衆寶妙香爐 燒無價之香

자연실주변 공양제세존
自然悉周遍 供養諸世尊

기대보살중 집칠보번개
其大菩薩衆 執七寶幡蓋

고묘만억종 차제지범천
高妙萬億種 次第至梵天

일일제불전 보당현승번
一一諸佛前 寶幢懸勝幡

역이천만게 가영제여래
亦以千萬偈 歌詠諸如來

여시종종사 석소미증유
如是種種事 昔所未曾有

문불수무량 일체개환희
聞佛壽無量 一切皆歡喜

불명문시방 광요익중생
佛名聞十方 廣饒益衆生

일체구선근 이조무상심
一切具善根 以助無上心

이시 불고미륵보살마하살 아일다 기
爾時 佛告彌勒菩薩摩訶薩 阿逸多 其

유중생 문불수명 장원여시 내지능생
有衆生 聞佛壽命 長遠如是 乃至能生

일념신해 소득공덕 무유한량 약유선
一念信解 所得功德 無有限量 若有善

남자선여인 위아뇩다라삼먁삼보리고
男子善女人 爲阿耨多羅三藐三菩提故

어팔십만억 나유타겁 행오바라밀 단
於八十萬億 那由他劫 行五波羅蜜 檀

바라밀 시라바라밀 찬제바라밀 비리
波羅蜜 尸羅波羅蜜 羼提波羅蜜 毘梨

야바라밀 선바라밀 제반야바라밀 이
耶波羅蜜 禪波羅蜜 除般若波羅蜜 以

시공덕 비전공덕 백분천분 백천만억
是功德 比前功德 百分千分 百千萬億

분 불급기일 내지산수비유 소불능지
分 不及其一 乃至算數譬喩 所不能知

약선남자선여인 유여시공덕 어아뇩다
若善男子善女人 有如是功德 於阿耨多

라삼먁삼보리퇴자 무유시처 이시 세
羅三藐三菩提退者 無有是處 爾時 世

존 욕중선차의 이설게언
尊 欲重宣此義 而說偈言

약인구불혜 어팔십만억
若人求佛慧 於八十萬億

나유타겁수 행오바라밀
那由他劫數 行五波羅蜜

어시제겁중 보시공양불
於是諸劫中 布施供養佛

급연각제자 병제보살중
及緣覺弟子 幷諸菩薩衆

진이지음식 상복여와구
珍異之飮食 上服與臥具

전단립정사 이원림장엄
栴檀立精舍 以園林莊嚴

여시등보시 종종개미묘
如是等布施 種種皆微妙

진차제겁수 이회향불도
盡此諸劫數 以廻向佛道

약부지금계 청정무결루
若復持禁戒 淸淨無缺漏

구어무상도 제불지소탄
求於無上道 諸佛之所歎

약부행인욕 주어조유지
若復行忍辱 住於調柔地

설중악래가 기심불경동
設衆惡來加 其心不傾動

제유득법자 회어증상만
諸有得法者 懷於增上慢

위차소경뇌 여시역능인
爲此所輕惱 如是亦能忍

약부근정진 지념상견고
若復勤精進 志念常堅固

어무량억겁 일심불해식
於無量億劫 一心不懈息

우어무수겁 주어공한처
又於無數劫 住於空閑處

약좌약경행 제수상섭심
若坐若經行 除睡常攝心

이시인연고 능생제선정
以是因緣故 能生諸禪定

팔십억만겁 안주심불란
八十億萬劫 安住心不亂

지차일심복 원구무상도
持此一心福 願求無上道

아득일체지 진제선정제
我得一切智 盡諸禪定際

시인어백천 만억겁수중
是人於百千 萬億劫數中

행차제공덕 여상지소설
行此諸功德 如上之所說

유선남녀등 문아설수명
有善男女等 聞我說壽命

내지일념신 기복과어피
乃至一念信 其福過於彼

약인실무유 일체제의회
若人悉無有 一切諸疑悔

심심수유신 기복위여차
深心須臾信 其福爲如此

기유제보살 무량겁행도
其有諸菩薩 無量劫行道

문아설수명 시즉능신수
聞我說壽命 是則能信受

여시제인등 정수차경전
如是諸人等 頂受此經典

원아어미래 장수도중생
願我於未來 長壽度衆生

여금일세존 제석중지왕
如今日世尊 諸釋中之王

도량사자후 설법무소외
道場師子吼 說法無所畏

아등미래세 일체소존경
我等未來世 一切所尊敬

좌어도량시 설수역여시
坐於道場時 說壽亦如是

약유심심자 청정이질직
若有深心者 淸淨而質直

다문능총지 수의해불어
多聞能總持 隨義解佛語

여시제인등 어차무유의
如是諸人等 於此無有疑

우아일다 약유문불 수명장원 해기언
又阿逸多 若有聞佛 壽命長遠 解其言

취 시인 소득공덕 무유한량 능기여래
趣 是人 所得功德 無有限量 能起如來

무상지혜 하황광문시경 약교인문 약
無上之慧 何況廣聞是經 若敎人聞 若

자지 약교인지 약자서 약교인서 약이
自持 若教人持 若自書 若教人書 若以

화향영락 당번증개 향유소등 공양경
華香瓔珞 幢幡繒蓋 香油酥燈 供養經

권 시인공덕 무량무변 능생일체종지
卷 是人功德 無量無邊 能生一切種智

아일다 약선남자선여인 문아설 수명
阿逸多 若善男子善女人 聞我說 壽命

장원 심심신해 즉위견불 상재기사굴
長遠 深心信解 則爲見佛 常在耆闍崛

산 공대보살 제성문중 위요설법 우견
山 共大菩薩 諸聲聞衆 圍繞說法 又見

차사바세계 기지유리 탄연평정 염부
此娑婆世界 其地琉璃 坦然平正 閻浮

단금 이계팔도 보수항렬 제대루관 개
檀金 以界八道 寶樹行列 諸臺樓觀 皆

실보성 기보살중 함처기중 약유능 여
悉寶成 其菩薩衆 咸處其中 若有能 如

시관자 당지시위 심신해상 우부여래
是觀者 當知是爲 深信解相 又復如來

멸후 약문시경 이불훼자 기수희심 당
滅後 若聞是經 而不毁訾 起隨喜心 當

지이위 심신해상 하황독송 수지지자
知已爲 深信解相 何況讀誦 受持之者

사인즉위 정대여래 아일다 시선남자
斯人則爲 頂戴如來 阿逸多 是善男子

선여인 불수위아 부기탑사 급작승방
善女人 不須爲我 復起塔寺 及作僧坊

이사사 공양중승 소이자하 시선남자
以四事 供養衆僧 所以者何 是善男子

선여인 수지독송 시경전자 위이기탑
善女人 受持讀誦 是經典者 爲已起塔

조립승방 공양중승 즉위이불사리 기
造立僧坊 供養衆僧 則爲以佛舍利 起

칠보탑 고광점소 지우범천 현제번개
七寶塔 高廣漸小 至于梵天 懸諸幡蓋

급중보령 화향영락 말향도향소향 중
及衆寶鈴 華香瓔珞 抹香塗香燒香 衆

고기악 소적공후 종종무희 이묘음성
鼓伎樂 簫笛箜篌 種種舞戱 以妙音聲

가패찬송 즉위어무량천만억겁 작시공

歌唄讚頌 則爲於無量千萬億劫 作是供

양이 아일다 약아멸후 문시경전 유능

養已 阿逸多 若我滅後 聞是經典 有能

수지 약자서 약교인서 즉위기립승방

受持 若自書 若教人書 則爲起立僧坊

이적전단 작제전당 삼십유이 고팔다

以赤栴檀 作諸殿堂 三十有二 高八多

라수 고광엄호 백천비구 어기중지 원

羅樹 高廣嚴好 百千比丘 於其中止 園

림욕지 경행선굴 의복음식 상욕탕약

林浴池 經行禪窟 衣服飮食 床褥湯藥

일체악구 충만기중 여시승방 당각약

一切樂具 充滿其中 如是僧坊 堂閣若

간 백천만억 기수무량 이차현전 공양

干 百千萬億 其數無量 以此現前 供養

어아 급비구승 시고아설 여래멸후 약

於我 及比丘僧 是故我說 如來滅後 若

유수지독송 위타인설 약자서 약교인

有受持讀誦 爲他人說 若自書 若教人

서 공양경권 불수부기탑사 급조승방
書 供養經卷 不須復起塔寺 及造僧坊

공양중승 황부유인 능지시경 겸행보
供養衆僧 況復有人 能持是經 兼行布

시지계 인욕정진 일심지혜 기덕최승
施持戒 忍辱精進 一心智慧 其德最勝

무량무변 비여허공 동서남북 사유상
無量無邊 譬如虛空 東西南北 四維上

하 무량무변 시인공덕 역부여시 무량
下 無量無邊 是人功德 亦復如是 無量

무변 질지일체종지 약인 독송수지시
無邊 疾至一切種智 若人 讀誦受持是

경 위타인설 약자서 약교인서 부능기
經 爲他人說 若自書 若敎人書 復能起

탑 급조승방 공양찬탄 성문중승 역이
塔 及造僧坊 供養讚歎 聲聞衆僧 亦以

백천만억 찬탄지법 찬탄보살공덕 우
百千萬億 讚歎之法 讚歎菩薩功德 又

위타인 종종인연 수의해설 차법화경
爲他人 種種因緣 隨義解說 此法華經

부능청정지계 여유화자 이공동지 인
復能淸淨持戒 與柔和者 而共同止 忍

욕무진 지념견고 상귀좌선 득제심정
辱無瞋 志念堅固 常貴坐禪 得諸深定

정진용맹 섭제선법 이근지혜 선답문
精進勇猛 攝諸善法 利根智慧 善答問

난 아일다 약아멸후 제선남자선여인
難 阿逸多 若我滅後 諸善男子善女人

수지독송 시경전자 부유여시 제선공
受持讀誦 是經典者 復有如是 諸善功

덕 당지시인 이취도량 근아뇩다라삼
德 當知是人 已趣道場 近阿耨多羅三

먁삼보리 좌도수하 아일다 시선남자
藐三菩提 坐道樹下 阿逸多 是善男子

선여인 약좌약립 약행처 차중 변응기
善女人 若坐若立 若行處 此中 便應起

탑 일체천인 개응공양 여불지탑 이시
塔 一切天人 皆應供養 如佛之塔 爾時

세존 욕중선차의 이설게언
世尊 欲重宣此義 而說偈言

약아멸도후 능봉지차경
若我滅度後 能奉持此經

사인복무량 여상지소설
斯人福無量 如上之所說

시즉위구족 일체제공양
是則爲具足 一切諸供養

이사리기탑 칠보이장엄
以舍利起塔 七寶而莊嚴

표찰심고광 점소지범천
表刹甚高廣 漸小至梵天

보령천만억 풍동출묘음
寶鈴千萬億 風動出妙音

우어무량겁 이공양차탑
又於無量劫 而供養此塔

화향제영락 천의중기악
華香諸瓔珞 天衣衆伎樂

연향유소등 주잡상조명
燃香油酥燈 周匝常照明

악세법말시 능지시경자
惡世法末時 能持是經者

즉위이여상 구족제공양
則爲已如上 具足諸供養

약능지차경 즉여불현재
若能持此經 則如佛現在

이우두전단 기승방공양
以牛頭栴檀 起僧坊供養

당유삼십이 고팔다라수
堂有三十二 高八多羅樹

상찬묘의복 상와개구족
上饌妙衣服 床臥皆具足

백천중주처 원림제욕지
百千衆住處 園林諸浴池

경행급선굴 종종개엄호
經行及禪窟 種種皆嚴好

약유신해심 수지독송서
若有信解心 受持讀誦書

약부교인서 급공양경권
若復教人書 及供養經卷

산화향말향 이수만첨복
散華香抹香 以須曼瞻蔔

아제목다가 훈유상연지
阿提目多伽 薰油常燃之

여시공양자 득무량공덕
如是供養者 得無量功德

여허공무변 기복역여시
如虛空無邊 其福亦如是

황부지차경 겸보시지계
況復持此經 兼布施持戒

인욕락선정 부진불악구
忍辱樂禪定 不瞋不惡口

공경어탑묘 겸하제비구
恭敬於塔廟 謙下諸比丘

원리자고심 상사유지혜
遠離自高心 常思惟智慧

유문난부진 수순위해설
有問難不瞋 隨順爲解說

약능행시행 공덕불가량
若能行是行 功德不可量

약견차법사 성취여시덕
若見此法師 成就如是德

응이천화산 천의부기신
應以天華散 天衣覆其身

두면접족례 생심여불상
頭面接足禮 生心如佛想

우응작시념 불구예도수
又應作是念 不久詣道樹

득무루무위 광리제인천
得無漏無爲 廣利諸人天

기소주지처 경행약좌와
其所住止處 經行若坐臥

내지설일게 시중응기탑
乃至說一偈 是中應起塔

장엄령묘호 종종이공양
莊嚴令妙好 種種以供養

불자주차지 즉시불수용
佛子住此地 則是佛受用

상재어기중 경행급좌와
常在於其中 經行及坐臥

묘법연화경 권제육
妙法蓮華經 卷第六

수희공덕품 제십팔
隨喜功德品 第十八

이시 미륵보살마하살 백불언 세존 약
爾時 彌勒菩薩摩訶薩 白佛言 世尊 若

유선남자선여인 문시법화경 수희자
有善男子善女人 聞是法華經 隨喜者

득기소복 이설게언
得幾所福 而說偈言

세존멸도후 기유문시경
世尊滅度後 其有聞是經

약능수희자 위득기소복
若能隨喜者 爲得幾所福

이시 불고미륵보살마하살 아일다 여
爾時 佛告彌勒菩薩摩訶薩 阿逸多 如

래멸후 약비구비구니 우바새우바이
來滅後 若比丘比丘尼 優婆塞優婆夷

급여지자 약장약유 문시경수희이 종
及餘智者 若長若幼 聞是經隨喜已 從

법회출 지어여처 약재승방 약공한지
法會出 至於餘處 若在僧坊 若空閑地

약성읍항맥 취락전리 여기소문 위부
若城邑巷陌 聚落田里 如其所聞 爲父

모종친 선우지식 수력연설 시제인등
母宗親 善友知識 隨力演說 是諸人等

문이수희 부행전교 여인문이 역수희
聞已隨喜 復行轉敎 餘人聞已 亦隨喜

전교 여시전전 지제오십 아일다 기제
轉敎 如是展轉 至第五十 阿逸多 其第

오십 선남자선여인 수희공덕 아금설
五十 善男子善女人 隨喜功德 我今說

지 여당선청 약사백만억 아승기세계
之 汝當善聽 若四百萬億 阿僧祇世界

육취사생중생 난생태생 습생화생 약
六趣四生衆生 卵生胎生 濕生化生 若

유형무형 유상무상 비유상비무상 무
有形無形 有想無想 非有想非無想 無

족이족 사족다족 여시등 재중생수자
足二足 四足多足 如是等 在衆生數者

유인구복 수기소욕 오락지구 개급여
有人求福 隨其所欲 娛樂之具 皆給與

지 일일중생 여만염부제 금은유리 자
之 一一衆生 與滿閻浮提 金銀琉璃 硨

거마노 산호호박 제묘진보 급상마거
磲瑪瑙 珊瑚琥珀 諸妙珍寶 及象馬車

승 칠보소성 궁전누각등 시대시주 여
乘 七寶所成 宮殿樓閣等 是大施主 如

시보시 만팔십년이 이작시념 아이시
是布施 滿八十年已 而作是念 我已施

중생 오락지구 수의소욕 연 차중생
衆生 娛樂之具 隨意所欲 然 此衆生

개이쇠로 연과팔십 발백면추 장사불
皆已衰老 年過八十 髮白面皺 將死不

구 아당이불법 이훈도지 즉집차중생
久 我當以佛法 而訓導之 卽集此衆生

선포법화 시교리희 일시개득 수다원
宣布法化 示教利喜 一時皆得 須陀洹

도 사다함도 아나함도 아라한도 진제
道 斯陀含道 阿那含道 阿羅漢道 盡諸

유루 어심선정 개득자재 구팔해탈 어
有漏 於深禪定 皆得自在 具八解脫 於

여의운하 시대시주 소득공덕 영위다
汝意云何 是大施主 所得功德 寧爲多

부 미륵백불언 세존 시인공덕 심다
不 彌勒白佛言 世尊 是人功德 甚多

무량무변 약시시주 단시중생 일체악
無量無邊 若是施主 但施衆生 一切樂

구 공덕무량 하황영득 아라한과 불고
具 功德無量 何況令得 阿羅漢果 佛告

미륵 아금분명어여 시인 이일체악구
彌勒 我今分明語汝 是人 以一切樂具

시어사백만억 아승기세계 육취중생
施於四百萬億 阿僧祇世界 六趣衆生

우영득아라한과 소득공덕 불여시제오
又令得阿羅漢果 所得功德 不如是第五

십인 문법화경일게 수희공덕 백분천
十人 聞法華經一偈 隨喜功德 百分千

분 백천만억분 불급기일 내지산수비
分 百千萬億分 不及其一 乃至算數譬

유 소불능지 아일다 여시제오십인 전
喩 所不能知 阿逸多 如是第五十人 展

전문법화경 수희공덕 상무량무변 아
轉聞法華經 隨喜功德 尙無量無邊 阿

승기 하황최초어회중 문이수희자 기
僧祇 何況最初於會中 聞而隨喜者 其

복부승 무량무변 아승기 불가득비 우
福復勝 無量無邊 阿僧祇 不可得比 又

아일다 약인 위시경고 왕예승방 약좌
阿逸多 若人 爲是經故 往詣僧坊 若坐

약립 수유청수 연시공덕 전신소생 득
若立 須臾聽受 緣是功德 轉身所生 得

호상묘 상마거승 진보연여 급승천궁
好上妙 象馬車乘 珍寶輦輿 及乘天宮

약부유인 어강법처좌 갱유인래 권령
若復有人 於講法處坐 更有人來 勸令

좌청 약분좌령좌 시인공덕 전신 득제
坐聽 若分座令坐 是人功德 轉身 得帝

석좌처 약범왕좌처 약전륜성왕 소좌
釋坐處 若梵王坐處 若轉輪聖王 所坐

지처 아일다 약부유인 어여인언 유경
之處 阿逸多 若復有人 語餘人言 有經

명법화 가공왕청 즉수기교 내지수유
名法華 可共往聽 卽受其敎 乃至須臾

간문 시인공덕 전신 득여다라니보살
間聞 是人功德 轉身 得與陀羅尼菩薩

공생일처 이근지혜 백천만세 종불음
共生一處 利根智慧 百千萬世 終不瘖

아 구기불취 설상무병 구역무병 치불
瘂 口氣不臭 舌常無病 口亦無病 齒不

구흑 불황불소 역불결락 불차불곡 순
垢黑 不黃不踈 亦不缺落 不差不曲 脣

불하수 역불건축 불추삽 불창진 역불
不下垂 亦不褰縮 不麤澁 不瘡胗 亦不

결괴 역불와사 불후부대 역불리흑 무
缺壞 亦不喎斜 不厚不大 亦不黧黑 無

제가악 비불변제 역불곡려 면색불흑
諸可惡 鼻不匾㔸 亦不曲戾 面色不黑

역불협장 역불와곡 무유일체 불가희
亦不狹長 亦不窊曲 無有一切 不可喜

상 순설아치 실개엄호 비수고직 면모
相 脣舌牙齒 悉皆嚴好 鼻修高直 面貌

원만 미고이장 액광평정 인상구족 세
圓滿 眉高而長 額廣平正 人相具足 世

세소생 견불문법 신수교회 아일다 여
世所生 見佛聞法 信受敎誨 阿逸多 汝

차관시 권어일인 영왕청법 공덕여차
且觀是 勸於一人 令往聽法 功德如此

하황일심 청설독송 이어대중 위인분
何況一心 聽說讀誦 而於大衆 爲人分

별 여설수행 이시 세존 욕중선차의
別 如說修行 爾時 世尊 欲重宣此義

이설게언
而說偈言

약인어법회 득문시경전
若人於法會 得聞是經典

내지어일게 수희위타설
乃至於一偈 隨喜爲他說

여시전전교 지우제오십
如是展轉教 至于第五十

최후인획복 금당분별지
最後人獲福 今當分別之

여유대시주 공급무량중
如有大施主 供給無量衆

구만팔십세 수의지소욕
具滿八十歲 隨意之所欲

견피쇠로상 발백이면추
見彼衰老相 髮白而面皺

치소형고갈 염기사불구
齒疎形枯竭 念其死不久

아금응당교 영득어도과
我今應當教 令得於道果

즉위방편설 열반진실법
卽爲方便說 涅槃眞實法

세개불뢰고 여수말포염
世皆不牢固 如水沫泡焰

여등함응당 질생염리심
汝等咸應當 疾生厭離心

제인문시법 개득아라한
諸人聞是法 皆得阿羅漢

구족육신통 삼명팔해탈
具足六神通 三明八解脫

최후제오십 문일게수희
最後第五十 聞一偈隨喜

시인복승피 불가위비유
是人福勝彼 不可爲譬喩

여시전전문 기복상무량
如是展轉聞 其福尙無量

하황어법회 초문수희자
何況於法會 初聞隨喜者

약유권일인 장인청법화
若有勸一人 將引聽法華

언차경심묘 천만겁난우
言此經深妙 千萬劫難遇

즉수교왕청 내지수유문
卽受敎往聽 乃至須臾聞

사인지복보 금당분별설
斯人之福報 今當分別說

세세무구환 치불소황흑
世世無口患 齒不踈黃黑

순불후건결 무유가악상
脣不厚褰缺 無有可惡相

설불건흑단 비고수차직
舌不乾黑短 鼻高修且直

액광이평정 면목실단엄
額廣而平正 面目悉端嚴

위인소희견 구기무취예
爲人所喜見 口氣無臭穢

우발화지향 상종기구출
優鉢華之香 常從其口出

약고예승방 욕청법화경
若故詣僧坊 欲聽法華經

수유문환희 금당설기복
須臾聞歡喜 今當說其福

후생천인중 득묘상마거
後生天人中 得妙象馬車

진보지연여 급승천궁전
珍寶之輦輿 及乘天宮殿

약어강법처 권인좌청경
若於講法處 勸人坐聽經

시복인연득 석범전륜좌
是福因緣得 釋梵轉輪座

하황일심청 해설기의취
何況一心聽 解說其義趣

여설이수행 기복불가량
如說而修行 其福不可量

법사공덕품 제십구
法師功德品 第十九

이시 불고상정진보살마하살 약선남자
爾時 佛告常精進菩薩摩訶薩 若善男子

선여인 수지시법화경 약독약송 약해
善女人 受持是法華經 若讀若誦 若解

설약서사 시인당득 팔백안공덕 천이
說若書寫 是人當得 八百眼功德 千二

백이공덕 팔백비공덕 천이백설공덕
百耳功德 八百鼻功德 千二百舌功德

팔백신공덕 천이백의공덕 이시공덕
八百身功德 千二百意功德 以是功德

장엄육근 개령청정 시선남자선여인
莊嚴六根 皆令淸淨 是善男子善女人

부모소생 청정육안 견어삼천대천세계
父母所生 淸淨肉眼 見於三千大千世界

내외소유 산림하해 하지아비지옥 상
內外所有 山林河海 下至阿鼻地獄 上

지유정 역견기중 일체중생 급업인연
至有頂 亦見其中 一切衆生 及業因緣

과보생처 실견실지 이시 세존 욕중선
果報生處 悉見悉知 爾時 世尊 欲重宣

차의 이설게언
此義 而說偈言

약어대중중 이무소외심
若於大衆中 以無所畏心

설시법화경 여청기공덕
說是法華經 汝聽其功德

시인득팔백 공덕수승안
是人得八百 功德殊勝眼

이시장엄고 기목심청정
以是莊嚴故 其目甚淸淨

부모소생안 실견삼천계
父母所生眼 悉見三千界

내외미루산 수미급철위
內外彌樓山 須彌及鐵圍

병제여산림 대해강하수
幷諸餘山林 大海江河水

하지아비옥 상지유정처
下至阿鼻獄 上至有頂處

기중제중생 일체개실견
其中諸衆生 一切皆悉見

수미득천안 육안력여시
雖未得天眼 肉眼力如是

부차 상정진 약선남자선여인 수지차
復次 常精進 若善男子善女人 受持此

경 약독약송 약해설약서사 득천이백
經 若讀若誦 若解說若書寫 得千二百

이공덕 이시청정이 문삼천대천세계
耳功德 以是淸淨耳 聞三千大千世界

하지아비지옥 상지유정 기중내외 종
下至阿鼻地獄 上至有頂 其中內外 種

종어언음성 상성마성 우성거성 제곡
種語言音聲 象聲馬聲 牛聲車聲 啼哭

성수탄성 나성고성 종성영성 소성어
聲愁歎聲 螺聲鼓聲 鍾聲鈴聲 笑聲語

성 남성여성 동자성동녀성 법성비법
聲 男聲女聲 童子聲童女聲 法聲非法

성 고성낙성 범부성성인성 희성불희
聲 苦聲樂聲 凡夫聲聖人聲 喜聲不喜

성 천성용성 야차성 건달바성 아수라
聲 天聲龍聲 夜叉聲 乾闥婆聲 阿修羅

성 가루라성 긴나라성 마후라가성 화
聲 迦樓羅聲 緊那羅聲 摩睺羅伽聲 火

성수성 풍성 지옥성 축생성 아귀성
聲水聲 風聲 地獄聲 畜生聲 餓鬼聲

비구성 비구니성 성문성 벽지불성 보
比丘聲 比丘尼聲 聲聞聲 辟支佛聲 菩

살성 불성 이요언지 삼천대천세계중
薩聲 佛聲 以要言之 三千大千世界中

일체내외 소유제성 수미득천이 이부
一切內外 所有諸聲 雖未得天耳 以父

모소생 청정상이 개실문지 여시분별
母所生 淸淨常耳 皆悉聞知 如是分別

종종음성 이불괴이근 이시 세존 욕중
種種音聲 而不壞耳根 爾時 世尊 欲重

선차의 이설게언
宣此義 而說偈言

부모소생이 청정무탁예
父母所生耳 淸淨無濁穢

이차상이문 삼천세계성
以此常耳聞 三千世界聲

상마거우성 종령나고성
象馬車牛聲 鍾鈴螺鼓聲

금슬공후성 소적지음성
琴瑟箜篌聲 簫笛之音聲

청정호가성 청지이불착
淸淨好歌聲 聽之而不著

무수종인성 문실능해료
無數種人聲 聞悉能解了

우문제천성 미묘지가음
又聞諸天聲 微妙之歌音

급문남녀성 동자동녀성
及聞男女聲 童子童女聲

산천험곡중 가릉빈가성
山川嶮谷中 迦陵頻伽聲

명명등제조 실문기음성
命命等諸鳥 悉聞其音聲

지옥중고통 종종초독성
地獄衆苦痛 種種楚毒聲

아귀기갈핍 구색음식성
餓鬼飢渴逼 求索飮食聲

제아수라등 거재대해변
諸阿修羅等 居在大海邊

자공언어시 출우대음성
自共言語時 出于大音聲

여시설법자 안주어차간
如是說法者 安住於此間

요문시중성 이불괴이근
遙聞是衆聲 而不壞耳根

시방세계중 금수명상호
十方世界中 禽獸鳴相呼

기설법지인 어차실문지
其說法之人 於此悉聞之

기제범천상 광음급변정
其諸梵天上 光音及遍淨

내지유정천 언어지음성
乃至有頂天 言語之音聲

법사주어차 실개득문지
法師住於此 悉皆得聞之

일체비구중 급제비구니
一切比丘衆 及諸比丘尼

약독송경전 약위타인설
若讀誦經典 若爲他人說

법사주어차 실개득문지
法師住於此 悉皆得聞之

부유제보살 독송어경법
復有諸菩薩 讀誦於經法

약위타인설 찬집해기의
若爲他人說 撰集解其義

여시제음성 실개득문지
如是諸音聲 悉皆得聞之

제불대성존 교화중생자
諸佛大聖尊 教化衆生者

어제대회중 연설미묘법
於諸大會中 演說微妙法

지차법화자 실개득문지
持此法華者 悉皆得聞之

삼천대천계 내외제음성
三千大千界 內外諸音聲

하지아비옥 상지유정천
下至阿鼻獄 上至有頂天

개문기음성 이불괴이근
皆聞其音聲 而不壞耳根

기이총리고 실능분별지
其耳聰利故 悉能分別知

지시법화자 수미득천이
持是法華者 雖未得天耳

단용소생이 공덕이여시
但用所生耳 功德已如是

부차 상정진 약선남자선여인 수지시
復次 常精進 若善男子善女人 受持是

경 약독약송 약해설약서사 성취팔백
經 若讀若誦 若解說若書寫 成就八百

비공덕 이시청정비근 문어삼천대천세
鼻功德 以是淸淨鼻根 聞於三千大千世

계 상하내외 종종제향 수만나화향 사
界 上下內外 種種諸香 須曼那華香 闍

제화향 말리화향 첨복화향 바라라화
提華香 末利華香 瞻蔔華香 波羅羅華

향 적련화향 청련화향 백련화향 화수
香 赤蓮華香 青蓮華香 白蓮華香 華樹

향 과수향 전단향 침수향 다마라발향
香 果樹香 栴檀香 沈水香 多摩羅跋香

다가라향 급천만종화향 약말약환약도
多伽羅香 及千萬種和香 若抹若丸若塗

향 지시경자 어차간주 실능분별 우부
香 持是經者 於此間住 悉能分別 又復

별지 중생지향 상향마향 우양등향 남
別知 衆生之香 象香馬香 牛羊等香 男

향여향 동자향동녀향 급초목총림향
香女香 童子香童女香 及草木叢林香

약근약원 소유제향 실개득문 분별불
若近若遠 所有諸香 悉皆得聞 分別不

착 지시경자 수주어차 역문천상 제천
錯 持是經者 雖住於此 亦聞天上 諸天

지향 파리질다라 구비다라수향 급만
之香 波利質多羅 拘鞞陀羅樹香 及曼

다라화향 마하만다라화향 만수사화향
陀羅華香 摩訶曼陀羅華香 曼殊沙華香

마하만수사화향 전단침수 종종말향
摩訶曼殊沙華香 栴檀沈水 種種抹香

제잡화향 여시등천향 화합소출지향
諸雜華香 如是等天香 和合所出之香

무불문지 우문제천신향 석제환인 재
無不聞知 又聞諸天身香 釋提桓因 在

승전상 오욕오락 희희시향 약재묘법
勝殿上 五欲娛樂 嬉戲時香 若在妙法

당상 위도리제천 설법시향 약어제원
堂上 爲忉利諸天 說法時香 若於諸園

유희시향 급여천등 남녀신향 개실요
遊戲時香 及餘天等 男女身香 皆悉遙

문 여시전전 내지범세 상지유정 제천
聞 如是展轉 乃至梵世 上至有頂 諸天

신향 역개문지 병문제천 소소지향 급
身香 亦皆聞之 幷聞諸天 所燒之香 及

성문향 벽지불향 보살향 제불신향 역
聲聞香 辟支佛香 菩薩香 諸佛身香 亦

개요문 지기소재 수문차향 연어비근
皆遙聞 知其所在 雖聞此香 然於鼻根

불괴불착 약욕분별 위타인설 억념불
不壞不錯 若欲分別 爲他人說 憶念不

류 이시 세존 욕중선차의 이설게언
謬 爾時 世尊 欲重宣此義 而說偈言

시인비청정 어차세계중
是人鼻淸淨 於此世界中

약향약취물 종종실문지
若香若臭物 種種悉聞知

수만나사제 다마라전단
須曼那闍提 多摩羅栴檀

침수급계향 종종화과향
沈水及桂香 種種華果香

급지중생향 남자여인향
及知衆生香 男子女人香

설법자원주 문향지소재
說法者遠住 聞香知所在

대세전륜왕 소전륜급자
大勢轉輪王 小轉輪及子

군신제궁인 문향지소재
群臣諸宮人 聞香知所在

신소착진보 급지중보장
身所著珍寶 及地中寶藏

전륜왕보녀 문향지소재
轉輪王寶女 聞香知所在

제인엄신구 의복급영락
諸人嚴身具 衣服及瓔珞

종종소도향 문향지기신
種種所塗香 聞香知其身

제천약행좌 유희급신변
諸天若行坐 遊戲及神變

지시법화자 문향실능지
持是法華者 聞香悉能知

제수화과실 급소유향기
諸樹華果實 及酥油香氣

지경자주차 실지기소재
持經者住此 悉知其所在

제산심험처 전단수화부
諸山深嶮處 栴檀樹花敷

중생재중자 문향개능지
衆生在中者 聞香皆能知

철위산대해 지중제중생
鐵圍山大海 地中諸衆生

지경자문향 실지기소재
持經者聞香 悉知其所在

아수라남녀 급기제권속
阿修羅男女 及其諸眷屬

투쟁유희시 문향개능지
鬪諍遊戲時 聞香皆能知

광야험애처 사자상호랑
曠野險隘處 師子象虎狼

야우수우등 문향지소재
野牛水牛等 聞香知所在

약유회임자 미변기남녀
若有懷妊者 未辨其男女

무근급비인 문향실능지
無根及非人 聞香悉能知

이문향력고 지기초회임
以聞香力故 知其初懷妊

성취불성취 안락산복자
成就不成就 安樂產福子

이문향력고 지남녀소념
以聞香力故 知男女所念

염욕치에심 역지수선자
染欲癡恚心 亦知修善者

지중중복장 금은제진보
地中衆伏藏 金銀諸珍寶

동기지소성 문향실능지
銅器之所盛 聞香悉能知

종종제영락 무능식기가
種種諸瓔珞 無能識其價

문향지귀천 출처급소재
聞香知貴賤 出處及所在

천상제화등 만다만수사
天上諸華等 曼陀曼殊沙

파리질다수 문향실능지
波利質多樹 聞香悉能知

천상제궁전 상중하차별
天上諸宮殿 上中下差別

중보화장엄 문향실능지
衆寶花莊嚴 聞香悉能知

천원림승전 제관묘법당
天園林勝殿 諸觀妙法堂

재중이오락 문향실능지
在中而娛樂 聞香悉能知

제천약청법 혹수오욕시
諸天若聽法 或受五欲時

내왕행좌와 문향실능지
來往行坐臥 聞香悉能知

천녀소착의 호화향장엄
天女所著衣 好華香莊嚴

주선유희시 문향실능지
周旋遊戲時 聞香悉能知

여시전전상 내지어범세
如是展轉上 乃至於梵世

입선출선자 문향실능지
入禪出禪者 聞香悉能知

광음변정천 내지우유정
光音遍淨天 乃至于有頂

초생급퇴몰 문향실능지
初生及退沒 聞香悉能知

제비구중등 어법상정진
諸比丘衆等 於法常精進

약좌약경행 급독송경법
若坐若經行 及讀誦經法

혹재림수하 전정이좌선
或在林樹下 專精而坐禪

지경자문향 실지기소재
持經者聞香 悉知其所在

보살지견고 좌선약독송
菩薩志堅固 坐禪若讀誦

혹위인설법 문향실능지
或爲人說法 聞香悉能知

재재방세존 일체소공경
在在方世尊 一切所恭敬

민중이설법 문향실능지
愍衆而說法 聞香悉能知

중생재불전 문경개환희
衆生在佛前 聞經皆歡喜

여법이수행 문향실능지
如法而修行 聞香悉能知

수미득보살 무루법생비
雖未得菩薩 無漏法生鼻

이시지경자 선득차비상
而是持經者 先得此鼻相

부차 상정진 약선남자선여인 수지시
復次 常精進 若善男子善女人 受持是

경 약독약송 약해설약서사 득천이백
經 若讀若誦 若解說若書寫 得千二百

설공덕 약호약추 약미불미 급제고삽
舌功德 若好若醜 若美不美 及諸苦澁

물 재기설근 개변성상미 여천감로 무
物 在其舌根 皆變成上味 如天甘露 無

불미자 약이설근 어대중중 유소연설
不美者 若以舌根 於大衆中 有所演說

출심묘성 능입기심 개령환희쾌락 우
出深妙聲 能入其心 皆令歡喜快樂 又

제천자천녀 석범제천 문시심묘음성
諸天子天女 釋梵諸天 聞是深妙音聲

유소연설 언론차제 개실래청 급제용
有所演說 言論次第 皆悉來聽 及諸龍

용녀 야차야차녀 건달바건달바녀 아
龍女 夜叉夜叉女 乾闥婆乾闥婆女 阿

수라아수라녀 가루라가루라녀 긴나라
修羅阿修羅女 迦樓羅迦樓羅女 緊那羅

긴나라녀 마후라가마후라가녀 위청법
緊那羅女 摩睺羅伽摩睺羅伽女 爲聽法

고 개래친근 공경공양 급비구비구니
故 皆來親近 恭敬供養 及比丘比丘尼

우바새우바이 국왕왕자 군신권속 소
優婆塞優婆夷 國王王子 群臣眷屬 小

전륜왕 대전륜왕 칠보천자 내외권속
轉輪王 大轉輪王 七寶千子 內外眷屬

승기궁전 구래청법 이시보살 선설법
乘其宮殿 俱來聽法 以是菩薩 善說法

고 바라문 거사 국내인민 진기형수
故 婆羅門 居士 國內人民 盡其形壽

수시공양 우제성문 벽지불 보살 제불
隨侍供養 又諸聲聞 辟支佛 菩薩 諸佛

상락견지 시인 소재방면 제불 개향기
常樂見之 是人 所在方面 諸佛 皆向其

처설법 실능수지 일체불법 우능출어
處說法 悉能受持 一切佛法 又能出於

심묘법음 이시 세존 욕중선차의 이설
深妙法音 爾時 世尊 欲重宣此義 而說

게언
偈言

시인설근정 종불수악미
是人舌根淨 終不受惡味

기유소식담 실개성감로
其有所食噉 悉皆成甘露

이심정묘성 어대중설법
以深淨妙聲 於大衆說法

이제인연유 인도중생심
以諸因緣喩 引導衆生心

문자개환희 설제상공양
聞者皆歡喜 設諸上供養

제천룡야차 급아수라등
諸天龍夜叉 及阿修羅等

개이공경심 이공래청법
皆以恭敬心 而共來聽法

시설법지인 약욕이묘음
是說法之人 若欲以妙音

변만삼천계 수의즉능지
遍滿三千界 隨意卽能至

대소전륜왕 급천자권속
大小轉輪王 及千子眷屬

합장공경심 상래청수법
合掌恭敬心 常來聽受法

제천룡야차 나찰비사사
諸天龍夜叉 羅刹毘舍闍

역이환희심 상락래공양
亦以歡喜心 常樂來供養

범천왕마왕 자재대자재
梵天王魔王 自在大自在

여시제천중 상래지기소
如是諸天衆 常來至其所

제불급제자 문기설법음
諸佛及弟子 聞其說法音

상념이수호 혹시위현신
常念而守護 或時爲現身

부차 상정진 약선남자선여인 수지시
復次 常精進 若善男子善女人 受持是

경 약독약송 약해설약서사 득팔백신
經 若讀若誦 若解說若書寫 得八百身

공덕 득청정신 여정유리 중생희견 기
功德 得淸淨身 如淨琉璃 衆生喜見 其

신정고 삼천대천세계중생 생시사시
身淨故 三千大千世界衆生 生時死時

상하호추 생선처악처 실어중현 급철
上下好醜 生善處惡處 悉於中現 及鐵

위산 대철위산 미루산 마하미루산등
圍山 大鐵圍山 彌樓山 摩訶彌樓山等

제산 급기중중생 실어중현 하지아비
諸山 及其中衆生 悉於中現 下至阿鼻

지옥 상지유정 소유급중생 실어중현
地獄 上至有頂 所有及衆生 悉於中現

약성문벽지불 보살제불설법 개어신중
若聲聞辟支佛 菩薩諸佛說法 皆於身中

현기색상 이시 세존 욕중선차의 이설
現其色像 爾時 世尊 欲重宣此義 而說

게언
偈言

약지법화자 기신심청정
若持法華者 其身甚清淨

여피정유리 중생개희견
如彼淨琉璃 衆生皆喜見

우여정명경 실견제색상
又如淨明鏡 悉見諸色像

보살어정신 개견세소유
菩薩於淨身 皆見世所有

유독자명료 여인소불견
唯獨自明了 餘人所不見

삼천세계중 일체제군맹
三千世界中 一切諸群萌

천인아수라 지옥귀축생
天人阿修羅 地獄鬼畜生

여시제색상 개어신중현
如是諸色像 皆於身中現

제천등궁전 내지어유정
諸天等宮殿 乃至於有頂

철위급미루 마하미루산
鐵圍及彌樓 摩訶彌樓山

제대해수등 개어신중현
諸大海水等 皆於身中現

제불급성문 불자보살등
諸佛及聲聞 佛子菩薩等

약독약재중 설법실개현
若獨若在衆 說法悉皆現

수미득무루 법성지묘신
雖未得無漏 法性之妙身

이청정상체 일체어중현
以清淨常體 一切於中現

부차 상정진 약선남자선여인 여래멸
復次 常精進 若善男子善女人 如來滅

후 수지시경 약독약송 약해설약서사
後 受持是經 若讀若誦 若解說若書寫

득천이백의공덕 이시청정의근 내지문
得千二百意功德 以是清淨意根 乃至聞

일게일구 통달무량무변지의 해시의이
一偈一句 通達無量無邊之義 解是義已

능연설 일구일게 지어일월사월 내지
能演說 一句一偈 至於一月四月 乃至

일세 제소설법 수기의취 개여실상 불
一歲 諸所說法 隨其義趣 皆與實相 不

상위배 약설속간경서 치세어언 자생
相違背 若說俗間經書 治世語言 資生

업등 개순정법 삼천대천세계 육취중
業等 皆順正法 三千大千世界 六趣衆

생 심지소행 심소동작 심소희론 개실
生 心之所行 心所動作 心所戲論 皆悉

지지 수미득 무루지혜 이기의근 청정
知之 雖未得 無漏智慧 而其意根 清淨

여차 시인 유소사유 주량언설 개시불
如此 是人 有所思惟 籌量言說 皆是佛

법 무불진실 역시선불 경중소설 이시
法 無不眞實 亦是先佛 經中所說 爾時

세존 욕중선차의 이설게언
世尊 欲重宣此義 而說偈言

시인의청정 명리무예탁
是人意清淨 明利無穢濁

이차묘의근 지상중하법
以此妙意根 知上中下法

내지문일게 통달무량의
乃至聞一偈 通達無量義

차제여법설 월사월지세
次第如法說 月四月至歲

시세계내외 일체제중생
是世界內外 一切諸衆生

약천룡급인 야차귀신등
若天龍及人 夜叉鬼神等

기재육취중 소념약간종
其在六趣中 所念若干種

지법화지보 일시개실지
持法華之報 一時皆悉知

시방무수불 백복장엄상
十方無數佛 百福莊嚴相

위중생설법 실문능수지
爲衆生說法 悉聞能受持

사유무량의 설법역무량
思惟無量義 說法亦無量

종시불망착 이지법화고
終始不忘錯 以持法華故

실지제법상 수의식차제
悉知諸法相 隨義識次第

달명자어언 여소지연설
達名字語言 如所知演說

차인유소설 개시선불법
此人有所說 皆是先佛法

이연차법고 어중무소외
以演此法故 於衆無所畏

지법화경자 의근정약사
持法華經者 意根淨若斯

수미득무루 선유여시상
雖未得無漏 先有如是相

시인지차경 안주희유지
是人持此經 安住希有地

위일체중생 환희이애경
爲一切衆生 歡喜而愛敬

능이천만종 선교지어언
能以千萬種 善巧之語言

분별이설법 지법화경고
分別而說法 持法華經故

상불경보살품 제이십
常不輕菩薩品 第二十

이시 불고득대세보살마하살 여금당지
爾時 佛告得大勢菩薩摩訶薩 汝今當知

약비구비구니 우바새우바이 지법화경
若比丘比丘尼 優婆塞優婆夷 持法華經

자 약유악구 매리비방 획대죄보 여전
者 若有惡口 罵詈誹謗 獲大罪報 如前

소설 기소득공덕 여향소설 안이비설
所說 其所得功德 如向所說 眼耳鼻舌

신의청정 득대세 내왕고석 과무량무
身意淸淨 得大勢 乃往古昔 過無量無

변 불가사의 아승기겁 유불 명위음왕
邊 不可思議 阿僧祇劫 有佛 名威音王

여래 응공 정변지 명행족 선서 세간
如來 應供 正遍知 明行足 善逝 世間

해 무상사 조어장부 천인사 불세존
解 無上士 調御丈夫 天人師 佛世尊

겁명이쇠 국명대성 기위음왕불 어피
劫名離衰 國名大成 其威音王佛 於彼

세중 위천인아수라설법 위구성문자
世中 爲天人阿修羅說法 爲求聲聞者

설응사제법 도생로병사 구경열반 위
說應四諦法 度生老病死 究竟涅槃 爲

구벽지불자 설응십이인연법 위제보살
求辟支佛者 說應十二因緣法 爲諸菩薩

인아뇩다라삼먁삼보리 설응육바라밀
因阿耨多羅三藐三菩提 說應六波羅蜜

법 구경불혜 득대세 시위음왕불 수사
法 究竟佛慧 得大勢 是威音王佛 壽四

십만억 나유타 항하사겁 정법주세겁
十萬億 那由他 恒河沙劫 正法住世劫

수 여일염부제미진 상법주세겁수 여
數 如一閻浮提微塵 像法住世劫數 如

사천하미진 기불 요익중생이 연후멸
四天下微塵 其佛 饒益衆生已 然後滅

도 정법상법 멸진지후 어차국토 부유
度 正法像法 滅盡之後 於此國土 復有

불출 역호위음왕여래 응공 정변지 명
佛出 亦號威音王如來 應供 正遍知 明

행족 선서 세간해 무상사 조어장부
行足 善逝 世間解 無上士 調御丈夫

천인사 불세존 여시차제 유이만억불
天人師 佛世尊 如是次第 有二萬億佛

개동일호 최초위음왕여래 기이멸도
皆同一號 最初威音王如來 旣已滅度

정법멸후 어상법중 증상만비구 유대
正法滅後 於像法中 增上慢比丘 有大

세력 이시 유일보살비구 명상불경 득
勢力 爾時 有一菩薩比丘 名常不輕 得

대세 이하인연 명상불경 시비구 범유
大勢 以何因緣 名常不輕 是比丘 凡有

소견 약비구비구니 우바새우바이 개
所見 若比丘比丘尼 優婆塞優婆夷 皆

실예배찬탄 이작시언 아심경여등 불
悉禮拜讚歎 而作是言 我深敬汝等 不

감경만 소이자하 여등 개행보살도 당
敢輕慢 所以者何 汝等 皆行菩薩道 當

득작불 이시비구 부전독송경전 단행
得作佛 而是比丘 不專讀誦經典 但行

예배 내지원견사중 역부고왕 예배찬
禮拜 乃至遠見四衆 亦復故往 禮拜讚

탄 이작시언 아불감경어여등 여등개
歎 而作是言 我不敢輕於汝等 汝等皆

당작불 사중지중 유생진에 심부정자
當作佛 四衆之中 有生瞋恚 心不淨者

악구매리언 시무지비구 종하소래 자
惡口罵詈言 是無智比丘 從何所來 自

언 아불경여 이여아등수기 당득작불
言 我不輕汝 而與我等授記 當得作佛

아등 불용여시 허망수기 여차경력다
我等 不用如是 虛妄授記 如此經歷多

년 상피매리 불생진에 상작시언 여당
年 常被罵詈 不生瞋恚 常作是言 汝當

작불 설시어시 중인 혹이장목와석 이
作佛 說是語時 衆人 或以杖木瓦石 而

타척지 피주원주 유고성창언 아불감
打擲之 避走遠住 猶高聲唱言 我不敢

경어여등 여등 개당작불 이기상작시
輕於汝等 汝等 皆當作佛 以其常作是

어고 증상만 비구비구니 우바새우바
語故 增上慢 比丘比丘尼 優婆塞優婆

이 호지위상불경 시비구 임욕종시 어
夷 號之爲常不輕 是比丘 臨欲終時 於

허공중 구문위음왕불 선소설법화경
虛空中 具聞威音王佛 先所說法華經

이십천만억게 실능수지 즉득여상 안
二十千萬億偈 悉能受持 卽得如上 眼

근청정 이비설신의근청정 득시육근청
根淸淨 耳鼻舌身意根淸淨 得是六根淸

정이 갱증수명 이백만억 나유타세 광
淨已 更增壽命 二百萬億 那由他歲 廣

위인설 시법화경 어시 증상만사중 비
爲人說 是法華經 於時 增上慢四衆 比

구비구니 우바새우바이 경천시인 위
丘比丘尼 優婆塞優婆夷 輕賤是人 爲

작불경명자 견기득대신통력 요설변력
作不輕名者 見其得大神通力 樂說辯力

대선적력 문기소설 개신복수종 시보
大善寂力 聞其所說 皆信伏隨從 是菩

살 부화천만억중 영주아뇩다라삼먁삼
薩 復化千萬億衆 令住阿耨多羅三藐三

보리 명종지후 득치이천억불 개호일
菩提 命終之後 得値二千億佛 皆號日

월등명 어기법중 설시법화경 이시인
月燈明 於其法中 說是法華經 以是因

연 부치이천억불 동호운자재등왕 어
緣 復値二千億佛 同號雲自在燈王 於

차제불법중 수지독송 위제사중 설차
此諸佛法中 受持讀誦 爲諸四衆 說此

경전고 득시상안청정 이비설신의 제
經典故 得是常眼淸淨 耳鼻舌身意 諸

근청정 어사중중설법 심무소외 득대
根淸淨 於四衆中說法 心無所畏 得大

세 시상불경보살마하살 공양여시 약
勢 是常不輕菩薩摩訶薩 供養如是 若

간제불 공경존중찬탄 종제선근 어후
干諸佛 恭敬尊重讚歎 種諸善根 於後

부치 천만억불 역어제불법중 설시경
復值 千萬億佛 亦於諸佛法中 說是經

전 공덕성취 당득작불 득대세 어의운
典 功德成就 當得作佛 得大勢 於意云

하 이시 상불경보살 기이인호 즉아신
何 爾時 常不輕菩薩 豈異人乎 則我身

시 약아어숙세 불수지독송차경 위타
是 若我於宿世 不受持讀誦此經 爲他

인설자 불능질득 아뇩다라삼먁삼보리
人說者 不能疾得 阿耨多羅三藐三菩提

아어선불소 수지독송차경 위인설고
我於先佛所 受持讀誦此經 爲人說故

질득아뇩다라삼먁삼보리 득대세 피시
疾得阿耨多羅三藐三菩提 得大勢 彼時

사중 비구비구니 우바새우바이 이진
四衆 比丘比丘尼 優婆塞優婆夷 以瞋

에의 경천아고 이백억겁 상불치불 불
恚意 輕賤我故 二百億劫 常不値佛 不

문법 불견승 천겁 어아비지옥 수대고
聞法 不見僧 千劫 於阿鼻地獄 受大苦

뇌 필시죄이 부우상불경보살 교화 아
惱 畢是罪已 復遇常不輕菩薩 敎化 阿

뇩다라삼먁삼보리 득대세 어여의운하
耨多羅三藐三菩提 得大勢 於汝意云何

이시 사중 상경시보살자 기이인호 금
爾時 四衆 常輕是菩薩者 豈異人乎 今

차회중 발타바라등 오백보살 사자월
此會中 跋陀婆羅等 五百菩薩 師子月

등 오백비구니 사불등 오백우바새 개
等 五百比丘尼 思佛等 五百優婆塞 皆

어아뇩다라삼먁삼보리 불퇴전자시 득
於阿耨多羅三藐三菩提 不退轉者是 得

대세당지 시법화경 대요익 제보살마
大勢當知 是法華經 大饒益 諸菩薩摩

하살 능령지어 아뇩다라삼먁삼보리
訶薩 能令至於 阿耨多羅三藐三菩提

시고 제보살마하살 어여래멸후 상응
是故 諸菩薩摩訶薩 於如來滅後 常應

수지독송 해설서사시경 이시 세존 욕
受持讀誦 解說書寫是經 爾時 世尊 欲

중선차의 이설게언
重宣此義 而說偈言

과거유불 호위음왕
過去有佛 號威音王

신지무량 장도일체
神智無量 將導一切

천인용신 소공공양
天人龍神 所共供養

시불멸후 법욕진시
是佛滅後 法欲盡時

유일보살 명상불경
有一菩薩 名常不輕

시제사중 계착어법
時諸四衆 計著於法

불경보살 왕도기소
不輕菩薩 往到其所

이어지언 아불경여
而語之言 我不輕汝

여등행도 개당작불
汝等行道 皆當作佛

제인문이 경훼매리
諸人聞已 輕毁罵詈

불경보살 능인수지
不輕菩薩 能忍受之

기죄필이 임명종시
其罪畢已 臨命終時

득문차경 육근청정
得聞此經 六根淸淨

신통력고 증익수명
神通力故 增益壽命

부위제인 광설시경
復爲諸人 廣說是經

제착법중 개몽보살
諸著法衆 皆蒙菩薩

교화성취 영주불도
敎化成就 令住佛道

불경명종 치무수불
不輕命終 値無數佛

설시경고 득무량복
說是經故 得無量福

점구공덕 질성불도
漸具功德 疾成佛道

피시불경 즉아신시
彼時不輕 則我身是

시사부중 착법지자
時四部衆 著法之者

문불경언 여당작불
聞不輕言 汝當作佛

이시인연 치무수불
以是因緣 値無數佛

차회보살 오백지중
此會菩薩 五百之衆

병급사부 청신사녀
幷及四部 淸信士女

금어아전 청법자시
今於我前 聽法者是

아어전세 권시제인
我於前世 勸是諸人

청수사경 제일지법
聽受斯經 第一之法

개시교인 영주열반
開示教人 令住涅槃

세세수지 여시경전
世世受持 如是經典

억억만겁 지불가의
億億萬劫 至不可議

시내득문 시법화경
時乃得聞 是法華經

억억만겁 지불가의
億億萬劫 至不可議

제불세존 시설시경
諸佛世尊 時說是經

시고행자 어불멸후
是故行者 於佛滅後

문여시경 물생의혹
聞如是經 勿生疑惑

응당일심 광설차경
應當一心 廣說此經

세세치불 질성불도
世世値佛 疾成佛道

여래신력품 제이십일
如來神力品 第二十一

이시 천세계미진등 보살마하살 종지
爾時 千世界微塵等 菩薩摩訶薩 從地

용출자 개어불전 일심합장 첨앙존안
涌出者 皆於佛前 一心合掌 瞻仰尊顔

이백불언 세존 아등 어불멸후 세존분
而白佛言 世尊 我等 於佛滅後 世尊分

신 소재국토 멸도지처 당광설차경 소
身 所在國土 滅度之處 當廣說此經 所

이자하 아등 역자욕득 시진정대법 수
以者何 我等 亦自欲得 是眞淨大法 受

지독송 해설서사 이공양지 이시 세존
持讀誦 解說書寫 而供養之 爾時 世尊

어문수사리등 무량백천만억 구주사바
於文殊師利等 無量百千萬億 舊住娑婆

세계 보살마하살 급제비구비구니 우
世界 菩薩摩訶薩 及諸比丘比丘尼 優

바새우바이 천룡야차 건달바아수라
婆塞優婆夷 天龍夜叉 乾闥婆阿修羅

가루라긴나라 마후라가 인비인등 일
迦樓羅緊那羅 摩睺羅伽 人非人等 一

체중전 현대신력 출광장설 상지범세
切衆前 現大神力 出廣長舌 上至梵世

일체모공 방어무량무수색광 개실변조
一切毛孔 放於無量無數色光 皆悉遍照

시방세계 중보수하 사자좌상 제불 역
十方世界 衆寶樹下 師子座上 諸佛 亦

부여시 출광장설 방무량광 석가모니
復如是 出廣長舌 放無量光 釋迦牟尼

불 급보수하제불 현신력시 만백천세
佛 及寶樹下諸佛 現神力時 滿百千歲

연후 환섭설상 일시경해 구공탄지 시
然後 還攝舌相 一時謦欬 俱共彈指 是

이음성 변지시방 제불세계 지개육종
二音聲 遍至十方 諸佛世界 地皆六種

진동 기중중생 천룡야차 건달바아수
震動 其中衆生 天龍夜叉 乾闥婆阿修

라 가루라긴나라 마후라가 인비인등
羅 迦樓羅緊那羅 摩睺羅伽 人非人等

이불신력고 개견차사바세계 무량무변
以佛神力故 皆見此娑婆世界 無量無邊

백천만억 중보수하 사자좌상제불 급
百千萬億 衆寶樹下 師子座上諸佛 及

견석가모니불 공다보여래 재보탑중
見釋迦牟尼佛 共多寶如來 在寶塔中

좌사자좌 우견무량무변 백천만억 보
坐師子座 又見無量無邊 百千萬億 菩

살마하살 급제사중 공경위요 석가모
薩摩訶薩 及諸四衆 恭敬圍繞 釋迦牟

니불 기견시이 개대환희 득미증유 즉
尼佛 旣見是已 皆大歡喜 得未曾有 卽

시제천 어허공중 고성창언 과차무량
時諸天 於虛空中 高聲唱言 過此無量

무변 백천만억 아승기세계 유국명사
無邊 百千萬億 阿僧祇世界 有國名娑

바 시중유불 명석가모니 금위제보살
婆 是中有佛 名釋迦牟尼 今爲諸菩薩

마하살 설대승경 명묘법연화 교보살
摩訶薩 說大乘經 名妙法蓮華 教菩薩

법 불소호념 여등 당심심수희 역당예
法 佛所護念 汝等 當深心隨喜 亦當禮

배공양 석가모니불 피제중생 문허공
拜供養 釋迦牟尼佛 彼諸衆生 聞虛空

중성이 합장향사바세계 작여시언 나
中聲已 合掌向娑婆世界 作如是言 南

무석가모니불 나무석가모니불 이종종
無釋迦牟尼佛 南無釋迦牟尼佛 以種種

화향 영락번개 급제엄신지구 진보묘
華香 瓔珞幡蓋 及諸嚴身之具 珍寶妙

물 개공요산 사바세계 소산제물 종시
物 皆共遙散 娑婆世界 所散諸物 從十

방래 비여운집 변성보장 변부차간 제
方來 譬如雲集 變成寶帳 遍覆此間 諸

불지상 우시 시방세계 통달무애 여일
佛之上 于時 十方世界 通達無礙 如一

불토 이시 불고상행등 보살대중 제불
佛土 爾時 佛告上行等 菩薩大衆 諸佛

신력 여시무량무변 불가사의 약아이
神力 如是無量無邊 不可思議 若我以

시신력 어무량무변 백천만억 아승기
是神力 於無量無邊 百千萬億 阿僧祇

겁 위촉루고 설차경공덕 유불능진 이
劫 爲囑累故 說此經功德 猶不能盡 以

요언지 여래일체 소유지법 여래일체
要言之 如來一切 所有之法 如來一切

자재신력 여래일체 비요지장 여래일
自在神力 如來一切 秘要之藏 如來一

체 심심지사 개어차경 선시현설 시고
切 甚深之事 皆於此經 宣示顯說 是故

여등 어여래멸후 응일심 수지독송 해
汝等 於如來滅後 應一心 受持讀誦 解

설서사 여설수행 소재국토 약유수지
說書寫 如說修行 所在國土 若有受持

독송 해설서사 여설수행 약경권 소주
讀誦 解說書寫 如說修行 若經卷 所住

지처 약어원중 약어림중 약어수하 약
之處 若於園中 若於林中 若於樹下 若

어승방 약백의사 약재전당 약산곡광
於僧坊 若白衣舍 若在殿堂 若山谷曠

야 시중 개응기탑공양 소이자하 당지
野 是中 皆應起塔供養 所以者何 當知

시처 즉시도량 제불어차 득아뇩다라
是處 卽是道場 諸佛於此 得阿耨多羅

삼먁삼보리 제불어차 전우법륜 제불
三藐三菩提 諸佛於此 轉于法輪 諸佛

어차 이반열반 이시 세존 욕중선차의
於此 而般涅槃 爾時 世尊 欲重宣此義

이설게언
而說偈言

제불구세자 주어대신통
諸佛救世者 住於大神通

위열중생고 현무량신력
爲悅衆生故 現無量神力

설상지범천 신방무수광
舌相至梵天 身放無數光

위구불도자 현차희유사
爲求佛道者 現此希有事

제불경해성 급탄지지성
諸佛謦欬聲 及彈指之聲

주문시방국 지개육종동
周聞十方國 地皆六種動

이불멸도후 능지시경고
以佛滅度後 能持是經故

제불개환희 현무량신력
諸佛皆歡喜 現無量神力

촉루시경고 찬미수지자
囑累是經故 讚美受持者

어무량겁중 유고불능진
於無量劫中 猶故不能盡

시인지공덕 무변무유궁
是人之功德 無邊無有窮

여시방허공 불가득변제
如十方虛空 不可得邊際

능지시경자 즉위이견아
能持是經者 則爲已見我

역견다보불 급제분신자
亦見多寶佛 及諸分身者

우견아금일 교화제보살
又見我今日 敎化諸菩薩

능지시경자 영아급분신
能持是經者 令我及分身

멸도다보불 일체개환희
滅度多寶佛 一切皆歡喜

시방현재불 병과거미래
十方現在佛 幷過去未來

역견역공양 역령득환희
亦見亦供養 亦令得歡喜

제불좌도량 소득비요법
諸佛坐道場 所得秘要法

능지시경자 불구역당득
能持是經者 不久亦當得

능지시경자 어제법지의
能持是經者 於諸法之義

명자급언사 요설무궁진
名字及言辭 樂說無窮盡

여풍어공중 일체무장애
如風於空中 一切無障礙

어여래멸후 지불소설경
於如來滅後 知佛所說經

인연급차제 수의여실설
因緣及次第 隨義如實說

여일월광명 능제제유명
如日月光明 能除諸幽冥

사인행세간 능멸중생암
斯人行世間 能滅衆生闇

교무량보살 필경주일승
教無量菩薩 畢竟住一乘

시고유지자 문차공덕리
是故有智者 聞此功德利

어아멸도후 응수지사경
於我滅度後 應受持斯經

시인어불도 결정무유의
是人於佛道 決定無有疑

촉루품 제이십이
囑累品 第二十二

이시 석가모니불 종법좌기 현대신력
爾時 釋迦牟尼佛 從法座起 現大神力

이우수 마무량보살마하살정 이작시언
以右手 摩無量菩薩摩訶薩頂 而作是言

아어무량백천만억 아승기겁 수습시난
我於無量百千萬億 阿僧祇劫 修習是難

득 아뇩다라삼먁삼보리법 금이부촉여
得 阿耨多羅三藐三菩提法 今以付囑汝

등 여등응당일심 유포차법 광령증익
等 汝等應當一心 流布此法 廣令增益

여시삼마 제보살마하살정 이작시언
如是三摩 諸菩薩摩訶薩頂 而作是言

아어무량백천만억 아승기겁 수습시난
我於無量百千萬億 阿僧祇劫 修習是難

득 아뇩다라삼먁삼보리법 금이부촉여
得 阿耨多羅三藐三菩提法 今以付囑汝

등 여등 당수지독송 광선차법 영일체
等 汝等 當受持讀誦 廣宣此法 令一切

중생 보득문지 소이자하 여래 유대자
衆生 普得聞知 所以者何 如來 有大慈

비 무제간린 역무소외 능여중생 불지
悲 無諸慳悋 亦無所畏 能與衆生 佛之

지혜 여래지혜 자연지혜 여래 시일체
智慧 如來智慧 自然智慧 如來 是一切

중생 지대시주 여등 역응수학 여래지
衆生 之大施主 汝等 亦應隨學 如來之

법 물생간린 어미래세 약유선남자선
法 勿生慳悋 於未來世 若有善男子善

여인 신여래지혜자 당위연설 차법화
女人 信如來智慧者 當爲演說 此法華

경 사득문지 위령기인 득불혜고 약유
經 使得聞知 爲令其人 得佛慧故 若有

중생 불신수자 당어여래 여심법중 시
衆生 不信受者 當於如來 餘深法中 示

교리희 여등 약능여시 즉위이보 제불
敎利喜 汝等 若能如是 則爲已報 諸佛

지은 시 제보살마하살 문불작시설이
之恩 時 諸菩薩摩訶薩 聞佛作是說已

개대환희 변만기신 익가공경 곡궁저
皆大歡喜 遍滿其身 益加恭敬 曲躬低

두 합장향불 구발성언 여세존칙 당구
頭 合掌向佛 俱發聲言 如世尊勅 當具

봉행 유연세존 원불유려 제보살마하
奉行 唯然世尊 願不有慮 諸菩薩摩訶

살중 여시삼반 구발성언 여세존칙 당
薩衆 如是三反 俱發聲言 如世尊勅 當

구봉행 유연세존 원불유려 이시 석가
具奉行 唯然世尊 願不有慮 爾時 釋迦

모니불 영시방래 제분신불 각환본토
牟尼佛 令十方來 諸分身佛 各還本土

이작시언 제불 각수소안 다보불탑 환
而作是言 諸佛 各隨所安 多寶佛塔 還

가여고 설시어시 시방무량 분신제불
可如故 說是語時 十方無量 分身諸佛

좌보수하 사자좌상자 급다보불 병상
坐寶樹下 師子座上者 及多寶佛 幷上

행등 무변아승기 보살대중 사리불등
行等 無邊阿僧祇 菩薩大衆 舍利弗等

성문사중 급일체세간 천인아수라등
聲聞四衆 及一切世間 天人阿修羅等

문불소설 개대환희
聞佛所說 皆大歡喜

약왕보살본사품 제이십삼
藥王菩薩本事品 第二十三

이시 수왕화보살 백불언 세존 약왕보
爾時 宿王華菩薩 白佛言 世尊 藥王菩

살 운하유어 사바세계 세존 시약왕보
薩 云何遊於 娑婆世界 世尊 是藥王菩

살 유약간백천만억 나유타 난행고행
薩 有若干百千萬億 那由他 難行苦行

선재세존 원소해설 제천룡신야차 건
善哉世尊 願少解說 諸天龍神夜叉 乾

달바아수라 가루라긴나라 마후라가
闥婆阿修羅 迦樓羅緊那羅 摩睺羅伽

인비인등 우타국토 제래보살 급차성
人非人等 又他國土 諸來菩薩 及此聲

문중 문개환희 이시 불고수왕화보살
聞衆 聞皆歡喜 爾時 佛告宿王華菩薩

내왕과거 무량항하사겁 유불 호일월
乃往過去 無量恒河沙劫 有佛 號日月

정명덕여래 응공 정변지 명행족 선서
淨明德如來 應供 正遍知 明行足 善逝

세간해 무상사 조어장부 천인사 불세
世間解 無上士 調御丈夫 天人師 佛世

존 기불 유팔십억 대보살마하살 칠십
尊 其佛 有八十億 大菩薩摩訶薩 七十

이항하사 대성문중 불수 사만이천겁
二恒河沙 大聲聞衆 佛壽 四萬二千劫

보살수명역등 피국 무유여인 지옥아
菩薩壽命亦等 彼國 無有女人 地獄餓

귀축생 아수라등 급이제난 지평여장
鬼畜生 阿修羅等 及以諸難 地平如掌

유리소성 보수장엄 보장부상 수보화
琉璃所成 寶樹莊嚴 寶帳覆上 垂寶華

번 보병향로 주변국계 칠보위대 일수
幡 寶甁香爐 周遍國界 七寶爲臺 一樹

일대 기수거대 진일전도 차제보수 개
一臺 其樹去臺 盡一箭道 此諸寶樹 皆

유보살성문 이좌기하 제보대상 각유
有菩薩聲聞 而坐其下 諸寶臺上 各有

백억제천 작천기악 가탄어불 이위공
百億諸天 作天伎樂 歌歎於佛 以爲供

양 이시 피불 위일체중생희견보살 급
養 爾時 彼佛 爲一切衆生喜見菩薩 及

중보살 제성문중 설법화경 시일체중
衆菩薩 諸聲聞衆 說法華經 是一切衆

생희견보살 낙습고행 어일월정명덕불
生喜見菩薩 樂習苦行 於日月淨明德佛

법중 정진경행 일심구불 만만이천세
法中 精進經行 一心求佛 滿萬二千歲

이 득현일체색신삼매 득차삼매이 심
已 得現一切色身三昧 得此三昧已 心

대환희 즉작념언 아득 현일체색신삼
大歡喜 卽作念言 我得 現一切色身三

매 개시득문 법화경력 아금당공양 일
昧 皆是得聞 法華經力 我今當供養 日

월정명덕불 급법화경 즉시 입시삼매
月淨明德佛 及法華經 卽時 入是三昧

어허공중 우만다라화 마하만다라화
於虛空中 雨曼陀羅華 摩訶曼陀羅華

세말견흑전단 만허공중 여운이하 우
細抹堅黑栴檀 滿虛空中 如雲而下 又

우해차안전단지향 차향육수 가치사바
雨海此岸栴檀之香 此香六銖 價直娑婆

세계 이공양불 작시공양이 종삼매기
世界 以供養佛 作是供養已 從三昧起

이자념언 아수이신력 공양어불 불여
而自念言 我雖以神力 供養於佛 不如

이신공양 즉복제향 전단훈육 도루바
以身供養 卽服諸香 栴檀薰陸 兜樓婆

필력가 침수교향 우음첨복 제화향유
畢力迦 沈水膠香 又飮瞻蔔 諸華香油

만천이백세이 향유도신 어일월정명덕
滿千二百歲已 香油塗身 於日月淨明德

불전 이천보의 이자전신 관제향유 이
佛前 以天寶衣 而自纏身 灌諸香油 以

신통력원 이자연신 광명변조 팔십억
神通力願 而自然身 光明遍照 八十億

항하사세계 기중제불 동시찬언 선재
恒河沙世界 其中諸佛 同時讚言 善哉

선재 선남자 시진정진 시명 진법공양
善哉 善男子 是眞精進 是名 眞法供養

여래 약이화향영락 소향말향도향 천
如來 若以華香瓔珞 燒香抹香塗香 天

증번개 급해차안전단지향 여시등 종
繒幡蓋 及海此岸栴檀之香 如是等 種

종제물공양 소불능급 가사국성 처자
種諸物供養 所不能及 假使國城 妻子

보시 역소불급 선남자 시명 제일지시
布施 亦所不及 善男子 是名 第一之施

어제시중 최존최상 이법공양 제여래
於諸施中 最尊最上 以法供養 諸如來

고 작시어이 이각묵연 기신화연 천이
故 作是語已 而各默然 其身火燃 千二

백세 과시이후 기신내진 일체중생희
百歲 過是已後 其身乃盡 一切衆生喜

견보살 작여시법공양이 명종지후 부
見菩薩 作如是法供養已 命終之後 復

생일월정명덕불국중 어정덕왕가 결가
生日月淨明德佛國中 於淨德王家 結跏

부좌 홀연화생 즉위기부 이설게언
趺坐 忽然化生 卽爲其父 而說偈言

대왕금당지 아경행피처
大王今當知 我經行彼處

즉시득일체 현제신삼매
卽時得一切 現諸身三昧

근행대정진 사소애지신
勤行大精進 捨所愛之身

공양어세존 위구무상혜
供養於世尊 爲求無上慧

설시게이 이백부언 일월정명덕불 금
說是偈已 而白父言 日月淨明德佛 今

고현재 아선공양불이 득해일체중생어
故現在 我先供養佛已 得解一切衆生語

언다라니 부문시법화경 팔백천만억
言陀羅尼 復聞是法華經 八百千萬億

나유타 견가라 빈바라 아축바등게 대
那由他 甄迦羅 頻婆羅 阿閦婆等偈 大

왕 아금당환 공양차불 백이 즉좌칠보
王 我今當還 供養此佛 白已 卽坐七寶

지대 상승허공 고칠다라수 왕도불소
之臺 上昇虛空 高七多羅樹 往到佛所

두면예족 합십지조 이게찬불
頭面禮足 合十指爪 以偈讚佛

용안심기묘 광명조시방
容顔甚奇妙 光明照十方

아적증공양 금부환친근
我適曾供養 今復還親覲

이시 일체중생희견보살 설시게이 이
爾時 一切衆生喜見菩薩 說是偈已 而

백불언 세존 세존유고재세 이시 일월
白佛言 世尊 世尊猶故在世 爾時 日月

정명덕불 고일체중생희견보살 선남자
淨明德佛 告一切衆生喜見菩薩 善男子

아열반시도 멸진시지 여가안시상좌
我涅槃時到 滅盡時至 汝可安施床座

아어금야 당반열반 우칙일체중생희견
我於今夜 當般涅槃 又勅一切衆生喜見

보살 선남자 아이불법 촉루어여 급제
菩薩 善男子 我以佛法 囑累於汝 及諸

보살대제자 병아뇩다라삼먁삼보리법
菩薩大弟子 幷阿耨多羅三藐三菩提法

역이삼천대천 칠보세계 제보수보대
亦以三千大千 七寶世界 諸寶樹寶臺

급급시제천 실부어여 아멸도후 소유
及給侍諸天 悉付於汝 我滅度後 所有

사리 역부촉여 당령유포 광설공양 응
舍利 亦付囑汝 當令流布 廣設供養 應

기약간천탑 여시 일월정명덕불 칙일
起若干千塔 如是 日月淨明德佛 勅一

체중생희견보살이 어야후분 입어열반
切衆生喜見菩薩已 於夜後分 入於涅槃

이시 일체중생희견보살 견불멸도 비
爾時 一切衆生喜見菩薩 見佛滅度 悲

감오뇌 연모어불 즉이해차안전단위적
感懊惱 戀慕於佛 卽以海此岸栴檀爲積

공양불신 이이소지 화멸이후 수취사
供養佛身 而以燒之 火滅已後 收取舍

리 작팔만사천보병 이기팔만사천탑
利 作八萬四千寶甁 以起八萬四千塔

고삼세계 표찰장엄 수제번개 현중보
高三世界 表刹莊嚴 垂諸幡蓋 懸衆寶

령 이시 일체중생희견보살 부자념언
鈴 爾時 一切衆生喜見菩薩 復自念言

아수작시공양 심유미족 아금당갱 공
我雖作是供養 心猶未足 我今當更 供

양사리 변어제보살대제자 급천룡야차
養舍利 便語諸菩薩大弟子 及天龍夜叉

등 일체대중 여등 당일심념 아금공양
等 一切大衆 汝等 當一心念 我今供養

일월정명덕불사리 작시어이 즉어팔만
日月淨明德佛舍利 作是語已 卽於八萬

사천탑전 연백복장엄비 칠만이천세
四千塔前 燃百福莊嚴臂 七萬二千歲

이이공양 영무수구성문중 무량아승기
而以供養 令無數求聲聞衆 無量阿僧祇

인 발아뇩다라삼먁삼보리심 개사득주
人 發阿耨多羅三藐三菩提心 皆使得住

현일체색신삼매 이시 제보살천인 아
現一切色身三昧 爾時 諸菩薩天人 阿

수라등 견기무비 우뇌비애 이작시언
修羅等 見其無臂 憂惱悲哀 而作是言

차일체중생희견보살 시아등사 교화아
此一切衆生喜見菩薩 是我等師 敎化我

자 이금소비 신불구족 우시 일체중생
者 而今燒臂 身不具足 于時 一切衆生

희견보살 어대중중 입차서언 아사양
喜見菩薩 於大衆中 立此誓言 我捨兩

비 필당득불 금색지신 약실불허 영아
臂 必當得佛 金色之身 若實不虛 令我

양비 환부여고 작시서이 자연환복 유
兩臂 還復如故 作是誓已 自然還復 由

사보살 복덕지혜 순후소치 당이지시
斯菩薩 福德智慧 淳厚所致 當爾之時

삼천대천세계 육종진동 천우보화 일
三千大千世界 六種震動 天雨寶華 一

체인천 득미증유 불고수왕화보살 어
切人天 得未曾有 佛告宿王華菩薩 於

여의운하 일체중생희견보살 기이인호
汝意云何 一切衆生喜見菩薩 豈異人乎

금약왕보살시야 기소사신보시 여시무
今藥王菩薩是也 其所捨身布施 如是無

량 백천만억 나유타수 수왕화 약유발
量 百千萬億 那由他數 宿王華 若有發

심 욕득아뇩다라삼먁삼보리자 능연수
心 欲得阿耨多羅三藐三菩提者 能燃手

지 내지족일지 공양불탑 승이국성처
指 乃至足一指 供養佛塔 勝以國城妻

자 급삼천대천국토 산림하지 제진보
子 及三千大千國土 山林河池 諸珍寶

물 이공양자 약부유인 이칠보 만삼천
物 而供養者 若復有人 以七寶 滿三千

대천세계 공양어불 급대보살 벽지불
大千世界 供養於佛 及大菩薩 辟支佛

아라한 시인소득공덕 불여수지 차법
阿羅漢 是人所得功德 不如受持 此法

화경 내지일사구게 기복최다 수왕화
華經 乃至一四句偈 其福最多 宿王華

비여일체 천류강하 제수지중 해위제
譬如一切 川流江河 諸水之中 海爲第

일 차법화경 역부여시 어제여래 소설
一 此法華經 亦復如是 於諸如來 所說

경중 최위심대 우여토산흑산 소철위
經中 最爲深大 又如土山黑山 小鐵圍

산 대철위산 급십보산 중산지중 수미
山 大鐵圍山 及十寶山 衆山之中 須彌

산위제일 차법화경 역부여시 어제경
山爲第一 此法華經 亦復如是 於諸經

중 최위기상 우여중성지중 월천자 최
中 最爲其上 又如衆星之中 月天子 最

위제일 차법화경 역부여시 어천만억
爲第一 此法華經 亦復如是 於千萬億

종 제경법중 최위조명 우여일천자 능
種 諸經法中 最爲照明 又如日天子 能

제제암 차경 역부여시 능파일체 불선
除諸闇 此經 亦復如是 能破一切 不善

지암 우여제소왕중 전륜성왕 최위제
之闇 又如諸小王中 轉輪聖王 最爲第

일 차경 역부여시 어중경중 최위기존
一 此經 亦復如是 於衆經中 最爲其尊

우여제석 어삼십삼천중왕 차경 역부
又如帝釋 於三十三天中王 此經 亦復

여시 제경중왕 우여대범천왕 일체중
如是 諸經中王 又如大梵天王 一切衆

생지부 차경 역부여시 일체현성 학무
生之父 此經 亦復如是 一切賢聖 學無

학 급발보살심자지부 우여일체 범부
學 及發菩薩心者之父 又如一切 凡夫

인중 수다원 사다함 아나함 아라한
人中 須陀洹 斯陀含 阿那含 阿羅漢

벽지불위제일 차경 역부여시 일체여
辟支佛爲第一 此經 亦復如是 一切如

래소설 약보살소설 약성문소설 제경
來所說 若菩薩所說 若聲聞所說 諸經

법중 최위제일 유능수지 시경전자 역
法中 最爲第一 有能受持 是經典者 亦

부여시 어일체중생중 역위제일 일체
復如是 於一切衆生中 亦爲第一 一切

성문 벽지불중 보살위제일 차경 역부
聲聞 辟支佛中 菩薩爲第一 此經 亦復

여시 어일체제경법중 최위제일 여불
如是 於一切諸經法中 最爲第一 如佛

위제법왕 차경 역부여시 제경중왕 수
爲諸法王 此經 亦復如是 諸經中王 宿

왕화 차경 능구일체중생자 차경 능령
王華 此經 能救一切衆生者 此經 能令

일체중생 이제고뇌 차경 능대요익 일
一切衆生 離諸苦惱 此經 能大饒益 一

체중생 충만기원 여청량지 능만일체
切衆生 充滿其願 如淸涼池 能滿一切

제갈핍자 여한자득화 여나자득의 여
諸渴乏者 如寒者得火 如裸者得衣 如

상인득주 여자득모 여도득선 여병득
商人得主 如子得母 如渡得船 如病得

의 여암득등 여빈득보 여민득왕 여고
醫 如暗得燈 如貧得寶 如民得王 如賈

객득해 여거제암 차법화경 역부여시
客得海 如炬除暗 此法華經 亦復如是

능령중생 이일체고 일체병통 능해일
能令衆生 離一切苦 一切病痛 能解一

체 생사지박 약인득문 차법화경 약자
切 生死之縛 若人得聞 此法華經 若自

서 약사인서 소득공덕 이불지혜 주량
書 若使人書 所得功德 以佛智慧 籌量

다소 부득기변 약서시경권 화향영락
多少 不得其邊 若書是經卷 華香瓔珞

소향말향도향 번개의복 종종지등 소
燒香抹香塗香 幡蓋衣服 種種之燈 酥

등유등 제향유등 첨복유등 수만나유
燈油燈 諸香油燈 瞻蔔油燈 須曼那油

등 바라라유등 바리사가유등 나바마
燈 波羅羅油燈 婆利師迦油燈 那婆摩

리유등 공양 소득공덕 역부무량 수왕
利油燈 供養 所得功德 亦復無量 宿王

화 약유인 문시약왕보살본사품자 역
華 若有人 聞是藥王菩薩本事品者 亦

득무량무변공덕 약유여인 문시약왕보
得無量無邊功德 若有女人 聞是藥王菩

살본사품 능수지자 진시여신 후불부
薩本事品 能受持者 盡是女身 後不復

수 약여래멸후 후오백세중 약유여인
受 若如來滅後 後五百歲中 若有女人

문시경전 여설수행 어차명종 즉왕안
聞是經典 如說修行 於此命終 卽往安

락세계 아미타불 대보살중 위요주처
樂世界 阿彌陀佛 大菩薩衆 圍繞住處

생연화중 보좌지상 불부위탐욕소뇌
生蓮華中 寶座之上 不復爲貪欲所惱

역부불위 진에우치소뇌 역부불위 교
亦復不爲 瞋恚愚癡所惱 亦復不爲 憍

만질투 제구소뇌 득보살신통 무생법
慢嫉妬 諸垢所惱 得菩薩神通 無生法

인 득시인이 안근청정 이시청정안근
忍 得是忍已 眼根淸淨 以是淸淨眼根

견칠백만이천억 나유타 항하사등 제
見七百萬二千億 那由他 恒河沙等 諸

불여래 시시제불 요공찬언 선재선재
佛如來 是時諸佛 遙共讚言 善哉善哉

선남자 여능 어석가모니불법중 수지
善男子 汝能 於釋迦牟尼佛法中 受持

독송 사유시경 위타인설 소득복덕 무
讀誦 思惟是經 爲他人說 所得福德 無

량무변 화불능소 수불능표 여지공덕
量無邊 火不能燒 水不能漂 汝之功德

천불공설 불능영진 여금이능 파제마
千佛共說 不能令盡 汝今已能 破諸魔

적 괴생사군 제여원적 개실최멸 선남
賊 壞生死軍 諸餘怨敵 皆悉摧滅 善男

자 백천제불 이신통력 공수호여 어일
子 百千諸佛 以神通力 共守護汝 於一

체세간 천인지중 무여여자 유제여래
切世間 天人之中 無如汝者 唯除如來

기제성문 벽지불 내지보살 지혜선정
其諸聲聞 辟支佛 乃至菩薩 智慧禪定

무유여여등자 수왕화 차보살성취 여
無有與汝等者 宿王華 此菩薩成就 如

시공덕 지혜지력 약유인 문시약왕보
是功德 智慧之力 若有人 聞是藥王菩

살본사품 능수희찬선자 시인 현세구
薩本事品 能隨喜讚善者 是人 現世口

중 상출청련화향 신모공중 상출우두
中 常出青蓮華香 身毛孔中 常出牛頭

전단지향 소득공덕 여상소설 시고 수
栴檀之香 所得功德 如上所說 是故 宿

왕화 이차약왕보살본사품 촉루어여
王華 以此藥王菩薩本事品 囑累於汝

아멸도후 후오백세중 광선유포 어염
我滅度後 後五百歲中 廣宣流布 於閻

부제 무령단절 악마마민 제천룡야차
浮提 無令斷絶 惡魔魔民 諸天龍夜叉

구반다등 득기편야 수왕화 여당이신
鳩槃茶等 得其便也 宿王華 汝當以神

통지력 수호시경 소이자하 차경 즉위
通之力 守護是經 所以者何 此經 則爲

염부제인 병지양약 약인유병 득문시
閻浮提人 病之良藥 若人有病 得聞是

경 병즉소멸 불로불사 수왕화 여약견
經 病卽消滅 不老不死 宿王華 汝若見

유수지시경자 응이청련화 성만말향
有受持是經者 應以青蓮花 盛滿抹香

공산기상 산이 작시념언 차인불구 필
供散其上 散已 作是念言 此人不久 必

당취초 좌어도량 파제마군 당취법라
當取草 坐於道場 破諸魔軍 當吹法螺

격대법고 도탈일체중생 노병사해 시
擊大法鼓 度脫一切衆生 老病死海 是

고 구불도자 견유수지 시경전인 응당
故 求佛道者 見有受持 是經典人 應當

여시 생공경심 설시약왕보살본사품시
如是 生恭敬心 說是藥王菩薩本事品時

팔만사천보살 득해일체중생어언다라
八萬四千菩薩 得解一切衆生語言陀羅

니 다보여래 어보탑중 찬수왕화보살
尼 多寶如來 於寶塔中 讚宿王華菩薩

언 선재선재 수왕화 여성취 불가사의
言 善哉善哉 宿王華 汝成就 不可思議

공덕 내능문석가모니불 여차지사 이
功德 乃能問釋迦牟尼佛 如此之事 利

익무량 일체중생
益無量 一切衆生

묘법연화경 권제칠
妙法蓮華經 卷第七

묘음보살품 제이십사
妙音菩薩品 第二十四

이시 석가모니불 방대인상 육계광명
爾時 釋迦牟尼佛 放大人相 肉髻光明

급방미간 백호상광 변조동방 백팔만
及放眉間 白毫相光 遍照東方 百八萬

억 나유타 항하사등 제불세계 과시수
億 那由他 恒河沙等 諸佛世界 過是數

이 유세계 명정광장엄 기국유불 호정
已 有世界 名淨光莊嚴 其國有佛 號淨

화수왕지여래 응공 정변지 명행족 선
華宿王智如來 應供 正遍知 明行足 善

서 세간해 무상사 조어장부 천인사
逝 世間解 無上士 調御丈夫 天人師

불세존 위무량무변 보살대중 공경위
佛世尊 爲無量無邊 菩薩大衆 恭敬圍

요 이위설법 석가모니불 백호광명 변
繞 而爲說法 釋迦牟尼佛 白毫光明 遍

조기국 이시 일체정광장엄국중 유일
照其國 爾時 一切淨光莊嚴國中 有一

보살 명왈묘음 구이식중덕본 공양친
菩薩 名曰妙音 久已植衆德本 供養親

근 무량백천만억제불 이실성취 심심
近 無量百千萬億諸佛 而悉成就 甚深

지혜 득묘당상삼매 법화삼매 정덕삼
智慧 得妙幢相三昧 法華三昧 淨德三

매 수왕희삼매 무연삼매 지인삼매 해
昧 宿王戲三昧 無緣三昧 智印三昧 解

일체중생어언삼매 집일체공덕삼매 청
一切衆生語言三昧 集一切功德三昧 淸

정삼매 신통유희삼매 혜거삼매 장엄
淨三昧 神通遊戲三昧 慧炬三昧 莊嚴

왕삼매 정광명삼매 정장삼매 불공삼
王三昧 淨光明三昧 淨藏三昧 不共三

매 일선삼매 득여시등 백천만억 항하
昧 日旋三昧 得如是等 百千萬億 恒河

사등 제대삼매 석가모니불 광조기신
沙等 諸大三昧 釋迦牟尼佛 光照其身

즉백정화수왕지불언 세존 아당왕예
卽白淨華宿王智佛言 世尊 我當往詣

사바세계 예배친근공양 석가모니불
娑婆世界 禮拜親近供養 釋迦牟尼佛

급견문수사리법왕자보살 약왕보살 용
及見文殊師利法王子菩薩 藥王菩薩 勇

시보살 수왕화보살 상행의보살 장엄
施菩薩 宿王華菩薩 上行意菩薩 莊嚴

왕보살 약상보살 이시 정화수왕지불
王菩薩 藥上菩薩 爾時 淨華宿王智佛

고묘음보살 여막경피국 생하열상 선
告妙音菩薩 汝莫輕彼國 生下劣想 善

남자 피사바세계 고하불평 토석제산
男子 彼娑婆世界 高下不平 土石諸山

예악충만 불신비소 제보살중 기형역
穢惡充滿 佛身卑小 諸菩薩衆 其形亦

소 이여신 사만이천유순 아신 육백팔
小 而汝身 四萬二千由旬 我身 六百八

십만유순 여신 제일단정 백천만복 광
十萬由旬 汝身 第一端正 百千萬福 光

명수묘 시고여왕 막경피국 약불보살
明殊妙 是故汝往 莫輕彼國 若佛菩薩

급국토 생하열상 묘음보살 백기불언
及國土 生下劣想 妙音菩薩 白其佛言

세존 아금예 사바세계 개시여래지력
世尊 我今詣 娑婆世界 皆是如來之力

여래신통유희 여래공덕 지혜장엄 어
如來神通遊戲 如來功德 智慧莊嚴 於

시 묘음보살 불기우좌 신부동요 이입
是 妙音菩薩 不起于座 身不動搖 而入

삼매 이삼매력 어기사굴산 거법좌불
三昧 以三昧力 於耆闍崛山 去法座不

원 화작팔만사천 중보련화 염부단금
遠 化作八萬四千 衆寶蓮華 閻浮檀金

위경 백은위엽 금강위수 견숙가보 이
爲莖 白銀爲葉 金剛爲鬚 甄叔迦寶 以

위기대 이시 문수사리법왕자 견시연
爲其臺 爾時 文殊師利法王子 見是蓮

화 이백불언 세존 시하인연 선현차서
華 而白佛言 世尊 是何因緣 先現此瑞

유약간천만연화 염부단금위경 백은위
有若干千萬蓮華 閻浮檀金爲莖 白銀爲

엽 금강위수 견숙가보 이위기대 이시
葉 金剛爲鬚 甄叔迦寶 以爲其臺 爾時

석가모니불 고문수사리 시묘음보살마
釋迦牟尼佛 告文殊師利 是妙音菩薩摩

하살 욕종정화수왕지불국 여팔만사천
訶薩 欲從淨華宿王智佛國 與八萬四千

보살위요 이래지차 사바세계 공양친
菩薩圍繞 而來至此 娑婆世界 供養親

근 예배어아 역욕공양 청법화경 문수
近 禮拜於我 亦欲供養 聽法華經 文殊

사리 백불언 세존 시보살 종하선본
師利 白佛言 世尊 是菩薩 種何善本

수하공덕 이능유시 대신통력 행하삼
修何功德 而能有是 大神通力 行何三

매 원위아등 설시삼매명자 아등 역욕
昧 願爲我等 說是三昧名字 我等 亦欲

근수행지 행차삼매 내능견시보살 색
勤修行之 行此三昧 乃能見是菩薩 色

상대소 위의진지 유원세존 이신통력
相大小 威儀進止 唯願世尊 以神通力

피보살래 영아득견 이시 석가모니불
彼菩薩來 令我得見 爾時 釋迦牟尼佛

고문수사리 차구멸도 다보여래 당위
告文殊師利 此久滅度 多寶如來 當爲

여등 이현기상 시다보불 고피보살 선
汝等 而現其相 時多寶佛 告彼菩薩 善

남자래 문수사리법왕자 욕견여신 우
男子來 文殊師利法王子 欲見汝身 于

시 묘음보살 어피국몰 여팔만사천보
時 妙音菩薩 於彼國沒 與八萬四千菩

살 구공발래 소경제국 육종진동 개실
薩 俱共發來 所經諸國 六種震動 皆悉

우어 칠보련화 백천천악 불고자명 시
雨於 七寶蓮華 百千天樂 不鼓自鳴 是

보살 목여광대 청련화엽 정사화합 백
菩薩 目如廣大 靑蓮華葉 正使和合 百

천만월 기면모단정 부과어차 신진금
千萬月 其面貌端正 復過於此 身眞金

색 무량백천 공덕장엄 위덕치성 광명
色 無量百千 功德莊嚴 威德熾盛 光明

조요 제상구족 여나라연 견고지신 입
照曜 諸相具足 如那羅延 堅固之身 入

칠보대 상승허공 거지칠다라수 제보
七寶臺 上昇虛空 去地七多羅樹 諸菩

살중 공경위요 이래예차 사바세계 기
薩衆 恭敬圍繞 而來詣此 娑婆世界 耆

사굴산 도이 하칠보대 이가치백천영
闍崛山 到已 下七寶臺 以價直百千瓔

락 지지석가모니불소 두면예족 봉상
珞 持至釋迦牟尼佛所 頭面禮足 奉上

영락 이백불언 세존 정화수왕지불 문
瓔珞 而白佛言 世尊 淨華宿王智佛 問

신세존 소병소뇌 기거경리 안락행부
訊世尊 少病少惱 起居輕利 安樂行不

사대조화부 세사가인부 중생이도부
四大調和不 世事可忍不 衆生易度不

무다탐욕 진에우치 질투간만부 무불
無多貪欲 瞋恚愚癡 嫉妬慳慢不 無不

효부모 불경사문 사견불선심부 섭오
孝父母 不敬沙門 邪見不善心不 攝五

정부 세존 중생능항복 제마원부 구멸
情不 世尊 衆生能降伏 諸魔怨不 久滅

도 다보여래 재칠보탑중 내청법부 우
度 多寶如來 在七寶塔中 來聽法不 又

문신다보여래 안은소뇌 감인구주부
問訊多寶如來 安隱少惱 堪忍久住不

세존 아금욕견 다보불신 유원세존 시
世尊 我今欲見 多寶佛身 唯願世尊 示

아영견 이시 석가모니불 어다보불 시
我令見 爾時 釋迦牟尼佛 語多寶佛 是

묘음보살 욕득상견 시다보불 고묘음
妙音菩薩 欲得相見 時多寶佛 告妙音

언 선재선재 여능위공양 석가모니불
言 善哉善哉 汝能爲供養 釋迦牟尼佛

급청법화경 병견문수사리등 고래지차
及聽法華經 幷見文殊師利等 故來至此

이시 화덕보살 백불언 세존 시묘음보
爾時 華德菩薩 白佛言 世尊 是妙音菩

살 종하선근 수하공덕 유시신력 불고
薩 種何善根 修何功德 有是神力 佛告

화덕보살 과거유불 명운뢰음왕 다타
華德菩薩 過去有佛 名雲雷音王 多陀

아가도 아라하 삼먁삼불타 국명현일
阿伽度 阿羅訶 三藐三佛陀 國名現一

체세간 겁명희견 묘음보살 어만이천
切世間 劫名喜見 妙音菩薩 於萬二千

세 이십만종기악 공양운뢰음왕불 병
歲 以十萬種伎樂 供養雲雷音王佛 幷

봉상 팔만사천칠보발 이시인연과보
奉上 八萬四千七寶鉢 以是因緣果報

금생정화수왕지불국 유시신력 화덕
今生淨華宿王智佛國 有是神力 華德

어여의운하 이시 운뢰음왕불소 묘음
於汝意云何 爾時 雲雷音王佛所 妙音

보살 기악공양 봉상보기자 기이인호
菩薩 伎樂供養 奉上寶器者 豈異人乎

금차묘음보살마하살시 화덕 시묘음보
今此妙音菩薩摩訶薩是 華德 是妙音菩

살 이증공양친근 무량제불 구식덕본
薩 已曾供養親近 無量諸佛 久植德本

우치항하사등 백천만억 나유타불 화
又值恒河沙等 百千萬億 那由他佛 華

덕 여단견묘음보살 기신재차 이시보
德 汝但見妙音菩薩 其身在此 而是菩

살 현종종신 처처 위제중생 설시경전
薩 現種種身 處處 爲諸衆生 說是經典

혹현범왕신 혹현제석신 혹현자재천신
或現梵王身 或現帝釋身 或現自在天身

혹현대자재천신 혹현천대장군신 혹현
或現大自在天身 或現天大將軍身 或現

비사문천왕신 혹현전륜성왕신 혹현제
毘沙門天王身 或現轉輪聖王身 或現諸

소왕신 혹현장자신 혹현거사신 혹현
小王身 或現長者身 或現居士身 或現

재관신 혹현바라문신 혹현비구비구니
宰官身 或現婆羅門身 或現比丘比丘尼

우바새우바이신 혹현장자거사부녀신
優婆塞優婆夷身 或現長者居士婦女身

혹현재관부녀신 혹현바라문부녀신 혹
或現宰官婦女身 或現婆羅門婦女身 或

현동남동녀신 혹현천룡야차 건달바아
現童男童女身 或現天龍夜叉 乾闥婆阿

수라 가루라긴나라 마후라가 인비인
修羅 迦樓羅緊那羅 摩睺羅伽 人非人

등신 이설시경 제유지옥 아귀축생 급
等身 而說是經 諸有地獄 餓鬼畜生 及

중난처 개능구제 내지어왕후궁 변위
衆難處 皆能救濟 乃至於王後宮 變爲

여신 이설시경 화덕 시묘음보살 능구
女身 而說是經 華德 是妙音菩薩 能救

호사바세계 제중생자 시묘음보살 여
護娑婆世界 諸衆生者 是妙音菩薩 如

시종종 변화현신 재차사바국토 위제
是種種 變化現身 在此娑婆國土 爲諸

중생 설시경전 어신통변화지혜 무소
衆生 說是經典 於神通變化智慧 無所

손감 시보살 이약간지혜 명조사바세
損減 是菩薩 以若干智慧 明照娑婆世

계 영일체중생 각득소지 어시방항하
界 令一切衆生 各得所知 於十方恒河

사 세계중 역부여시 약응이성문형 득
沙 世界中 亦復如是 若應以聲聞形 得

도자 현성문형 이위설법 응이벽지불
度者 現聲聞形 而爲說法 應以辟支佛

형 득도자 현벽지불형 이위설법 응이
形 得度者 現辟支佛形 而爲說法 應以

보살형 득도자 현보살형 이위설법 응
菩薩形 得度者 現菩薩形 而爲說法 應

이불형 득도자 즉현불형 이위설법 여
以佛形 得度者 卽現佛形 而爲說法 如

시종종 수소응도 이위현형 내지응이
是種種 隨所應度 而爲現形 乃至應以

멸도 이득도자 시현멸도 화덕 묘음보
滅度 而得度者 示現滅度 華德 妙音菩

살마하살 성취대신통 지혜지력 기사
薩摩訶薩 成就大神通 智慧之力 其事

여시 이시 화덕보살 백불언 세존 시
如是 爾時 華德菩薩 白佛言 世尊 是

묘음보살 심종선근 세존 시보살 주하
妙音菩薩 深種善根 世尊 是菩薩 住何

삼매 이능여시 재소변현 도탈중생 불
三昧 而能如是 在所變現 度脫衆生 佛

고화덕보살 선남자 기삼매명 현일체
告華德菩薩 善男子 其三昧名 現一切

색신 묘음보살 주시삼매중 능여시요
色身 妙音菩薩 住是三昧中 能如是饒

익 무량중생 설시묘음보살품시 여묘
益 無量衆生 說是妙音菩薩品時 與妙

음보살구래자 팔만사천인 개득현일체
音菩薩俱來者 八萬四千人 皆得現一切

색신삼매 차사바세계 무량보살 역득
色身三昧 此娑婆世界 無量菩薩 亦得

시삼매 급다라니 이시 묘음보살마하
是三昧 及陀羅尼 爾時 妙音菩薩摩訶

살 공양석가모니불 급다보불탑이 환
薩 供養釋迦牟尼佛 及多寶佛塔已 還

귀본토 소경제국 육종진동 우보련화
歸本土 所經諸國 六種震動 雨寶蓮華

작백천만억 종종기악 기도본국 여팔
作百千萬億 種種伎樂 旣到本國 與八

만사천 보살위요 지정화수왕지불소
萬四千 菩薩圍繞 至淨華宿王智佛所

백불언 세존 아도사바세계 요익중생
白佛言 世尊 我到娑婆世界 饒益衆生

견석가모니불 급견다보불탑 예배공양
見釋迦牟尼佛 及見多寶佛塔 禮拜供養

우견문수사리법왕자보살 급견약왕보
又見文殊師利法王子菩薩 及見藥王菩

살 득근정진력보살 용시보살등 역령
薩 得勤精進力菩薩 勇施菩薩等 亦令

시팔만사천보살 득현일체색신삼매 설
是八萬四千菩薩 得現一切色身三昧 說

시묘음보살 내왕품시 사만이천천자
是妙音菩薩 來往品時 四萬二千天子

득무생법인 화덕보살 득법화삼매
得無生法忍 華德菩薩 得法華三昧

관세음보살보문품 제이십오
觀世音菩薩普門品 第二十五

이시 무진의보살 즉종좌기 편단우견
爾時 無盡意菩薩 卽從座起 偏袒右肩

합장향불 이작시언 세존 관세음보살
合掌向佛 而作是言 世尊 觀世音菩薩

이하인연 명관세음 불고무진의보살
以何因緣 名觀世音 佛告無盡意菩薩

선남자 약유무량 백천만억중생 수제
善男子 若有無量 百千萬億衆生 受諸

고뇌 문시관세음보살 일심칭명 관세
苦惱 聞是觀世音菩薩 一心稱名 觀世

음보살 즉시 관기음성 개득해탈 약유
音菩薩 卽時 觀其音聲 皆得解脫 若有

지시 관세음보살명자 설입대화 화불
持是 觀世音菩薩名者 設入大火 火不

능소 유시보살 위신력고 약위대수소
能燒 由是菩薩 威神力故 若爲大水所

표 칭기명호 즉득천처 약유백천만억
漂 稱其名號 卽得淺處 若有百千萬億

중생 위구금은유리 자거마노 산호호
衆生 爲求金銀琉璃 硨磲瑪瑙 珊瑚琥

박 진주등보 입어대해 가사흑풍 취기
珀 眞珠等寶 入於大海 假使黑風 吹其

선방 표타나찰귀국 기중 약유내지일
船舫 飄墮羅刹鬼國 其中 若有乃至一

인 칭관세음보살명자 시제인등 개득
人 稱觀世音菩薩名者 是諸人等 皆得

해탈 나찰지난 이시인연 명관세음 약
解脫 羅刹之難 以是因緣 名觀世音 若

부유인 임당피해 칭관세음보살명자
復有人 臨當被害 稱觀世音菩薩名者

피소집도장 심단단괴 이득해탈 약삼
彼所執刀杖 尋段段壞 而得解脫 若三

천대천국토 만중야차나찰 욕래뇌인
千大千國土 滿中夜叉羅刹 欲來惱人

문기칭 관세음보살명자 시제악귀 상
聞其稱 觀世音菩薩名者 是諸惡鬼 尙

불능이악안시지　황부가해　설부유인
不能以惡眼視之　況復加害　設復有人

약유죄 약무죄 추계가쇄 검계기신 칭
若有罪 若無罪 杻械枷鎖 檢繫其身 稱

관세음보살명자　개실단괴　즉득해탈
觀世音菩薩名者　皆悉斷壞　卽得解脫

약삼천대천국토　만중원적　유일상주
若三千大千國土　滿中怨賊　有一商主

장제상인 재지중보 경과험로 기중일
將諸商人 齎持重寶 經過嶮路 其中一

인 작시창언 제선남자 물득공포 여등
人 作是唱言 諸善男子 勿得恐怖 汝等

응당일심　칭관세음보살명호　시보살
應當一心　稱觀世音菩薩名號　是菩薩

능이무외 시어중생 여등 약칭명자 어
能以無畏 施於衆生 汝等 若稱名者 於

차원적 당득해탈 중상인문 구발성언
此怨賊 當得解脫 衆商人聞 俱發聲言

나무관세음보살　칭기명고　즉득해탈
南無觀世音菩薩　稱其名故　卽得解脫

무진의 관세음보살마하살 위신지력
無盡意 觀世音菩薩摩訶薩 威神之力

외외여시 약유중생 다어음욕 상념공
巍巍如是 若有衆生 多於婬欲 常念恭

경 관세음보살 변득이욕 약다진에 상
敬 觀世音菩薩 便得離欲 若多瞋恚 常

념공경 관세음보살 변득이진 약다우
念恭敬 觀世音菩薩 便得離瞋 若多愚

치 상념공경 관세음보살 변득이치 무
癡 常念恭敬 觀世音菩薩 便得離癡 無

진의 관세음보살 유여시등 대위신력
盡意 觀世音菩薩 有如是等 大威神力

다소요익 시고중생 상응심념 약유여
多所饒益 是故衆生 常應心念 若有女

인 설욕구남 예배공양 관세음보살 변
人 設欲求男 禮拜供養 觀世音菩薩 便

생복덕 지혜지남 설욕구녀 변생단정
生福德 智慧之男 設欲求女 便生端正

유상지녀 숙식덕본 중인애경 무진의
有相之女 宿植德本 衆人愛敬 無盡意

관세음보살 유여시력 약유중생 공경
觀世音菩薩 有如是力 若有衆生 恭敬

예배 관세음보살 복불당연 시고중생
禮拜 觀世音菩薩 福不唐捐 是故衆生

개응수지 관세음보살명호 무진의 약
皆應受持 觀世音菩薩名號 無盡意 若

유인 수지육십이억 항하사보살명자
有人 受持六十二億 恒河沙菩薩名字

부진형 공양음식의복 와구의약 어여
復盡形 供養飮食衣服 臥具醫藥 於汝

의운하 시선남자선여인 공덕다부 무
意云何 是善男子善女人 功德多不 無

진의언 심다세존 불언 약부유인 수지
盡意言 甚多世尊 佛言 若復有人 受持

관세음보살명호 내지일시 예배공양
觀世音菩薩名號 乃至一時 禮拜供養

시이인복 정등무이 어백천만억겁 불
是二人福 正等無異 於百千萬億劫 不

가궁진 무진의 수지관세음보살명호
可窮盡 無盡意 受持觀世音菩薩名號

득여시 무량무변 복덕지리 무진의보
得如是 無量無邊 福德之利 無盡意菩

살 백불언 세존 관세음보살 운하유차
薩 白佛言 世尊 觀世音菩薩 云何遊此

사바세계 운하이위 중생설법 방편지
娑婆世界 云何而爲 衆生說法 方便之

력 기사운하 불고무진의보살 선남자
力 其事云何 佛告無盡意菩薩 善男子

약유국토중생 응이불신 득도자 관세
若有國土衆生 應以佛身 得度者 觀世

음보살 즉현불신 이위설법 응이벽지
音菩薩 卽現佛身 而爲說法 應以辟支

불신 득도자 즉현벽지불신 이위설법
佛身 得度者 卽現辟支佛身 而爲說法

응이성문신 득도자 즉현성문신 이위
應以聲聞身 得度者 卽現聲聞身 而爲

설법 응이범왕신 득도자 즉현범왕신
說法 應以梵王身 得度者 卽現梵王身

이위설법 응이제석신 득도자 즉현제
而爲說法 應以帝釋身 得度者 卽現帝

석신 이위설법 응이자재천신 득도자
釋身 而爲說法 應以自在天身 得度者

즉현자재천신 이위설법 응이대자재천
卽現自在天身 而爲說法 應以大自在天

신 득도자 즉현대자재천신 이위설법
身 得度者 卽現大自在天身 而爲說法

응이천대장군신 득도자 즉현천대장군
應以天大將軍身 得度者 卽現天大將軍

신 이위설법 응이비사문신 득도자 즉
身 而爲說法 應以毘沙門身 得度者 卽

현비사문신 이위설법 응이소왕신 득
現毘沙門身 而爲說法 應以小王身 得

도자 즉현소왕신 이위설법 응이장자
度者 卽現小王身 而爲說法 應以長者

신 득도자 즉현장자신 이위설법 응이
身 得度者 卽現長者身 而爲說法 應以

거사신 득도자 즉현거사신 이위설법
居士身 得度者 卽現居士身 而爲說法

응이재관신 득도자 즉현재관신 이위
應以宰官身 得度者 卽現宰官身 而爲

설법 응이바라문신 득도자 즉현바라
說法 應以婆羅門身 得度者 卽現婆羅

문신 이위설법 응이비구비구니 우바
門身 而爲說法 應以比丘比丘尼 優婆

새우바이신 득도자 즉현비구비구니
塞優婆夷身 得度者 卽現比丘比丘尼

우바새우바이신 이위설법 응이장자거
優婆塞優婆夷身 而爲說法 應以長者居

사재관 바라문부녀신 득도자 즉현부
士宰官 婆羅門婦女身 得度者 卽現婦

녀신 이위설법 응이동남동녀신 득도
女身 而爲說法 應以童男童女身 得度

자 즉현동남동녀신 이위설법 응이천
者 卽現童男童女身 而爲說法 應以天

룡야차 건달바아수라 가루라긴나라
龍夜叉 乾闥婆阿修羅 迦樓羅緊那羅

마후라가 인비인등신 득도자 즉개현
摩睺羅伽 人非人等身 得度者 卽皆現

지 이위설법 응이집금강신 득도자 즉
之 而爲說法 應以執金剛身 得度者 卽

현집금강신 이위설법 무진의 시관세
現執金剛身 而爲說法 無盡意 是觀世

음보살 성취여시공덕 이종종형 유제
音菩薩 成就如是功德 以種種形 遊諸

국토 도탈중생 시고여등 응당일심 공
國土 度脫衆生 是故汝等 應當一心 供

양관세음보살 시관세음보살마하살 어
養觀世音菩薩 是觀世音菩薩摩訶薩 於

포외급난지중 능시무외 시고 차사바
怖畏急難之中 能施無畏 是故 此娑婆

세계 개호지위 시무외자 무진의보살
世界 皆號之爲 施無畏者 無盡意菩薩

백불언 세존 아금당공양 관세음보살
白佛言 世尊 我今當供養 觀世音菩薩

즉해경 중보주영락 가치백천냥금 이
卽解頸 衆寶珠瓔珞 價直百千兩金 而

이여지 작시언 인자 수차법시 진보영
以與之 作是言 仁者 受此法施 珍寶瓔

락 시 관세음보살 불긍수지 무진의
珞 時 觀世音菩薩 不肯受之 無盡意

부백관세음보살언 인자 민아등고 수
復白觀世音菩薩言 仁者 愍我等故 受

차영락 이시 불고관세음보살 당민차
此瓔珞 爾時 佛告觀世音菩薩 當愍此

무진의보살 급사중 천룡야차 건달바
無盡意菩薩 及四衆 天龍夜叉 乾闥婆

아수라 가루라긴나라 마후라가 인비
阿修羅 迦樓羅緊那羅 摩睺羅伽 人非

인등고 수시영락 즉시 관세음보살 민
人等故 受是瓔珞 卽時 觀世音菩薩 愍

제사중 급어천룡 인비인등 수기영락
諸四衆 及於天龍 人非人等 受其瓔珞

분작이분 일분 봉석가모니불 일분 봉
分作二分 一分 奉釋迦牟尼佛 一分 奉

다보불탑 무진의 관세음보살 유여시
多寶佛塔 無盡意 觀世音菩薩 有如是

자재신력 유어사바세계 이시 무진의
自在神力 遊於娑婆世界 爾時 無盡意

보살 이게문왈
菩薩 以偈問日

세존묘상구 아금중문피
世 尊 妙 相 具　我 今 重 問 彼

불자하인연 명위관세음
佛 子 何 因 緣　名 爲 觀 世 音

구족묘상존 게답무진의
具 足 妙 相 尊　偈 答 無 盡 意

여청관음행 선응제방소
汝 聽 觀 音 行　善 應 諸 方 所

홍서심여해 역겁부사의
弘 誓 深 如 海　歷 劫 不 思 議

시다천억불 발대청정원
侍 多 千 億 佛　發 大 淸 淨 願

아위여약설 문명급견신
我 爲 汝 略 說　聞 名 及 見 身

심념불공과 능멸제유고
心 念 不 空 過　能 滅 諸 有 苦

가사흥해의 추락대화갱
假 使 興 害 意　推 落 大 火 坑

염피관음력 화갱변성지
念 彼 觀 音 力　火 坑 變 成 池

혹표류거해 용어제귀난
或漂流巨海 龍魚諸鬼難

염피관음력 파랑불능몰
念彼觀音力 波浪不能沒

혹재수미봉 위인소추타
或在須彌峯 爲人所推墮

염피관음력 여일허공주
念彼觀音力 如日虛空住

혹피악인축 타락금강산
或被惡人逐 墮落金剛山

염피관음력 불능손일모
念彼觀音力 不能損一毛

혹치원적요 각집도가해
或値怨賊繞 各執刀加害

염피관음력 함즉기자심
念彼觀音力 咸卽起慈心

혹조왕난고 임형욕수종
或遭王難苦 臨刑欲壽終

염피관음력 도심단단괴
念彼觀音力 刀尋段段壞

혹수금가쇄 수족피추계
或囚禁枷鎖 手足被杻械

염피관음력 석연득해탈
念彼觀音力 釋然得解脫

주저제독약 소욕해신자
呪詛諸毒藥 所欲害身者

염피관음력 환착어본인
念彼觀音力 還著於本人

혹우악나찰 독룡제귀등
或遇惡羅刹 毒龍諸鬼等

염피관음력 시실불감해
念彼觀音力 時悉不敢害

약악수위요 이아조가포
若惡獸圍遶 利牙爪可怖

염피관음력 질주무변방
念彼觀音力 疾走無邊方

완사급복갈 기독연화연
蚖蛇及蝮蠍 氣毒煙火燃

염피관음력 심성자회거
念彼觀音力 尋聲自廻去

운뢰고철전 강박주대우
雲雷鼓掣電 降雹澍大雨

염피관음력 응시득소산
念彼觀音力 應時得消散

중생피곤액 무량고핍신
衆生被困厄 無量苦逼身

관음묘지력 능구세간고
觀音妙智力 能救世間苦

구족신통력 광수지방편
具足神通力 廣修智方便

시방제국토 무찰불현신
十方諸國土 無刹不現身

종종제악취 지옥귀축생
種種諸惡趣 地獄鬼畜生

생로병사고 이점실영멸
生老病死苦 以漸悉令滅

진관청정관 광대지혜관
眞觀淸淨觀 廣大智慧觀

비관급자관 상원상첨앙
悲觀及慈觀 常願常瞻仰

무구청정광 혜일파제암
無垢淸淨光 慧日破諸闇

능복재풍화 보명조세간
能伏災風火 普明照世間

비체계뢰진 자의묘대운
悲體戒雷震 慈意妙大雲

주감로법우 멸제번뇌염
澍甘露法雨 滅除煩惱焰

쟁송경관처 포외군진중
諍訟經官處 怖畏軍陣中

염피관음력 중원실퇴산
念彼觀音力 衆怨悉退散

묘음관세음 범음해조음
妙音觀世音 梵音海潮音

승피세간음 시고수상념
勝彼世間音 是故須常念

염념물생의 관세음정성
念念勿生疑 觀世音淨聖

어고뇌사액 능위작의호
於苦惱死厄 能爲作依怙

구일체공덕 자안시중생
具一切功德 慈眼視衆生

복취해무량 시고응정례
福聚海無量 是故應頂禮

이시 지지보살 즉종좌기 전백불언 세
爾時 持地菩薩 卽從座起 前白佛言 世

존 약유중생 문시관세음보살품 자재
尊 若有衆生 聞是觀世音菩薩品 自在

지업 보문시현 신통력자 당지시인 공
之業 普門示現 神通力者 當知是人 功

덕불소 불설시보문품시 중중 팔만사
德不少 佛說是普門品時 衆中 八萬四

천중생 개발무등등 아뇩다라삼먁삼보
千衆生 皆發無等等 阿耨多羅三藐三菩

리심
提心

다라니품 제이십육
陀羅尼品 第二十六

이시 약왕보살 즉종좌기 편단우견 합
爾時 藥王菩薩 卽從座起 偏袒右肩 合

장향불 이백불언 세존 약선남자선여
掌向佛 而白佛言 世尊 若善男子善女

인 유능수지 법화경자 약독송통리 약
人 有能受持 法華經者 若讀誦通利 若

서사경권 득기소복 불고약왕 약유선
書寫經卷 得幾所福 佛告藥王 若有善

남자선여인 공양팔백만억 나유타 항
男子善女人 供養八百萬億 那由他 恒

하사등제불 어여의운하 기소득복 영
河沙等諸佛 於汝意云何 其所得福 寧

위다부 심다세존 불언 약선남자선여
爲多不 甚多世尊 佛言 若善男子善女

인 능어시경 내지수지 일사구게 독송
人 能於是經 乃至受持 一四句偈 讀誦

해의 여설수행 공덕심다 이시 약왕보
解義 如說修行 功德甚多 爾時 藥王菩

살 백불언 세존 아금당여설법자 다라
薩 白佛言 世尊 我今當與說法者 陀羅

니주 이수호지 즉설주왈
尼呪 以守護之 卽說呪曰

아니 마니 마네 마마네 지레 자리
安爾 曼爾 摩禰 摩摩禰 旨隸 遮梨

제 샤마 샤리다위 선제 목제 목다
第 賖咩 賖履多瑋 羶帝 目帝 目多

리 사리 아위사리 상리 사리 사예
履 娑履 阿瑋娑履 桑履 娑履 叉裔

아사예 아기니 선제 샤리 다라니
阿叉裔 阿耆膩 羶帝 賖履 陀羅尼

아로가바사파자비사니 네비제 아변
阿盧伽婆娑簸蔗毘叉膩 禰毘剃 阿便

다라 네리제 아단다 파레수지 구구
哆邏 禰履剃 阿亶哆 波隸輸地 漚究

레 모구레 아라레 파라레 수가차
隸 牟究隸 阿羅隸 波羅隸 首迦差

아삼마삼리 붓다비기리질제 달마파
阿 三 磨 三 履 佛 馱 毘 吉 利 袠 帝 達 磨 波

리차제 승가녈구사네 바사바사수지
利 差 帝 僧 伽 涅 瞿 沙 禰 婆 舍 婆 舍 輸 地

만다라 만다라사야다 우루다 우루
曼 哆 邏 曼 哆 邏 叉 夜 多 郵 樓 哆 郵 樓

다교사라 악사라 악사야다야 아바
哆 憍 舍 略 惡 叉 邏 惡 叉 冶 多 冶 阿 婆

로 아마야나다야
盧 阿 摩 若 那 多 夜

세존 시다라니신주 육십이억 항하사
世 尊 是 陀 羅 尼 神 呪 六 十 二 億 恒 河 沙

등 제불소설 약유침훼 차법사자 즉위
等 諸 佛 所 說 若 有 侵 毁 此 法 師 者 則 爲

침훼 시제불이 시 석가모니불 찬약왕
侵 毁 是 諸 佛 已 時 釋 迦 牟 尼 佛 讚 藥 王

보살언 선재선재 약왕 여민념옹호 차
菩 薩 言 善 哉 善 哉 藥 王 汝 愍 念 擁 護 此

법사고 설시다라니 어제중생 다소요
法 師 故 說 是 陀 羅 尼 於 諸 衆 生 多 所 饒

익 이시 용시보살 백불언 세존 아역
益 爾時 勇施菩薩 白佛言 世尊 我亦

위옹호 독송수지 법화경자 설다라니
爲擁護 讀誦受持 法華經者 說陀羅尼

약차법사 득시다라니 약야차 약나찰
若此法師 得是陀羅尼 若夜叉 若羅刹

약부단나 약길자 약구반다 약아귀등
若富單那 若吉蔗 若鳩槃茶 若餓鬼等

사구기단 무능득편 즉어불전 이설주
伺求其短 無能得便 卽於佛前 而說呪

왈
曰

자례 마하자례 욱기 목기 아례 아
痤隷 摩訶痤隷 郁枳 目枳 阿隷 阿

라바제 녈례제 녈례다바제 이지니
羅婆第 涅隷第 涅隷多婆第 伊緻柅

위지니 지지니 녈례지니 녈례지바
韋緻柅 旨緻柅 涅隷墀柅 涅隷墀婆

지
底

세존 시다라니신주 항하사등 제불소
世尊 是陀羅尼神呪 恒河沙等 諸佛所

설 역개수희 약유침훼 차법사자 즉위
說 亦皆隨喜 若有侵毁 此法師者 則爲

침훼 시제불이 이시 비사문천왕 호세
侵毁 是諸佛已 爾時 毘沙門天王 護世

자 백불언 세존 아역위 민념중생 옹
者 白佛言 世尊 我亦爲 愍念衆生 擁

호차법사고 설시다라니 즉설주왈
護此法師故 說是陀羅尼 卽說呪曰

아리 나리 노나리 아나로 나리 구
阿梨 那梨 㝹那梨 阿那盧 那履 拘

나리
那履

세존 이시신주 옹호법사 아역자당옹
世尊 以是神呪 擁護法師 我亦自當擁

호 지시경자 영백유순내 무제쇠환 이
護 持是經者 令百由旬內 無諸衰患 爾

시 지국천왕 재차회중 여천만억 나유
時 持國天王 在此會中 與千萬億 那由

타 건달바중 공경위요 전예불소 합장

他 乾闥婆衆 恭敬圍繞 前詣佛所 合掌

백불언 세존 아역이다라니신주 옹호

白佛言 世尊 我亦以陀羅尼神呪 擁護

지법화경자 즉설주왈

持法華經者 卽說呪曰

아가네 가네 구리 건다리 전다리

阿伽禰 伽禰 瞿利 乾陀利 旃陀利

마등기 상구리 부루사니 알디

摩蹬耆 常求利 浮樓莎柅 頞底

세존 시다라니신주 사십이억 제불소

世尊 是陀羅尼神呪 四十二億 諸佛所

설 약유침훼 차법사자 즉위침훼 시제

說 若有侵毁 此法師者 則爲侵毁 是諸

불이 이시 유나찰녀등 일명남바 이명

佛已 爾時 有羅刹女等 一名藍婆 二名

비남바 삼명곡치 사명화치 오명흑치

毘藍婆 三名曲齒 四名華齒 五名黑齒

육명다발 칠명무염족 팔명지영락 구

六名多髮 七名無厭足 八名持瓔珞 九

명고제 십명탈일체중생정기 시십나찰
名皐帝 十名奪一切衆生精氣 是十羅刹

녀 여귀자모 병기자 급권속 구예불소
女 與鬼子母 幷其子 及眷屬 俱詣佛所

동성백불언 세존 아등 역욕옹호 독송
同聲白佛言 世尊 我等 亦欲擁護 讀誦

수지 법화경자 제기쇠환 약유사구 법
受持 法華經者 除其衰患 若有伺求 法

사단자 영부득편 즉어불전 이설주왈
師短者 令不得便 卽於佛前 而說呪曰

이제리 이제미 이제리 아제리 이제
伊提履 伊提泯 伊提履 阿提履 伊提

리 니리 니리 니리 니리 니리 루혜
履 泥履 泥履 泥履 泥履 泥履 樓醯

루혜 루혜 루혜 다혜 다혜 다혜 도
樓醯 樓醯 樓醯 多醯 多醯 多醯 兜

혜 루혜
醯 㝹醯

영상아두상 막뇌어법사 약야차 약나
寧上我頭上 莫惱於法師 若夜叉 若羅

찰 약아귀 약부단나 약길자 약비타라
刹 若餓鬼 若富單那 若吉蔗 若毘陀羅

약건타 약오마륵가 약아발마라 약야
若犍馱 若烏摩勒伽 若阿跋摩羅 若夜

차길자 약인길자 약열병 약일일 약이
叉吉蔗 若人吉蔗 若熱病 若一日 若二

일 약삼일 약사일 내지칠일 약상열병
日 若三日 若四日 乃至七日 若常熱病

약남형 약여형 약동남형 약동녀형 내
若男形 若女形 若童男形 若童女形 乃

지몽중 역부막뇌 즉어불전 이설게언
至夢中 亦復莫惱 卽於佛前 而說偈言

약불순아주 뇌란설법자
若不順我呪 惱亂說法者

두파작칠분 여아리수지
頭破作七分 如阿梨樹枝

여살부모죄 역여압유앙
如殺父母罪 亦如壓油殃

두칭기광인 조달파승죄
斗秤欺誑人 調達破僧罪

범차법사자 당획여시앙
犯此法師者 當獲如是殃

제나찰녀 설차게이 백불언 세존 아등
諸羅刹女 說此偈已 白佛言 世尊 我等

역당신자옹호 수지독송수행 시경자
亦當身自擁護 受持讀誦修行 是經者

영득안은 이제쇠환 소중독약 불고제
令得安隱 離諸衰患 消衆毒藥 佛告諸

나찰녀 선재선재 여등 단능옹호 수지
羅刹女 善哉善哉 汝等 但能擁護 受持

법화명자 복불가량 하황옹호 구족수
法華名者 福不可量 何況擁護 具足受

지 공양경권 화향영락 말향도향소향
持 供養經卷 華香瓔珞 抹香塗香燒香

번개기악 연종종등 소등유등 제향유
幡蓋伎樂 燃種種燈 酥燈油燈 諸香油

등 소마나화유등 첨복화유등 바사가
燈 蘇摩那華油燈 瞻蔔華油燈 婆師迦

화유등 우발라화유등 여시등백천종
華油燈 優鉢羅華油燈 如是等百千種

공양자 고제 여등급권속 응당옹호 여
供養者 皐帝 汝等及眷屬 應當擁護 如

시법사 설시다라니품시 육만팔천인
是法師 說是陀羅尼品時 六萬八千人

득무생법인
得無生法忍

묘장엄왕본사품 제이십칠
妙莊嚴王本事品 第二十七

이시 불고제대중 내왕고세 과무량무
爾時 佛告諸大衆 乃往古世 過無量無

변 불가사의 아승기겁 유불 명운뢰음
邊 不可思議 阿僧祇劫 有佛 名雲雷音

수왕화지 다타아가도 아라하 삼먁삼
宿王華智 多陀阿伽度 阿羅訶 三藐三

불타 국명광명장엄 겁명희견 피불법
佛陀 國名光明莊嚴 劫名喜見 彼佛法

중 유왕 명묘장엄 기왕부인 명왈정덕
中 有王 名妙莊嚴 其王夫人 名曰淨德

유이자 일명정장 이명정안 시이자 유
有二子 一名淨藏 二名淨眼 是二子 有

대신력 복덕지혜 구수보살 소행지도
大神力 福德智慧 久修菩薩 所行之道

소위 단바라밀 시라바라밀 찬제바라
所謂 檀波羅蜜 尸羅波羅蜜 羼提波羅

밀 비리야바라밀 선바라밀 반야바라
蜜 毘梨耶波羅蜜 禪波羅蜜 般若波羅

밀 방편바라밀 자비희사 내지삼십칠
蜜 方便波羅蜜 慈悲喜捨 乃至三十七

품조도법 개실명료통달 우득보살 정
品助道法 皆悉明了通達 又得菩薩 淨

삼매 일성수삼매 정광삼매 정색삼매
三昧 日星宿三昧 淨光三昧 淨色三昧

정조명삼매 장장엄삼매 대위덕장삼매
淨照明三昧 長莊嚴三昧 大威德藏三昧

어차삼매 역실통달 이시 피불 욕인도
於此三昧 亦悉通達 爾時 彼佛 欲引導

묘장엄왕 급민념중생고 설시법화경
妙莊嚴王 及愍念衆生故 說是法華經

시 정장정안이자 도기모소 합십지조
時 淨藏淨眼二子 到其母所 合十指爪

장 백언 원모왕예 운뢰음수왕화지불
掌 白言 願母往詣 雲雷音宿王華智佛

소 아등 역당시종친근 공양예배 소이
所 我等 亦當侍從親近 供養禮拜 所以

자하 차불 어일체천인중중 설법화경
者何 此佛 於一切天人衆中 說法華經

의응청수 모고자언 여부신수외도 심
宜應聽受 母告子言 汝父信受外道 深

착바라문법 여등 응왕백부 여공구거
著婆羅門法 汝等 應往白父 與共俱去

정장정안 합십지조장 백모 아등시법
淨藏淨眼 合十指爪掌 白母 我等是法

왕자 이생차사견가 모고자언 여등 당
王子 而生此邪見家 母告子言 汝等 當

우념여부 위현신변 약득견자 심필청
憂念汝父 爲現神變 若得見者 心必淸

정 혹청아등 왕지불소 어시이자 염기
淨 或聽我等 往至佛所 於是二子 念其

부고 용재허공 고칠다라수 현종종신
父故 踊在虛空 高七多羅樹 現種種神

변 어허공중 행주좌와 신상출수 신하
變 於虛空中 行住坐臥 身上出水 身下

출화 신하출수 신상출화 혹현대신 만
出火 身下出水 身上出火 或現大身 滿

허공중 이부현소 소부현대 어공중멸
虛空中 而復現小 小復現大 於空中滅

홀연재지 입지여수 이수여지 현여시
忽然在地 入地如水 履水如地 現如是

등 종종신변 영기부왕 심정신해 시
等 種種神變 令其父王 心淨信解 時

부견자 신력여시 심대환희 득미증유
父見子 神力如是 心大歡喜 得未曾有

합장향자언 여등사 위시수 수지제자
合掌向子言 汝等師 爲是誰 誰之弟子

이자백언 대왕 피운뢰음수왕화지불
二子白言 大王 彼雲雷音宿王華智佛

금재칠보 보리수하 법좌상좌 어일체
今在七寶 菩提樹下 法座上坐 於一切

세간 천인중중 광설법화경 시아등사
世間 天人衆中 廣說法華經 是我等師

아시제자 부어자언 아금 역욕견여등
我是弟子 父語子言 我今 亦欲見汝等

사 가공구왕 어시이자 종공중하 도기
師 可共俱往 於是二子 從空中下 到其

모소 합장백모 부왕 금이신해 감임발
母所 合掌白母 父王 今已信解 堪任發

아뇩다라삼먁삼보리심 아등위부 이작
阿耨多羅三藐三菩提心 我等爲父 已作

불사 원모견청 어피불소 출가수도 이
佛事 願母見聽 於彼佛所 出家修道 爾

시 이자 욕중선기의 이게백모
時 二子 欲重宣其意 以偈白母

원모방아등 출가작사문
願母放我等 出家作沙門

제불심난치 아등수불학
諸佛甚難値 我等隨佛學

여우담발화 치불부난시
如優曇鉢華 値佛復難是

탈제난역난 원청아출가
脫諸難亦難 願聽我出家

모즉고언 청여출가 소이자하 불난치
母卽告言 聽汝出家 所以者何 佛難値

고 어시이자 백부모언 선재부모 원시
故 於是二子 白父母言 善哉父母 願時

왕예 운뢰음수왕화지불소 친근공양
往詣 雲雷音宿王華智佛所 親近供養

소이자하 불난득치 여우담발라화 우
所以者何 佛難得值 如優曇鉢羅華 又

여일안지구 치부목공 이아등 숙복심
如一眼之龜 值浮木孔 而我等 宿福深

후 생치불법 시고부모 당청아등 영득
厚 生值佛法 是故父母 當聽我等 令得

출가 소이자하 제불난치 시역난우 피
出家 所以者何 諸佛難值 時亦難遇 彼

시 묘장엄왕후궁 팔만사천인 개실감
時 妙莊嚴王後宮 八萬四千人 皆悉堪

임 수지시법화경 정안보살 어법화삼
任 受持是法華經 淨眼菩薩 於法華三

매 구이통달 정장보살 이어무량 백천
昧 久已通達 淨藏菩薩 已於無量 百千

만억겁 통달 이제악취삼매 욕령일체
萬億劫 通達 離諸惡趣三昧 欲令一切

중생 이제악취고 기왕부인 득제불집
衆生 離諸惡趣故 其王夫人 得諸佛集

삼매 능지제불 비밀지장 이자여시 이
三昧 能知諸佛 秘密之藏 二子如是 以

방편력 선화기부 영심신해 호락불법
方便力 善化其父 令心信解 好樂佛法

어시 묘장엄왕 여군신권속구 정덕부
於是 妙莊嚴王 與群臣眷屬俱 淨德夫

인 여후궁채녀권속구 기왕이자 여사
人 與後宮婇女眷屬俱 其王二子 與四

만이천인구 일시 공예불소 도이 두면
萬二千人俱 一時 共詣佛所 到已 頭面

예족 요불삼잡 각주일면 이시 피불
禮足 繞佛三匝 却住一面 爾時 彼佛

위왕설법 시교리희 왕대환열 이시 묘
爲王說法 示教利喜 王大歡悅 爾時 妙

장엄왕 급기부인 해경진주영락 가치
莊嚴王 及其夫人 解頸眞珠瓔珞 價直

백천 이산불상 어허공중 화성사주보
百千 以散佛上 於虛空中 化成四柱寶

대 대중 유대보상 부백천만천의 기상
臺 臺中 有大寶床 敷百千萬天衣 其上

유불 결가부좌 방대광명 이시 묘장엄
有佛 結跏趺坐 放大光明 爾時 妙莊嚴

왕 작시념 불신희유 단엄수특 성취제
王 作是念 佛身希有 端嚴殊特 成就第

일 미묘지색 시 운뢰음수왕화지불 고
一 微妙之色 時 雲雷音宿王華智佛 告

사중언 여등 견시묘장엄왕 어아전 합
四衆言 汝等 見是妙莊嚴王 於我前 合

장립부 차왕 어아법중 작비구 정근수
掌立不 此王 於我法中 作比丘 精勤修

습 조불도법 당득작불 호사라수왕 국
習 助佛道法 當得作佛 號娑羅樹王 國

명대광 겁명대고왕 기사라수왕불 유
名大光 劫名大高王 其娑羅樹王佛 有

무량보살중 급무량성문 기국평정 공
無量菩薩衆 及無量聲聞 其國平正 功

덕여시 기왕즉시 이국부제 여부인이
德如是 其王卽時 以國付弟 與夫人二

자 병제권속 어불법중 출가수도 왕출
子 幷諸眷屬 於佛法中 出家修道 王出

가이 어팔만사천세 상근정진 수행묘
家已 於八萬四千歲 常勤精進 修行妙

법화경 과시이후 득일체정공덕장엄삼
法華經 過是已後 得一切淨功德莊嚴三

매 즉승허공 고칠다라수 이백불언 세
昧 卽昇虛空 高七多羅樹 而白佛言 世

존 차아이자 이작불사 이신통변화 전
尊 此我二子 已作佛事 以神通變化 轉

아사심 영득안주 어불법중 득견세존
我邪心 令得安住 於佛法中 得見世尊

차이자자 시아선지식 위욕발기 숙세
此二子者 是我善知識 爲欲發起 宿世

선근 요익아고 내생아가 이시 운뢰음
善根 饒益我故 來生我家 爾時 雲雷音

수왕화지불 고묘장엄왕언 여시여시
宿王華智佛 告妙莊嚴王言 如是如是

여여소언 약선남자선여인 종선근고
如汝所言 若善男子善女人 種善根故

세세득선지식 기선지식 능작불사 시
世世得善知識 其善知識 能作佛事 示

교리희 영입아뇩다라삼먁삼보리 대왕
教利喜 令入阿耨多羅三藐三菩提 大王

당지 선지식자 시대인연 소위화도 영
當知 善知識者 是大因緣 所謂化導 令

득견불 발아뇩다라삼먁삼보리심 대왕
得見佛 發阿耨多羅三藐三菩提心 大王

여견차이자부 차이자 이증공양 육십
汝見此二子不 此二子 已曾供養 六十

오백천만억 나유타 항하사제불 친근
五百千萬億 那由他 恒河沙諸佛 親近

공경 어제불소 수지법화경 민념사견
恭敬 於諸佛所 受持法華經 愍念邪見

중생 영주정견 묘장엄왕 즉종허공중
衆生 令住正見 妙莊嚴王 卽從虛空中

하 이백불언 세존 여래심희유 이공덕
下 而白佛言 世尊 如來甚希有 以功德

지혜고 정상육계 광명현조 기안장광
智慧故 頂上肉髻 光明顯照 其眼長廣

이감청색 미간호상 백여가월 치백제
而紺靑色 眉間毫相 白如珂月 齒白齊

밀 상유광명 순색적호 여빈바과 이시
密 常有光明 脣色赤好 如頻婆菓 爾時

묘장엄왕 찬탄불 여시등무량 백천만
妙莊嚴王 讚歎佛 如是等無量 百千萬

억공덕이 어여래전 일심합장 부백불
億功德已 於如來前 一心合掌 復白佛

언 세존 미증유야 여래지법 구족성취
言 世尊 未曾有也 如來之法 具足成就

불가사의 미묘공덕 교계소행 안은쾌
不可思議 微妙功德 教戒所行 安隱快

선 아종금일 불부자수심행 불생사견
善 我從今日 不復自隨心行 不生邪見

교만진에 제악지심 설시어이 예불이
憍慢瞋恚 諸惡之心 說是語已 禮佛而

출 불고대중 어의운하 묘장엄왕 기이
出 佛告大衆 於意云何 妙莊嚴王 豈異

인호 금화덕보살시 기정덕부인 금불
人乎 今華德菩薩是 其淨德夫人 今佛

전 광조장엄상보살시 애민묘장엄왕
前 光照莊嚴相菩薩是 哀愍妙莊嚴王

급제권속고 어피중생 기이자자 금약
及諸眷屬故 於彼中生 其二子者 今藥

왕보살 약상보살시 시약왕약상보살
王菩薩 藥上菩薩是 是藥王藥上菩薩

성취여차 제대공덕 이어무량 백천만
成就如此 諸大功德 已於無量 百千萬

억제불소 식중덕본 성취불가사의 제
億諸佛所 植衆德本 成就不可思議 諸

선공덕 약유인 식시이보살명자자 일
善功德 若有人 識是二菩薩名字者 一

체세간 제천인민 역응예배 불설시 묘
切世間 諸天人民 亦應禮拜 佛說是 妙

장엄왕본사품시 팔만사천인 원진이구
莊嚴王本事品時 八萬四千人 遠塵離垢

어제법중 득법안정
於諸法中 得法眼淨

보현보살권발품 제이십팔
普賢菩薩勸發品 第二十八

이시 보현보살 이자재신통력 위덕명
爾時 普賢菩薩 以自在神通力 威德名

문 여대보살 무량무변 불가칭수 종동
聞 與大菩薩 無量無邊 不可稱數 從東

방래 소경제국 보개진동 우보련화 작
方來 所經諸國 普皆震動 雨寶蓮華 作

무량백천만억 종종기악 우여무수 제
無量百千萬億 種種伎樂 又與無數 諸

천룡야차 건달바아수라 가루라긴나라
天龍夜叉 乾闥婆阿修羅 迦樓羅緊那羅

마후라가 인비인등 대중위요 각현위
摩睺羅伽 人非人等 大衆圍繞 各現威

덕 신통지력 도사바세계 기사굴산중
德 神通之力 到娑婆世界 耆闍崛山中

두면예 석가모니불 우요칠잡 백불언
頭面禮 釋迦牟尼佛 右繞七匝 白佛言

세존 아어보위덕상왕불국 요문차사바
世尊 我於寶威德上王佛國 遙聞此娑婆

세계 설법화경 여무량무변 백천만억
世界 說法華經 與無量無邊 百千萬億

제보살중 공래청수 유원세존 당위설
諸菩薩衆 共來聽受 唯願世尊 當爲說

지 약선남자선여인 어여래멸후 운하
之 若善男子善女人 於如來滅後 云何

능득 시법화경 불고보현보살 약선남
能得 是法華經 佛告普賢菩薩 若善男

자선여인 성취사법 어여래멸후 당득
子善女人 成就四法 於如來滅後 當得

시법화경 일자 위제불호념 이자 식중
是法華經 一者 爲諸佛護念 二者 植衆

덕본 삼자 입정정취 사자 발구일체중
德本 三者 入正定聚 四者 發救一切衆

생지심 선남자선여인 여시성취사법
生之心 善男子善女人 如是成就四法

어여래멸후 필득시경 이시 보현보살
於如來滅後 必得是經 爾時 普賢菩薩

백불언 세존 어후오백세 탁악세중 기
白佛言 世尊 於後五百歲 濁惡世中 其

유수지 시경전자 아당수호 제기쇠환
有受持 是經典者 我當守護 除其衰患

영득안은 사무사구 득기편자 약마 약
令得安隱 使無伺求 得其便者 若魔 若

마자 약마녀 약마민 약위마소착자 약
魔子 若魔女 若魔民 若爲魔所著者 若

야차 약나찰 약구반다 약비사사 약길
夜叉 若羅刹 若鳩槃茶 若毘舍闍 若吉

자 약부단나 약위타라등 제뇌인자 개
蔗 若富單那 若韋陀羅等 諸惱人者 皆

부득편 시인약행약립 독송차경 아이
不得便 是人若行若立 讀誦此經 我爾

시 승육아백상왕 여대보살중 구예기
時 乘六牙白象王 與大菩薩衆 俱詣其

소 이자현신 공양수호 안위기심 역위
所 而自現身 供養守護 安慰其心 亦爲

공양 법화경고 시인약좌 사유차경 이
供養 法華經故 是人若坐 思惟此經 爾

시 아부승백상왕 현기인전 기인 약어
時 我復乘白象王 現其人前 其人 若於

법화경 유소망실 일구일게 아당교지
法華經 有所忘失 一句一偈 我當敎之

여공독송 환령통리 이시 수지독송 법
與共讀誦 還令通利 爾時 受持讀誦 法

화경자 득견아신 심대환희 전부정진
華經者 得見我身 甚大歡喜 轉復精進

이견아고 즉득삼매 급다라니 명위선
以見我故 卽得三昧 及陀羅尼 名爲旋

다라니 백천만억선다라니 법음방편다
陀羅尼 百千萬億旋陀羅尼 法音方便陀

라니 득여시등 다라니 세존 약후세
羅尼 得如是等 陀羅尼 世尊 若後世

후오백세 탁악세중 비구비구니 우바
後五百歲 濁惡世中 比丘比丘尼 優婆

새우바이 구색자 수지자 독송자 서사
塞優婆夷 求索者 受持者 讀誦者 書寫

자 욕수습시법화경 어삼칠일중 응일
者 欲修習是法華經 於三七日中 應一

심정진 만삼칠일이 아당승 육아백상
心精進 滿三七日已 我當乘 六牙白象

여무량보살 이자위요 이일체중생 소
與無量菩薩 而自圍繞 以一切衆生 所

희견신 현기인전 이위설법 시교리희
喜見身 現其人前 而爲說法 示教利喜

역부여기 다라니주 득시다라니고 무
亦復與其 陀羅尼呪 得是陀羅尼故 無

유비인 능파괴자 역불위여인 지소혹
有非人 能破壞者 亦不爲女人 之所惑

란 아신 역자상호시인 유원세존 청아
亂 我身 亦自常護是人 唯願世尊 聽我

설차 다라니주 즉어불전 이설주왈
說此 陀羅尼呪 卽於佛前 而說呪曰

아단지 단다바지 단다바제 단다구
阿檀地 檀陀婆地 檀陀婆帝 檀陀鳩

사례 단다수다례 수다례 수다라바
舍隷 檀陀修陀隷 修陀隷 修陀羅婆

지 붓다파선네 살바다라니아바다니
底 佛馱波羶禰 薩婆陀羅尼阿婆多尼

살바바사아바다니 수아바다니 상가
薩 婆 婆 沙 阿 婆 多 尼 修 阿 婆 多 尼 僧 伽

바리사니 상가녈가다니 아싱기 상
婆 履 叉 尼 僧 伽 涅 伽 陀 尼 阿 僧 祇 僧

가바가지 제레아다상가도랴 아라제
伽 波 伽 地 帝 隸 阿 惰 僧 伽 兜 略 阿 羅 帝

파라제 살바상가삼마지가란지 살바
婆 羅 帝 薩 婆 僧 伽 三 摩 地 伽 蘭 地 薩 婆

달마수파리찰제 살바살타루타교사
達 磨 修 波 利 剎 帝 薩 婆 薩 埵 樓 馱 憍 舍

랴 아로가지 신아비기리지제
略 阿 㝹 伽 地 辛 阿 毘 吉 利 地 帝

세존 약유보살 득문시다라니자 당지
世 尊 若 有 菩 薩 得 聞 是 陀 羅 尼 者 當 知

보현 신통지력 약법화경 행염부제 유
普 賢 神 通 之 力 若 法 華 經 行 閻 浮 提 有

수지자 응작차념 개시보현 위신지력
受 持 者 應 作 此 念 皆 是 普 賢 威 神 之 力

약유수지독송 정억념 해기의취 여설
若 有 受 持 讀 誦 正 憶 念 解 其 義 趣 如 說

수행 당지시인 행보현행 어무량무변
修行 當知是人 行普賢行 於無量無邊

제불소 심종선근 위제여래 수마기두
諸佛所 深種善根 爲諸如來 手摩其頭

약단서사 시인명종 당생도리천상 시
若但書寫 是人命終 當生忉利天上 是

시 팔만사천천녀 작중기악 이래영지
時 八萬四千天女 作衆伎樂 而來迎之

기인 즉착칠보관 어채녀중 오락쾌락
其人 卽著七寶冠 於婇女中 娛樂快樂

하황수지독송 정억념 해기의취 여설
何況受持讀誦 正憶念 解其義趣 如說

수행 약유인 수지독송 해기의취 시인
修行 若有人 受持讀誦 解其義趣 是人

명종 위천불수수 영불공포 불타악취
命終 爲千佛授手 令不恐怖 不墮惡趣

즉왕도솔천상 미륵보살소 미륵보살
卽往兜率天上 彌勒菩薩所 彌勒菩薩

유삼십이상 대보살중 소공위요 유백
有三十二相 大菩薩衆 所共圍繞 有百

천만억 천녀권속 이어중생 유여시등
千萬億 天女眷屬 而於中生 有如是等

공덕이익 시고지자 응당일심자서 약
功德利益 是故智者 應當一心自書 若

사인서 수지독송 정억념 여설수행 세
使人書 受持讀誦 正憶念 如說修行 世

존 아금 이신통력고 수호시경 어여래
尊 我今 以神通力故 守護是經 於如來

멸후 염부제내 광령유포 사부단절 이
滅後 閻浮提內 廣令流布 使不斷絶 爾

시 석가모니불 찬언 선재선재 보현
時 釋迦牟尼佛 讚言 善哉善哉 普賢

여능호조시경 영다소중생 안락이익
汝能護助是經 令多所衆生 安樂利益

여이성취 불가사의공덕 심대자비 종
汝已成就 不可思議功德 深大慈悲 從

구원래 발아녹다라삼먁삼보리의 이능
久遠來 發阿耨多羅三藐三菩提意 而能

작시신통지원 수호시경 아당이신통력
作是神通之願 守護是經 我當以神通力

수호 능수지보현보살명자 보현 약유
守護 能受持普賢菩薩名者 普賢 若有

수지독송 정억념 수습서사 시법화경
受持讀誦 正憶念 修習書寫 是法華經

자 당지시인 즉견석가모니불 여종불
者 當知是人 則見釋迦牟尼佛 如從佛

구 문차경전 당지시인 공양석가모니
口 聞此經典 當知是人 供養釋迦牟尼

불 당지시인 불찬선재 당지시인 위석
佛 當知是人 佛讚善哉 當知是人 爲釋

가모니불 수마기두 당지시인 위석가
迦牟尼佛 手摩其頭 當知是人 爲釋迦

모니불 의지소부 여시지인 불부탐착
牟尼佛 衣之所覆 如是之人 不復貪著

세락 불호외도경서수필 역부불희 친
世樂 不好外道經書手筆 亦復不喜 親

근기인 급제악자 약도아 약축저양계
近其人 及諸惡者 若屠兒 若畜猪羊雞

구 약엽사 약현매여색 시인 심의질직
狗 若獵師 若衒賣女色 是人 心意質直

유정억념 유복덕력 시인 불위삼독소
有正憶念 有福德力 是人 不爲三毒所

뇌 역부불위질투 아만사만 증상만소
惱 亦復不爲嫉妬 我慢邪慢 增上慢所

뇌 시인 소욕지족 능수보현지행 보현
惱 是人 少欲知足 能修普賢之行 普賢

약여래멸후 후오백세 약유인 견수지
若如來滅後 後五百歲 若有人 見受持

독송 법화경자 응작시념 차인불구 당
讀誦 法華經者 應作是念 此人不久 當

예도량 파제마중 득아뇩다라삼먁삼보
詣道場 破諸魔衆 得阿耨多羅三藐三菩

리 전법륜 격법고 취법라 우법우 당
提 轉法輪 擊法鼓 吹法螺 雨法雨 當

좌천인대중중 사자법좌상 보현 약어
坐天人大衆中 師子法座上 普賢 若於

후세 수지독송 시경전자 시인 불부탐
後世 受持讀誦 是經典者 是人 不復貪

착의복 와구음식 자생지물 소원불허
著衣服 臥具飮食 資生之物 所願不虛

역어현세 득기복보 약유인 경훼지언
亦於現世 得其福報 若有人 輕毁之言

여광인이 공작시행 종무소획 여시죄
汝狂人耳 空作是行 終無所獲 如是罪

보 당세세무안 약유공양 찬탄지자 당
報 當世世無眼 若有供養 讚歎之者 當

어금세 득현과보 약부견 수지시경자
於今世 得現果報 若復見 受持是經者

출기과악 약실약부실 차인현세 득백
出其過惡 若實若不實 此人現世 得白

라병 약유경소지자 당세세 아치소결
癩病 若有輕笑之者 當世世 牙齒踈缺

추순평비 수각요려 안목각래 신체취
醜脣平鼻 手脚繚戾 眼目角睞 身體臭

예 악창농혈 수복단기 제악중병 시고
穢 惡瘡膿血 水腹短氣 諸惡重病 是故

보현 약견수지 시경전자 당기원영 당
普賢 若見受持 是經典者 當起遠迎 當

여경불 설시보현권발품시 항하사등
如敬佛 說是普賢勸發品時 恒河沙等

무량무변보살 득백천만억선다라니 삼
無量無邊菩薩 得百千萬億旋陀羅尼 三

천대천세계 미진등제보살 구보현도
千大千世界 微塵等諸菩薩 具普賢道

불설시경시 보현등 제보살 사리불등
佛說是經時 普賢等 諸菩薩 舍利弗等

제성문 급제천룡 인비인등 일체대회
諸聲聞 及諸天龍 人非人等 一切大會

개대환희 수지불어 작례이거
皆大歡喜 受持佛語 作禮而去

108 독송 기도 일지

	독송 시작한 날	독송 마친 날
1독	년 월 일	년 월 일
2독	년 월 일	년 월 일
3독	년 월 일	년 월 일
4독	년 월 일	년 월 일
5독	년 월 일	년 월 일
6독	년 월 일	년 월 일
7독	년 월 일	년 월 일
8독	년 월 일	년 월 일
9독	년 월 일	년 월 일
10독	년 월 일	년 월 일
11독	년 월 일	년 월 일
12독	년 월 일	년 월 일
13독	년 월 일	년 월 일
14독	년 월 일	년 월 일
15독	년 월 일	년 월 일
16독	년 월 일	년 월 일
17독	년 월 일	년 월 일
18독	년 월 일	년 월 일
19독	년 월 일	년 월 일
20독	년 월 일	년 월 일
21독	년 월 일	년 월 일
22독	년 월 일	년 월 일
23독	년 월 일	년 월 일
24독	년 월 일	년 월 일
25독	년 월 일	년 월 일
26독	년 월 일	년 월 일
27독	년 월 일	년 월 일

	독송 시작한 날	독송 마친 날
28독	년 월 일	년 월 일
29독	년 월 일	년 월 일
30독	년 월 일	년 월 일
31독	년 월 일	년 월 일
32독	년 월 일	년 월 일
33독	년 월 일	년 월 일
34독	년 월 일	년 월 일
35독	년 월 일	년 월 일
36독	년 월 일	년 월 일
37독	년 월 일	년 월 일
38독	년 월 일	년 월 일
39독	년 월 일	년 월 일
40독	년 월 일	년 월 일
41독	년 월 일	년 월 일
42독	년 월 일	년 월 일
43독	년 월 일	년 월 일
44독	년 월 일	년 월 일
45독	년 월 일	년 월 일
46독	년 월 일	년 월 일
47독	년 월 일	년 월 일
48독	년 월 일	년 월 일
49독	년 월 일	년 월 일
50독	년 월 일	년 월 일
51독	년 월 일	년 월 일
52독	년 월 일	년 월 일
53독	년 월 일	년 월 일
54독	년 월 일	년 월 일

	독송 시작한 날	독송 마친 날
55독	년 월 일	년 월 일
56독	년 월 일	년 월 일
57독	년 월 일	년 월 일
58독	년 월 일	년 월 일
59독	년 월 일	년 월 일
60독	년 월 일	년 월 일
61독	년 월 일	년 월 일
62독	년 월 일	년 월 일
63독	년 월 일	년 월 일
64독	년 월 일	년 월 일
65독	년 월 일	년 월 일
66독	년 월 일	년 월 일
67독	년 월 일	년 월 일
68독	년 월 일	년 월 일
69독	년 월 일	년 월 일
70독	년 월 일	년 월 일
71독	년 월 일	년 월 일
72독	년 월 일	년 월 일
73독	년 월 일	년 월 일
74독	년 월 일	년 월 일
75독	년 월 일	년 월 일
76독	년 월 일	년 월 일
77독	년 월 일	년 월 일
78독	년 월 일	년 월 일
79독	년 월 일	년 월 일
80독	년 월 일	년 월 일
81독	년 월 일	년 월 일

	독송 시작한 날	독송 마친 날
82독	년 월 일	년 월 일
83독	년 월 일	년 월 일
84독	년 월 일	년 월 일
85독	년 월 일	년 월 일
86독	년 월 일	년 월 일
87독	년 월 일	년 월 일
88독	년 월 일	년 월 일
89독	년 월 일	년 월 일
90독	년 월 일	년 월 일
91독	년 월 일	년 월 일
92독	년 월 일	년 월 일
93독	년 월 일	년 월 일
94독	년 월 일	년 월 일
95독	년 월 일	년 월 일
96독	년 월 일	년 월 일
97독	년 월 일	년 월 일
98독	년 월 일	년 월 일
99독	년 월 일	년 월 일
100독	년 월 일	년 월 일
101독	년 월 일	년 월 일
102독	년 월 일	년 월 일
103독	년 월 일	년 월 일
104독	년 월 일	년 월 일
105독	년 월 일	년 월 일
106독	년 월 일	년 월 일
107독	년 월 일	년 월 일
108독	년 월 일	년 월 일

독송용 한문 **법화경**

초판 1쇄 발행 2011년 8월 29일 | **초판 5쇄 발행** 2025년 1월 20일

펴낸이 김시열

펴낸곳 도서출판 운주사

(02832) 서울시 성북구 동소문로 67-1 성심빌딩 3층

전화 (02) 926-8361 | **팩스** 0505-115-8361

ISBN 978-89-5746-280-5 03220 값 22,000원

http://cafe.daum.net/unjubooks 〈다음카페: 도서출판 운주사〉